协同创新

理论、模式与系统

谢绚丽　陈春花　汪浩　石涌江　等◎著

COLLABORATIVE
INNOVATION
THEORY, MODEL
AND SYSTEM

北京大学出版社
PEKING UNIVERSITY PRESS

图书在版编目(CIP)数据

协同创新:理论、模式与系统 / 谢绚丽等著. —北京:北京大学出版社,2021.10

ISBN 978-7-301-32507-0

Ⅰ.①协⋯ Ⅱ.①谢⋯ Ⅲ.①国家创新系统—研究—中国 Ⅳ.①F204

中国版本图书馆 CIP 数据核字(2021)第 181349 号

书　　　名	协同创新:理论、模式与系统 XIETONG CHUANGXIN: LILUN、MOSHI YU XITONG
著作责任者	谢绚丽　陈春花　汪　浩　石涌江　等著
责 任 编 辑	张俊仪　李娟
标 准 书 号	ISBN 978-7-301-32507-0
出 版 发 行	北京大学出版社
地　　　址	北京市海淀区成府路 205 号　100871
网　　　址	http://www.pup.cn
微信公众号	北京大学经管书苑(pupembook)
电子信箱	em@pup.cn
电　　　话	邮购部 010-62752015　发行部 010-62750672 编辑部 010-62752926
印 刷 者	北京宏伟双华印刷有限公司
经 销 者	新华书店
	730 毫米×1020 毫米　16 开本　16 印张　230 千字 2021 年 10 月第 1 版　2021 年 10 月第 1 次印刷
定　　　价	66.00 元

未经许可,不得以任何方式复制或抄袭本书之部分或全部内容。
版权所有,侵权必究
举报电话:010-62752024　电子信箱:fd@pup.pku.edu.cn
图书如有印装质量问题,请与出版部联系,电话:010-62756370

作者名单

（按姓氏拼音排序）

陈春花　范保群　高亦博　罗怡宁
罗源昆　石先蔚　石涌江　汪　浩
王诗卉　王　毅　项安波　谢绚丽
尹　俊　张好雨　赵珂莹　朱　丽

序
一切等待被命名

过去的几十年里,技术让我们的生活更加便捷、联系更加紧密、空间更加广阔、社会更加繁荣,一个又一个重大的技术突破,让人应接不暇。但同时,技术也带来了很多挑战,它渗透到人们生活的各个领域里,甚至对一些事物带来毁灭性的冲击。例如,人工智能的出现让一部分人担心,不知道自己未来会处于何种境况。

我们在不知不觉中走入了一个被技术创新牵引的时代,有人将它命名为信息时代,有人将它命名为知识经济时代,有人将它命名为数字化时代,还有人将它命名为后现代时代,然而最贴切的定义应该是:我们来到了一个等待被命名的时代。

一切尚未被命名,这意味着我们基本的世界观业已改变,新的知识带来的新能力让我们处在持续创新之中,并朝向未知的领域发展。我们总是能够发现令人惊喜的新世界,虽然这充满挑战与不确定性,但是,巨大的风险中孕育着巨大的可能性。未知的新世界里蕴含着人类内在的精神力量,推动着人类认知自我、不断探索、跟随智慧、从心向善。

先哲们为思想而创造科学。例如,几千年前,古希腊米利都学派的泰勒斯就已经论证了三角形的等边对等角这一定理。我们今天建立的科学,没有一门不是建立在他们所奠定的基础之上。在人类发展之初，古希腊人就是那样充满智慧，他们用纯粹的思想和创设的科学，去感受生活、欲望、冲突与现实。从那个时候开始，试图以科学来理解自然与人，就成为人类的一种基本选择。

人类沿着这条路走了下来，尤其是到了现代，科学技术给人类带来了史无前例的财富，如寿命的延长和一系列非凡的进步：

- 国外四大科技巨头亚马逊、苹果、谷歌和脸书，在数字技术、智能技术领域创造了数十万计的高薪工作机会，它们的一系列产品和服务改善了数十亿人的生活，它们创造了前所未有的财富。腾讯同样通过技术渗透到数亿人的日常生活与工作中；阿里巴巴则利用网络技术与数字金融，建立了不可思议的在线渠道与终端，以及错综复杂、高效便捷的供应链系统、物流系统，将越来越多的人联系在一起。
- 医学与健康领域的不断发现与创新、强大的医疗网络在过去的一个世纪里帮助人类延长寿命超过20年。2020年的疫情给世界带来了前所未有的冲击，借助于移动技术、数字技术、生命科学技术等，人们快速找到了应对疫情危机的方式。
- 在教育领域，技术让教育公平得以真正地实现。例如大型学分课程运营服务平台——智慧树，已有超过2 000万大学生通过该平台获得学分。智慧树平台为偏远地区的学生们提供了优质的课程资源，为千万大学生提供了平等的学习机会，如果没有技术的支撑，这是完全不可能的事情。

技术为人类带来的震撼人心的进步，是我们对这个时代的感觉。很多时候，我们甚至好像身处一个陌生的世界，面对巨大的变化，我们会焦虑甚至恐惧。就像印刷术的发明和发展给欧洲带来新一轮技术革命一样，那些普通手艺人发现自己口口相传的经验变成文字被大范围复制，他们的生意将因此不再可控，并最终导致财富和权威的丧失。

但是，对于那些主动迎接重大变化的人们而言，这是激动人心的时刻。主动迎接变革的人会发现更多的可能性，更大的自主性和更多展示自己能力的机会。垄断与神秘被技术打破，人们可以更容易地接触到全世界的知识，更容易获得新的工作机会，更容易尝试新的创造。因为技术创新，一切都呈现出完全不同的状态。更令人欣喜的是，因为数字技术的发展，许多产品对环境的破坏将会变小，无论是健康、教育、个人服务还是文化休闲产业等的发展，都不再是以消耗环境资源为代价，而是与心理充实、身心健康相关，人们越来越对亚当·斯密提出的"休养生息"感兴趣，驱动经济增长和社会发展的不再只有"物质"本身。

爱因斯坦有一句名言：用问题产生时的意识水平来思考是解决不了该问题的。也许我们需要一种新的意识、新的世界观来重塑技术的价值，来理解创新的意义。我们生活在一个必须做出转型的时期，这是一个新旧世界交互重叠的时期，这个时期的核心驱动力量是技术与创新。技术与创新已经渗透到我们的生活中，并引发了包括世界观、价值观和行为习惯在内的改变。

如何理解技术？如何实现创新？如何借助创新与时代同步，并有机会去命名这个时代？这就是我们写作本书的初衷。严格意义上讲，本书是关于我们所处的这个技术创新世界的一份研究报告，它梳理了技术产生、创新实践、实现创新的协同管理系统，以及更大范围创新的体系建设问题，它是一种实际观察与概念的界定。然而，在一个未知领域更加广阔的世界里，我们所涉猎的只是局部，无法对未来有更深入的探讨，这既是我们的局限性，也是我们理解创新特征的一种表现。

协同创新，是本书的主线。正如我们看到的那样，人类所有非凡的进步，并非来自个人的行为，而是出自人们在组织中的合作。现代组织形成不到两个世纪，这在人类长河中只是一瞬间，但是其诞生所带来的进步和成长，令人感到难以名状的振奋。如果没有人与人之间的合作，没有组织作为人们合作的载体，任何一个进步都将无法实现。例如，正因众多人与机构的协同作战，阿波罗计划才得以顺利实施，人类才得以成功登月并对月球进行实地考察，由此产生的科技成果更让人类受益至今。

创新总是伴随着一种新型的组织模式展开，人类应对变化的能力的跃升和发展，都是依赖于新的合作方式、新的组织模式。这本书的内容就是我们对如何实现创新这一问题的探索和思考。我们按照如何管理创新以获得实现创新的可能性的思路去构建本书的框架。我们只是分门别类地呈现创新管理中的实践探索、模式设立、体系建设和政策含义，并没有将其整合成一种更合乎逻辑的整体，一方面是因为研究还在持续，另一方面则是因为开放性本身就是我们所遵循的价值，我们期待获得更多的智慧交互。

本书虽然算不上全面，但通过我们共同的协作，也涵盖了很多内容，我们试图集中讨论以下四个主题，每一个都是技术与创新管理中不可或缺的部分。

技术生产的概念、实现和效应

我们首先探讨了技术生产领域的相关内容，技术是一种产品，它有着与产品相关的一切属性特征。我们从技术产品属性入手，探讨如何实现技术产品属性的价值，包括技术产品的生产、定价、知识产权、相应的组织机构以及政策环境。本书分析了经济范畴下的技术产品价值效应，合作、赶超与集群效应。这为理解协同创新提供了一种核心理念，即围绕市场价值推进创新，在这种理念下，技术与创新有了可衡量的载体。

协同创新的实践、管理和模式

接着我们从实现技术生产的协同创新入手。首先以创新要素和机制、创新过程和创新时间为三维研究框架，围绕协同创新实践与研究展开，描述了美国硅谷、英国剑桥、日本筑波，以及中国中关村、深圳与杭州等地的协同创新实践，对创新生态系统、技术商业化、基础科学、产业化等做了细致的梳理。其次，针对协同创新的组织实现——创新平台进行探索，回答平台与多价值主体的诉求平衡问题，创新主体之间的目标平衡问题，以及价值融合的机制。最后，进一步挖掘产学研协同创新模式，包括各种可能的模式、资源、能力和问题。

国家创新系统，从理论解释到指导工具

然后我们重点探讨与影响经济发展的"国家专有因素"相结合的创新系统。此部分探讨政府政策、教育培训、企业及其研发工作，以及国家的产业结构等四个因素在国家创新系统中的重要作用。我们所要面对的现实是：公共机构与私营机构合作的价值与挑战同样巨大；新技术的开发、创造和扩散的动态演进，对政府也是一个巨大的挑战；围绕着知识创造、科技发展及其商业应用所形成的一种相互作用的网络机制，对每一个参与主体更是一种挑战。构建国家创新系统是帮助我们面对挑战的路径与方法。

协同创新的理论与政策含义

最后主要关注协同创新系统的可持续性。这部分内容可以说是全书的总结，也可以称为"打算为这个时代做点命名的事情"。本书所关注的创新什么、怎么创新、谁来创新、如何才能更好地创新，这四类问题的答案，就是我们对创新所产生的价值的命名。

尽管我们力求在研究与实践之间保持对话的能力，但是我们也知道变化中的创新在持续刷新着实践与研究。除此之外，我们更明白在对技术与创新的知识的理解力上，作为拥有经济学与管理学研究背景的人，我们仍

存在一定的局限性。写作这本书的过程更让我们充分意识到,世界正处于创新云涌的时期,我们所做的只是其中的一部分。当完成最初设定的写作目标时,我们希望读者在以下三点有所触动:更有意义的技术产品,更高效的协同创新,以及更美好的创新世界。

陈春花
2021年5月于朗润园

目 录

第一章 技术生产观 ······ 001
  1.1 技术就是一种产品 ······ 002
  1.2 技术生产的环节 ······ 004
  1.3 技术生产的规模经济和范围经济 ······ 022
  1.4 技术生产的合作与竞争 ······ 027
  1.5 技术赶超 ······ 040
  1.6 技术生产的政府协调 ······ 049
  1.7 技术产业集群 ······ 062

第二章 协同创新模式的实践 ······ 069
  2.1 价值创造的维度 ······ 070
  2.2 硅　谷 ······ 073
  2.3 剑　桥 ······ 080
  2.4 筑　波 ······ 085
  2.5 深　圳 ······ 092
  2.6 中关村 ······ 099
  2.7 杭　州 ······ 103
  2.8 比较与总结 ······ 109

第三章 多价值主体的"协同管理" ······ 117
  3.1 平台的出现 ······ 118

3.2 平台与价值创造新源泉……………………………… 119
  3.3 平台的多价值主体……………………………………… 121
  3.4 多价值主体价值诉求与融合…………………………… 122
  3.5 创新平台的生命周期…………………………………… 133
  3.6 创新平台的挑战与困境………………………………… 136

第四章 产学研协同创新模式 …………………………… 141
  4.1 重新理解创新…………………………………………… 142
  4.2 产学研协同模式………………………………………… 151
  4.3 产学研协同的相关数据………………………………… 156
  4.4 产研学协同案例………………………………………… 163
  4.5 案例实践的启示………………………………………… 176
  4.6 案例尚未解决的问题…………………………………… 182

第五章 国家创新系统 …………………………………… 187
  5.1 国家创新系统理论……………………………………… 188
  5.2 国家创新系统…………………………………………… 191
  5.3 中国特色的创新体系…………………………………… 192
  5.4 政府引导和市场调节相结合…………………………… 194
  5.5 市场调节的创新系统…………………………………… 213
  5.6 构建中国特色的创新生态系统………………………… 216

第六章 高效协同创新系统的理论与政策含义 ………… 219
  6.1 协同创新理论体系的核心问题………………………… 220
  6.2 理论思考与实践总结…………………………………… 221
  6.3 构建高效协同创新生态系统建议……………………… 230

参考文献 ………………………………………………… 237

第一章*
技术生产观

技术的产品属性，让我们看到技术进步呈现自我繁衍与收益递增的趋势。

---

* 本章作者为北京大学国家发展研究院汪浩教授。感谢教育部人文社科重点研究基地重大项目"推进万众创新的机制设计与政策建议"（项目号16JJD790002）的资金支持。

1.1　技术就是一种产品

"技术"本身就是一种产品，因为技术拥有通常意义上的产品的所有特征。技术可以由专业的市场主体完成，即由科技人才或科研机构进行生产，并在知识产权保护制度下形成排他性产权。技术具有特定的生产成本、使用价值和市场价值，可以通过市场进行估值、转让和使用。技术的品质越高，使用价值也越高，其需要的生产成本也越高。技术的生产除了需要可直接观察的研发投入，还高度依赖不可直接观察的科技人员的人力资本。技术作为一种中间产品，其使用价值是被用于生产特定的其他产品或服务，即"最终产品"。技术的生产者还可以在市场上形成竞争关系。技术的市场价格取决于生产成本、市场需求、技术生产者之间的竞争，以及政策环境等因素。

正如每个产品都有特点，技术产品的生产和交易也有其特点。技术是一种信息产品，核心特点是高度复杂化和多样化。技术产品一般是非标准、易共享、贬值快的。技术生产经常需要大范围的协作，许多核心技术的研发涉及较长的上下游研发链条或较多的平行子系统，单一机构很难完成，需要依靠广义的"协同创新"。研发合作中必须协调任务分工、研发进度、技术标准、利益分配等复杂因素。由于不可避免的信息不对称，技术产品的合作生产和市场交易有较高的交易成本，容易出现合作失败或产权纠纷。第三方协助通常能显著降低研发合作或技术交易的交易成本。

与其他产品相比，技术产品通常有更显著的"外部性"。技术的推广使用不仅能为技术使用者创造价值，还能够带来如拉动上下游产业发展、提高消费者福利、提升国家安全水平等外部影响。技术的生产过程也是研发人才的培养过程，通过研发实践培养人才是普遍现象，这种"副产品"有时甚至比技术产品本身更重要。

科研机构作为技术的生产主体，拥有生产"技术"的技术。科研机构既可能是最终产品企业的附属机构，如研发部门或研发子公司，也可能是独立的技术生产企业或非营利单位，如企业化的科研院所（我们又称其为"专业性研发机构"）。非独立科研机构的优势是与最终产品生产部门联系密切，可以高度贴近生产和市场，这些机构在生产企业专用技术方面有一定优势，但往往缺乏规模经济和范围经济。独立科研机构的优势是拥有较全面的科技人才团队、完善的技术生产流程、丰富的技术生产经验和知识积累，在技术生产上具有规模经济和范围经济，特别是在行业通用技术的生产方面有显著优势；不足之处是对最终产品企业的需求掌握可能不足，需要承担技术投资的风险和技术交易的成本。

创新是经济学中的一个古老的话题。创新理论的开创者之一，奥地利经济学家约瑟夫·熊彼特（Joseph Schumpeter）将创新分成产品创新、过程创新、市场创新、资源创新和组织创新[1]，认为资本主义就是新的技术或市场周期性地颠覆旧的技术或市场的过程，即"创造性破坏"。现有的经济学文献通常假设企业通过一次性投入固定成本，获得特定的降低现有产品生产成本的方法或发明全新的产品，或者介于两者之间。[2] 在这个框架下存在大量的理论和实证研究，例如探讨微观层面的创新激励与专利制度、创新行为与产业结构的关系、技术进步的决定或影响因素、政府在创新中的作用，以及创新与经济增长的关系等。

现有的创新理论框架有其不足之处。第一，创新在绝大多数情况下被认为是一种企业内部行为，体现为企业的科研部门为生产部门提供的一种服务。而在现实世界，基于市场的技术交易越来越普遍，企业使用的技术完全可能来自外部的研究机构。既然技术可以被交易，那么就可以存在以

---

[1] Schumpeter J A. 1912. The theory of economic development: An inquiry into profits, capital, credit, interest, and the business cycle [M]. Oxford: Oxford University Press.

[2] Spence M. 1984. Cost reduction, competition, and industry performance [J]. Econometrica, 52 (1): 101—122.

出售为目的的技术开发和创新，这些行为不必被描述为企业内部行为。第二，现有理论大多强调技术是一次性研发投入的结果，技术的价值在于降低最终产品的边际成本或创造新的产品。这个基于成本函数的视角有其道理，但从企业的角度看，技术与资金、土地、人才等类似，是产品生产中不可或缺的要素投入之一。与其他生产要素一样，技术也可以被度量，通过不断地资金投入，可以获得越来越好的技术。从生产要素的视角看技术，使得我们可以利用大量现有的经济学理论，来研究技术相关的现象。第三，在很多情况下，技术可以比较容易地实现跨企业共享，企业内部创新不利于最大限度地发挥技术的社会价值。将技术看作一种生产投入品，便于我们探索技术共享的途径和难点。

建立高效的国家创新体系，推动"大众创业、万众创新"，需要根据不同技术在研发上的特点，建立科学合理的、多样化的技术开发体系和市场交易体系。应鼓励各市场主体充分发挥他们在创新方面的不同比较优势，既相互竞争，又相互合作。我们认为，在现有的分散化研发的基础上，加快技术进步的关键是加强研发合作。应充分利用我国的体制优势，积极发挥政府在推动协同创新上的作用。通过适当的政府协调，帮助建立研发集团和合作平台，培育高效率的技术产品交易市场。

1.2 技术生产的环节

"技术"作为一种产品，其生产的过程即科技创新过程。现代科技的复杂程度高，往往涉及较多的生产环节。我们可以大致将技术的生产分为原理发现、工程开发、推广应用、升级改造四个典型环节，每个环节各有其特点。对于不同的技术产品，其生产过程的关键环节各不相同。

1.2.1 原理发现

技术创新的源头既可能是一个简单而独特的想法，也可能是一个建立在科学理论基础上的新颖机制。技术原理决定了研发的大方向，但未来的发展仍存在很大不确定性，完全可能出现与初始想法大相径庭的结果。在一些新兴领域（如互联网经济），一个超前的新颖想法就可能成就一个企业甚至一个产业；但是，在较为成熟的领域（如传统制造业），发现新的技术原理往往需要较为深入的理论研究。

技术原理或想法的出现方式是非常多样化的，可能直接源自基础科学研究，例如，核物理学理论的突破为人类利用核能提供了可能性。也可能源自偶然或灵感，例如，英国科学家亚历山大·弗莱明（Alexander Fleming）在实验中偶然发现青霉素，进而掀起一场医学革命，拯救了无数人的生命；微信是在其他社交软件（如 QQ）的基础上，根据移动互联网的特点进行改良，从而获得巨大的成功。还有一些创新是来自生产工艺的改良，在实践中学习，随着实践知识的积累，量变引起质变，产生新的技术原理，并促成旧技术的跃进或变革。

技术原理的生产过程大多由少数人或小团队完成，具有较高的学术性、创造性和偶然性。这一过程不适合大规模生产，不需要大群体合作，往往也无需投入大量资源，主要依靠科技人员个人的努力甚至运气。宽松的社会经济环境，通畅的思想交流渠道，充分的科学知识积累，规范的知识产权保护体系，都有利于技术原理的发现。

当然也有例外。例如，基于实验室研究的高能物理学或生物科学通常需要巨大的资金投入和团队合作，这些研究可能为未来的技术开发提供全新的原理。它们大多属于科学范畴，且在实践应用上存在极大的不确定性。

技术原理的发现过程既可能是后续研发的关键，也可能是整个研发过程中最简单的环节，后者可能导致创新想法的过度供应。新想法不见得都是有市场价值的,很多技术原理或想法都只是"头脑风暴"的结果,最终会被证明没有商业价值。在现实生活中,大多数貌似十分新颖的创新创业行为都以失败告终,只有少数能够取得商业上的成功,这也从侧面说明了创新过程的高度不确定性。

"核弹炸火星"

2015年,美国SpaceX公司首席执行官马斯克提出设想,在火星两极引爆核弹,进而改变火星气候,使其成为适合人类居住的星球。2019年8月,马斯克重复了自己的观点,并表示正在建造一个太空系统来实现这一目标。

马斯克在一档电视节目中讨论了让火星更宜居的策略:在它的两极引爆核弹。爆炸会使火星上相当大一部分的"冰帽"蒸发,释放出大量的水蒸气和二氧化碳。而这两者都是强效的温室气体,会使火星温度大幅升高,变成类似地球这样的栖息地。

核弹等大规模杀伤性武器爆炸时会释放大量热辐射。核弹爆炸释放的能量中,热量占35%～45%,这意味着巨大热量在短时间内迅速形成,一些科学家认为,这有可能被用来加热火星大气层。

很多人认为这个计划非常不现实。2018年发表在《自然天文学》上的一项研究表明,即使所有物质都释放到大气中,火星目前也没有储存足够多的二氧化碳来让其变暖。这项研究还显示,以前的大气模型已经证明,水本身并不能使气候显著变暖。在二氧化碳让火星保持温暖之前,核爆的温度不足以让水以气态存在。

核爆炸反而还可能会使火星表面温度降低。美国宾夕法尼亚州立大学的气候科学家迈克尔·曼在《美国新闻与世界报道》上表示,使用核武器炸火星会导致"核冬天",实际上核轰炸会产生很多尘埃和颗粒,进而阻挡大部分入射阳光，使火星温度降低。

2020年5月12日，俄罗斯塔斯社称，俄罗斯国家航天集团负责未来计划和科研项目的执行总监亚历山大·布洛申科指出，马斯克试图通过在火星两极进行核爆炸，进而释放二氧化碳改变火星气候的计划将需要发射超过1万枚核弹头。他表示，人类没有能力以任何明显的方式影响火星或金星的气候。

另据塔斯社2020年5月28日报道，俄罗斯国家航天集团总裁罗戈津27日在"索洛维约夫直播"电视节目中表示，马斯克用核弹轰炸火星的想法奇怪而又不人道，其实这是美国掩盖太空军事化，将核武器送入太空的阴谋。

资料来源：马斯克"核弹炸火星"设想靠谱吗？[EB/OL].（2020-05-29）[2020-11-20]. https://baijiahao.baidu.com/s?id=1667992908555995644&wfr=spider&for=pc。

从最初的想法到最终的产品实现还有很长的路要走，不仅有科学技术上的不确定性，而且需要大量资源投入。好的技术原理或想法如果不能及时进入后续开发环节并实现其潜在价值，可能会迅速过时而不再具备潜在价值。在实践中我们观察到，技术原理的发明者往往不具备进一步开发实用技术的能力，也没有能力或意愿在社会上寻找适当的合作伙伴，大量的研究成果因此被束之高阁，最终失去价值。这个问题在大学和国家事业单位的研究机构中尤其明显[1]，是国家科技体制中需要解决的关键问题之一。

原理阶段的技术经常以专利的形式体现，或者是无法申请专利的想法。独创但简单的想法比较难以转让，而且容易被模仿，往往必须由发现者自己组织资源进行开发。从实践上看，即使是最为正式的专利，大多也难以"修成正果"。很多专利在到期之前甚至会因为未能按时缴纳专利维

---

[1] 周亚庆，许为民. 2000. 我国科技成果转化的障碍与对策：基于环境的研究[J]. 中国软科学，10(7)：61—64.

护费而失去专利保护。

技术原理和想法的发现往往不是刻意的行为，需要有一个宽容自由的社会环境。创新思维意味着对传统思维的否定，创新者往往需要承担各种社会压力或财务压力。政府倡导"大众创新"，努力建设有利于创造性思维的宽松氛围，提高创新者的社会地位，有助于鼓励人们去发现社会生活中的各种潜在创新点。

1.2.2 工程开发

对于新发现的技术原理，首先需要对其市场前景进行初步判断。多数技术原理都难以通过市场前景检验，被认为没有开发价值而遭放弃。如果有企业或投资人认为某个技术原理有较大几率产生可接受的商业价值，那么这个技术原理就可以进入下一个生产环节，我们称之为"工程开发"。

工程开发的目标是实现技术的工业实现。工程开发中的现象是极为丰富的，有些工程开发是十分复杂的过程，涉及不同的前后过程、平行系统及规模等。例如，从上下游的角度看，新药的研发过程包括靶标的确立、化合物的合成、活性化合物的筛选、有机合成和筛选、药理作用评估、制剂的开发，以及临床研究等先后环节；从平行系统的角度看，一个大型飞行器的研发包括控制系统、燃油系统、液压系统、电气系统、气压系统、环境控制系统、应急系统等需要同步推进的环节；从规模的角度看，一项化学工业技术的开发需要经过小规模试生产、中等规模试生产，以及大规模试生产等过程，逐步实现成熟可靠、高效稳定的实用生产技术。

也有一些新技术的开发过程比较简单。例如，腾讯公司于2011年1月21日推出微信——一个为智能终端提供即时通信服务的免费应用程序，这款产品很快就取得了巨大的商业成功。微信是由腾讯广州研发中心的张小龙团队开发，于2010年10月筹划启动，仅用数月即推出了最早的测试版。之后微信不断完善，增加各种功能，用户数量高速增长。微信的开发和维护成本相对较低，但几乎改变了中国人的生活方式，其社会影响力远超很多耗资巨大的科技项目。当然，微信的成功难以复制，"赢家通吃"是网络信息产品的特点。

工程开发环节经常是技术生产的瓶颈。一方面，新技术的市场前景具有高度的不确定性，失败的概率很大，因此难以吸引足够的资金投入到技术开发中去；而另一方面，新技术的工程开发过程往往又需要大量的资金和人才投入，两者之间形成不易解决的矛盾。更加深入的是，大型技术的工程开发需要大范围的合作，这样的"协同创新"一般都存在较高的交易成本。

解决工程开发投入瓶颈的一个办法是发展多种融资渠道，如银行、债券、风险投资等。总的来说，银行或债券资金追求高度安全，但可接受较低的回报，适合投向不确定性较小的技术开发，如技术改造；而风险投资追求较高的回报，同时可接受高风险，适合投向比较前沿的技术开发。不同的融资渠道可以互相补充。

工程开发需要匹配科技人才团队。如果研发团队的规模小或效率低，那么就会拉长研发周期，不利于充分实现新技术的市场价值。复杂的工程开发可以交给实力雄厚的大型研发机构来完成，这些机构拥有经验丰富的研发工程师、先进的开发测试设备、多样的资金融通渠道，能够最有效率地完成技术的工程开发。中小企业将研发工作外包给专业研发机构往往可以节约研发资金，加快研发进程。这个问题我们后面还会详细讨论。

当然，如果大型研发团队从事很小的技术开发项目，也可能存在"大材小用"的问题，导致成本过高。小型开发团队由于架构简单、沟通顺畅，具有管理成本低、利益激励强的特点，在开发小型技术时可能具有一定优势。具体技术的开发安排需要具体分析，寻找最佳的匹配。

科技研发通常面临激烈的竞争，如逆水行舟，不进则退。技术的工程开发通常类似于竞赛，先于其他团队完成开发意味着巨大的收益，而落后者可能一无所获。很多创业团队或中小企业由于没有足够的研发团队,耽误了新技术的开发进程,使得很多技术最终未能进入市场,这个现象体现了社会分工的失败。

专业的科技开发团队往往不是"砸钱"就可以获得的。将技术的工程开发委托给专业团队,意味着进行技术交易,而这会带来各种交易成本。作为高度非标准化的产品,技术的交易成本较高,且高度依赖外部社会和法律环境。如果无法有效控制交易成本,那么专业的科技开发团队可能根本无法出现。事实上,很多科技研发项目都是在企业内部或由临时组建的团队完成的,这是在无法实现专业分工情况下的"次优"解决方案。

总之,技术的工程开发阶段需要重点解决几个核心问题:

第一,技术的拥有者或利益相关方应加强市场研究,降低财务不确定性,确立恰当的研发投资水平和强度。有较好市场前景的技术可迅速投入资金和技术力量,实现快速开发。新技术的市场前景越好,财务风险越小,能够吸引的外部资源就越多,开发过程也会越顺利。

第二,需要建立起完善的融资体系,确保各类投资进入技术研发的渠道通畅。这个过程虽然是市场行为,但往往需要行业组织、大型机构,甚至政府从中协调。金融业属于服务行业,向来是政府高度介入的行业,对法律和规制环境有较高的依赖度。没有政府的鼓励和协调,仅靠"看不见的手"调节,几乎不可能迅速形成有利于创新的融资体系。

第三,需要强化知识产权保护。当技术成为产品时,技术的开发者和使用者经常是分离的,而技术在交易之后,转出方实际上仍然掌握该技术。也就是说,作为一种信息产品的技术可能同时掌握在多个市场主体手中。由于技术易于复制的特点,市场主体之间可能产生非常复杂的博弈。例如,技术开发机构可能将已经销售出去的技术重新包装后再次转让,或者利用其掌握的技术开发和改造能力,恶意控制技术的使用者。这些行为最终会破坏技术交易市场的秩序。只有通过强有力的知识产权保护,才能降低技术市场的交易成本，保障技术市场的有序运行。

第四，应充分利用工程开发的规模经济和范围经济。研发经验越丰富、团队分工越细致、研发设备越先进的机构，研发能力越强。因此，在很多领域，特别是重资产的制造业领域（如航天、大飞机、精细化工等），可以建立大型专业化研发集团，利用研发的规模经济和范围经济，提供高效率的社会化研发外包服务。由于技术的复杂性和信息的不对称，组建专业性研发集团并非易事。详情我们后面还会讨论。

中国科学院深圳先进技术研究院

2006年2月，中国科学院、深圳市人民政府及香港中文大学在深圳市共同建立中国科学院深圳先进技术研究院（以下简称"深圳先进院"），实行理事会管理，探索体制机制创新。

深圳先进院的使命和愿景是建设一流的工业研究院，提升粤港地区及我国先进制造业和现代服务业的自主创新能力，推动我国自主知识产权新工业的建立，成为国际一流的工业研究院。

经过十几年的发展，深圳先进院目前已初步构建了以科研为主的集科研、教育、产业、资本为一体的微型协同创新生态系统，包括九个研究平台（中国科学院香港中文大学深圳先进集成技术研究所、生物医学与健康工程研究所、先进计算与数字工程研究所、生物医药与技术研究所、广州中国科学院先进技术研究所、脑认知与脑疾病研究所、合成生物学研究所、先进材料科学与工程研究所、前瞻性科学与技术中心）、中国科学院深圳先进技术学院，以及多个特色产业育成基地（深圳龙华、平湖及上海嘉定）、多支产业发展基金、多个具有独立法人资质的新型专业科研机构（深圳创新设计研究院、深圳北斗应用技术研究院、中科创客学院、济宁中科先进技术研究院、天津中科先进技术研究院、珠海中科先进技术研究院、苏州先进技术研究院、杭州先进技术研究院、武汉中科先进技术研究院、山东中科先进技术研究院）等。

2018年，深圳先进院获批牵头建设深圳市两大重大科技基础设施——脑解析与脑模拟、合成生物研究，并于2019年在光明科学城破土动工；牵头建设的深圳先进电子材料国际创新研究院、深圳市合成生物学创新研究院、深港脑科学创新研究院三大基础研究机构均已在2019年正式揭牌成立。

2018年11月16日，深圳市人民政府与中国科学院在深签署《合作共建中国科学院深圳理工大学协议书》，依托深圳先进院及中科院在粤科研力量建设中国科学院深圳理工大学。

深圳先进院积极贯彻中国科学院"三个面向""四个率先"的新时期办院方针，即"面向世界科技前沿、面向国家重大需求、面向国民经济主战场，率先实现科学技术跨越发展、率先建成国家创新人才高地、率先建成国家高水平科技智库、率先建设国际一流科研机构"，发挥中科院、深圳市、港中大三方共建优势，力争打造人才一流、科研一流、管理一流的新型研究机构。

资料来源：中国科学院深圳先进技术研究院［EB/OL］. (2010-08-05) [2020-11-20]. http：//www.siat.cas.cn/jgsz2016/jgjj2016/201605/t20160504_4595589.html。

技术的工程开发阶段形成机器设备、资料图纸、软件等有形资产，以及技术专利和技术秘密等无形资产。通过申请专利，可以借助国家力量保护研发成果，实现一定程度的独占。有些技术不适合申请专利，或者虽可以申请专利但比较容易被规避专利保护，或者被侵权后难以发现，或者政府的专利保护达不到足够的力度，在这种情况下，技术秘密可能是保存知识产权的合适方式。具体包括产品配方、工艺流程、技术秘诀、设计、图纸、试验记录、计算机程序等。

技术专利和技术秘密都可以协议转让，也都存在交易成本，但后者的交易成本可能较高。部分原因是有价值的"秘密"有一个固有特点，即在披露之前难以定价，而披露之后价值下降且难以保护。

值得一提的是，由于技术的复杂性，对于同样的新技术设备，不同的使用方式或故障处理办法可能导致完全不同的结果，而恰当的使用方式经常以经验、技能等方式存在于研发人员的头脑之中，难以通过文字清楚描述。这些经验、技能等都是技术的一部分，是工程开发成果的重要组成部分。

1.2.3 推广应用

技术作为一种产品，最终要通过转让或销售获得回报。在工程开发完成后，技术就进入应用阶段，以实现其使用价值和市场价值。技术产品的独特性和复杂性决定了其多样化的销售方式。

对于专业机构研发的技术，其销售方式可以是简单的"一手交钱，一手交货"模式，也可以是按使用规模或使用时间收费的模式，还可以由买卖双方建立使用该技术进行生产的合资企业。具体采用哪种方式需要具体分析，关键在于如何尽量降低交易成本并协调各方利益。

企业内部研发的技术一般是通过内部结算的方式进行隐性销售。内部结算不同于市场销售，交易价格具有很强的行政色彩，不需要太多的策略来讨价还价，因此通常不会产生很高的直接交易成本。当然，内部结算可能产生间接交易成本，如（隐性的）内部结算价格不合理可能影响员工士气。

由于技术是非标准化的复杂信息产品，在推广应用过程中的交易成本较高，包括以下几个部分：

一是知识产权保护成本。技术是一种信息产品，通常可以以较低的成本复制，因此很多领域的技术产品都容易被侵权或盗取。如果知识产权的保护力度不够，那么技术的价值就很难维持，更谈不上进行交易。

二是定价成本。技术是非标准化的复杂产品，必须"一物一价"。工业制造品可以在确定一个价格后大量销售，虽然定价时需要认真进行市场分析，但是毕竟一次性的；而技术产品必须逐个定价，定价过程中需要对技术应用方式和市场竞争环境进行研究，因此定价本身就会产生显著的成本。

三是谈判成本。很多技术是用于生产全新的产品，没有历史经验可以参考的，其市场价值有很大的不确定性，因此，使用该技术的最终产品生产企业会面临较大的财务风险。拥有不同技术背景的交易各方都会对技术的价值进行研究，得出不同的估价，而这些估价都是"私人信息"。交易各方必须在信息不对称的情况下进行谈判，并因而产生谈判成本。

现代经济学理论表明，在信息不对称的情况下进行价格谈判，很可能会造成低效的市场结果。例如，有学者通过一个双人交易模型表明，如果买卖双方的估值对对方而言服从特定概率分布（不对称信息的数学模型描述），且两个分布的取值区间有重叠，那么在没有外部力量介入的情况下，不存在一个交易机制能保证同时满足三个条件——激励相容、个体理性和事后有效。① 也就是说，当每个人都愿意参与这个交易机制，而且在交易中做出对自己最优的选择，那么就不可能保证最后的交易结果是帕累托有效的。我们将这种效率损失称为谈判成本或交易成本。但是，如果有一个第三方机构对交易进行推动，如对双方进行适当的补贴，那么就能促成对社会有利的交易，增加社会总体福利。

四是教学成本。使用新技术需要各种操作经验或技能（know-how）。这些经验掌握在技术开发者手中，或者需要在技术开发者的密切配合下才能逐渐总结提升。即使是一些成熟技术，转让过程中也可能出现不可预知的情况，在某个地方十分成功的工艺流程，转移到另一个地方时也可能会

---

① Myerson R B, Satterthwaite M A. 1983. Efficient mechanisms for bilateral trading [J]. Journal of Economic Theory, 29（2）: 265—281.

出现各种新问题，有时连技术的拥有者也不一定完全理解其中的原因。即便如此，技术的拥有者在寻找解决方案上仍会有明显优势。经验技能较为细节化，很难在正式合同中进行清晰的描述，因此也很难定价销售，这为技术的转让制造了困难。具体而言，经验技能的传授面临激励问题，只有在适当的激励机制下，技术拥有者才会愿意付出精力传授经验技能，但这样的激励是有成本的。

最优的技术交易方式取决于具体环境。如果技术开发者是最终产品生产企业的研发部门，那么不存在显性的技术交易，知识产权被侵犯的可能性比较小。新技术的市场风险由包括生产部门和研发部门的企业整体共同承担，不必设计复杂的风险共担机制。从研发部门向生产部门转让技术经验或技能的过程也可以通过行政方式完成，比较容易协调。事后来看，企业内部研发模式在技术的推广应用方面的确有一定优势。

当技术开发者是独立研发机构时，简单地对外定价出售技术专利或图纸资料并不是最优的。由于技术可以复制且不易毁损，研发机构可以同时向多个最终产品生产企业转让技术。最终产品生产企业之间一般存在竞争关系，如果他们同时获得新技术，就会加剧他们之间的价格竞争，导致价格下降，消费者获"渔翁之利"，而生产企业难以从新技术中获得好处。因此，如果技术的产权会被转让给多家企业，那么作为买方的最终产品生产企业对技术的估值会很低，技术开发者无法实现技术转让的利润最大化。

基于以上原因，研发机构一般不会同时将新技术的产权出售给多个相互竞争的生产企业，而是采用类似出租的方式进行销售。研发机构可以将包含技术的设备或产品出租给生产企业，或者将排他性的专利使用权授予生产企业，并按产量、销售金额或使用时间等收取使用费。例如，美国高通公司是移动通信终端设备的核心芯片的供应商，其核心资产是相关芯片的专利技术。该公司向移动通信终端设备制造商按销售收入收取专利费。这种收费方式类似于商品税，抬高了所有技术使用者的边际成本，且不会加剧他们之间的竞争。与一次性专利收费相比，这种按比例收费的方式有利于高通公司的利润最大化。

按产量或销售额收取技术使用费的另一个好处是可以实现区别定价。同样的技术对不同的最终产品生产者的价值是不同的，研发机构希望根据技术使用者的支付意愿收取费用，即实现区别定价。按产量或销售金额收费，意味着规模较大的大企业必须支付较高的技术使用费，而这些企业往往正是支付意愿较高的技术使用者。例如在移动通信终端设备市场，市场占有率较高的企业必须缴纳更多的"高通税"。

英国石油向东营威联化学授权最新一代 PTA 生产技术

英国石油（BP P.I.C）与东营威联化学有限公司（以下简称"威联化学"）达成协议，向其授权最新一代 PTA（精对苯二甲酸）生产技术。PTA 是用于生产聚酯产品的原材料。中国是世界上最大的 PTA 生产国，占全球总产量的一半以上。

威联化学是中国领先的石油和化工产品生产和销售企业之一。威联化学计划在其位于山东省东营市东营港经济开发区的厂区内建造一座年产量为 250 万吨的 PTA 生产装置。威联化学于 2019 年启动全球竞标，并在竞争中选择了英国 BP 的 PTA 专利生产技术。该项目现处于设计阶段并计划于 2020 年上半年完成，预计于 2022 年第二季度投产。

东营联合石化有限责任公司董事长李占辰表示："建设 PTA 项目是我们加快转型升级、实现提质增效的重要一步。在我们发展进程中，很荣幸能够与 BP 结缘，建立良好的合作伙伴关系。在此，感谢 BP 为我们提供国际领先的生产工艺以及专业的技术服务。"

此次授权威联化学的技术，其优势已在 BP 全球最大的 PTA 生产基地珠海 PTA 旗舰工厂得到证明。据内部调研，相较于其他 PTA 生产技术，

BP 的技术在运营成本与资本投入方面有显著优势，能够帮助企业收到较高的投资回报。另外，BP 技术还具有以下优势：该技术在生产过程中所产生的热能可被回收用于发电；其厌氧废水处理技术处理能力更高；其压缩工艺提高了土地利用率。BP 珠海 PTA 旗舰工厂及其生产技术，凭借着环保方面的成绩得到广泛认可。2019 年 7 月，该工厂以排名第一的成绩，在 PTA 生产领域获得由中国石油和化学工业联合会颁发的"能效领跑者标杆企业"奖项。

据 BP 中国董事长兼总裁杨筱萍介绍，此次与东营威联化学的合作，是继浙江新凤鸣项目成功启动之后，BP 在中国的第三个 PTA 技术授权项目。

资料来源：佚名. bp 向东营威联化学授权最新一代 PTA 生产技术［EB/OL］.（2020-05-28）［2021-07-20］. https://www.bp.com/zh_cn/china/home/news/press-releases/news-05-28.html。

如果技术是由研发机构独立发起并开发，一方面，研发机构不仅了解技术细节，而且通常已经进行了较充分的市场评估，基本了解技术的市场价值。相反，最终产品生产企业相对不太了解新技术的细节，也不了解技术使用过程中的"窍门"或经验。因此，在技术买卖双方之间存在信息不对称问题（学术界所谓的"逆向选择"）。另一方面，在技术转让过程中还需要解决经验技能的转让动机问题，这也是一个买卖双方信息不对称问题（学术界所谓的"道德风险"）。买方始终处于相对不利的位置，因此一般不会简单地接受买断专利或技术图纸。

以上两个问题都可以通过建立合资企业或订立收入分成合约的方式解决。这种利益安排可以实现买卖双方的风险共担，弱化技术研发机构策略性地利用其信息优势的动机，有利于保护买方利益，并最终有利于促成交易达成。首先，研发机构愿意在最终产品生产企业中持股，表明其对技术的市场价值和发展前景有一定信心。其次，由于研发机构在技术应用中存在利益关系，因而也愿意向合作者传授相关的经验和技能。①

随着时间的推移，技术买卖双方之间的信息不对称问题会逐渐得到解决。之后研发机构一般会逐渐退出，出售在合资公司中的权益或停止收入分成安排，这样可以将更多精力投入其擅长的研发领域。同时，研发机构的退出也会进一步加强最终产品生产企业的经营积极性。

技术推广的直接结果是技术在生产中得到应用，消费者得以享受更新的产品或更低的价格，研发机构实现销售收入，最终产品生产企业开拓新的经营空间。在宏观经济层面，由于新技术推广是经济增长的直接推动力量，顺畅的推广过程对国家发展非常重要。政府应提供合理的制度环境，帮助促成技术交易。

技术推广过程也是检验技术产品的质量和市场价值的过程，市场推广如果失败，则意味着事前的可行性研究存在问题，反之意味着之前的做法值得肯定，无论失败与否都能为将来进一步完善技术质量和调整研发方向提供有益的反馈。

1.2.4 升级改造

技术"从实践中来，到实践中去"，即在使用过程中不断地发现问题、解决问题，从而不断改进。一项技术是否达到预定的标准，是否具有预计的市场价值，都必须在复杂多变的实践过程中进行测试检验。技术的检验不仅包括需要在实验室内测定的静态指标，还包括在长期使用过程中的稳定性，在各种特殊少见环境下的可靠性，以及根据需要进行调整的灵活性等。

例如，在集成电路芯片领域，许多新设计出来的芯片都有很好的实验室技术指标，但这并不意味着这些芯片一定能够成为完美的产品。只有通

---

① Macho I, Martinez-Giralt X, Perez-Castrillo D. 1993. The role of information in licensing contract designing [J]. Research Policy, 25 (1): 25—41.

过大规模实地应用测试后,才能发现各种隐藏的设计缺陷,并逐步改进为成熟产品。正是由于芯片行业的后发者难以获得大范围推广应用的机会,因而难以获得大规模测试机会,使得用户很难树立对新的芯片企业的信心,因此这些企业难以获得较强的竞争力。

升级改造的另一个重要目的是适应外部环境的变化。当产品的使用环境发生变化时,产品就需要更新,因此需要进行相应的研发。不同产品之间经常存在"互补性",一个产品的状态或技术水平的变化,可能影响到互补品的使用价值。当其他产品的技术出现变化或升级时,本产品也需要进行相应的技术升级。例如电脑的硬件和软件(如操作系统、应用、驱动等)互为互补品,随着电脑各个硬件的性能提升,软件系统也需要根据情况进行升级,以充分提高电脑的总体性能。老旧的软件系统无法驱动全新的、高性能的硬件,同样,过时的电脑也无法运行先进的软件系统,两者之间存在最优的匹配。

除了发现已有技术的改进空间,还需要不断探索技术的未来发展方向。科技的发展日新月异,市场环境也是瞬息万变,这要求研发人员不断根据供应端的基础科技进步和需求端的市场偏好对技术进行更新。例如,一方面,手机的芯片、屏幕、操作系统、电池等关键元器件技术在不断进步,为手机设计提供新的可能性,另一方面,消费者对手机功能的要求也在不断变化。手机制造商需要在这两方面因素的影响下,不断改进设计方案,推出性价比最高的产品,甚至是具有全新设计理念的产品。改进或革新后的技术将重新接受生产部门和市场的检验,如此周而复始。

手机发展史

1973年,摩托罗拉公司推出第一部民用手机。

1983年,摩托罗拉销售第一部手机,名为"Dyna TAC 8000X",采用模拟制式（第一代移动通信，即"1G"）。在中国被称为"大哥大"，重达1千克。

1992年，诺基亚推出世界上第一款民用便携式手机"Nokia 1011"，采用GSM制式（第二代移动通信，即"2G"），重量仅475克，能收发短信。

1997年，第一款内置天线手机——汉佳诺CH9771问世。

1998年，诺基亚推出双频手机6150和游戏手机6110。

1999年，摩托罗拉推出第一款全中文手机CD928+和第一部智能手机A6188。

2000年，夏普通信联合日本移动运营商J-Phone推出拍照手机J-SH04。

2000年，诺基亚推出第一款WAP手机7110，开启了手机上网时代。

2000年，三星推出第一款MP3手机SGH-M188。

2001年，爱立信推出第一款彩色屏手机T68和第一款蓝牙手机T39mc。

2001年，索尼爱立信推出内置4GB闪存的手机W950i。

2003年，诺基亚推出畅销手机1100，全球销量2.5亿部。

2003年，国内第一款支持WCDMA的第三代移动通信（即"3G"）手机诺基亚6650上市。

2004年，华为推出其第一款手机A616。

2007年，苹果触摸屏手机iPhone问世。

2008年，HTC推出首部Android手机G1。

2008年，苹果App Store上线。

2008年，海信推出第一款大唐TD-SCDMA的手机TM86。

2010年，苹果推出iPhone 4，以先进的设计重新定义手机。

2010年，HTC推出第一部第四代移动通信（即"4G"）手机EVO 4G。4G手机除了具有通话、短信、音乐、拍照等传统功能，还被广泛用于高速上网、娱乐游戏、移动支付等领域。2016年我国4G手机出货量超过 5 亿部。

2019 年，第五代移动通信（即"5G"）手机，如华为 Mate 10、vivo iQOO Pro、三星 Note10 等问世。中国企业开始领跑无线通信技术，美国政府开始发力打压华为与中兴公司。

资料来源：Carey C. The Evolution of the iPhone: Every Model from 2007–2020 [EB/OL]. (2021-05-27) [2021-05-28]. https://www.iphonelife.com/content/evolution-iphone-every-model-2007-2016; Burris M. The History of Samsung (1938-Present) [EB/OL]. (2020-12-02) [2021-05-28]. https://www.lifewire.com/history-of-samsung-818809#1980-to-2000。

技术升级改造的结果是形成更完善的或新的技术，以及新的可供转让的技术专利。这个环节要求研发机构与技术使用者之间密切沟通合作，发挥各自优势，在消费者需求和技术可行性之间，找到最经济的结合点。

以上我们总结了技术生产的四个典型环节。正如我们反复强调的，技术产品具有高度的复杂性和多样性，因此不同类型的技术开发有不同的难点或瓶颈。有些难点在于工程开发，如大型制造设备或系统软件；有些难点在于推广应用，如集成电路芯片；有些难点在于需要持续升级换代，如社交或应用软件。

对于"国之重器"的大型关键技术，工程开发可能是最容易遭遇瓶颈的环节。这个阶段经常有显著的规模经济或范围经济特点，面临苛刻的人才约束和资金约束，单个技术开发主体往往难以满足这些约束条件，需要寻求外部合作。

技术的发展进步没有止境，随着科学理论的进步和实践经验的积累，不断有新的技术想法进入开发过程，不断形成新的技术并接受实践检验，形成螺旋形上升的技术发展路径。

1.3 技术生产的规模经济和范围经济

技术的生产具有类似规模经济的特征,即技术产出越多,研发机构的生产效率越高,其原因包括"干中学"、研发的单位固定成本越来越小等。技术生产的规模经济特点意味着大型专业性的研发机构在技术生产上具有竞争优势。技术生产还具有范围经济特点,即特定领域的研发机构可能在其他不相关领域具有创新能力。

1.3.1 规模经济与现代经济

规模经济是现代经济的核心特征之一。规模经济意味着产品或服务的平均成本随着产出的增加而下降,也就是说产出越大、效率越高。工业技术的进步使得规模经济这一特点越来越显著,交通技术的进步又使得社会分工和相互交易成为可能,两个因素共同促成了现代经济体系的形成。大规模专业化生产极大地提高了生产效率和生活水准,为人类社会带来了革命性的影响。

规模效应的形成机制有多种。从横向角度看,由于产品的复杂性,生产需要多人或多团队密切合作,每人专注一个小的方面,通过专门的技能投资,做精做强,形成专业才能。"干中学"意味着产出越多,生产效率越高,人们在生产的过程中学习并创新,不断提高技术水平。在此基础上相互合作,最终大幅提高生产效率,或者使原来不可能完成的生产得以实现。例如,靠一己之力几乎不可能生产出一辆汽车,但是通过大规模合作,就可以高效率地生产出大量高质量的汽车。

从纵向角度看,一个产品的生产既可以选择"轻资产"模式,也可以选择"重资产"模式。后者采用大型设备,虽然固定成本高,但边际成本低。在大规模生产的情况下，企业会采用"重资产"模式，从而获得较低的平均成本，这样就形成了规模经济。

规模经济是工业革命的一个核心特征，但是在信息革命时期，其重要性丝毫没有减弱，甚至有了新的表现形式。信息产品经常有"网络外部性"的现象——每个使用者的加入都会增加信息服务对其他使用者的价值。所有使用者共同构成一个网络，且网络越大越有价值，这是规模经济的新型表现形式。这个现象导致信息服务中经常出现"平台经济"和"赢家通吃"等新现象，例如微软的视窗计算机操作系统、谷歌的安卓手机操作系统、腾讯的QQ和微信社交软件、阿里巴巴的淘宝和天猫电子商务平台等。

实现规模经济是企业成功的一个"门槛"。在国内市场上有很多新创企业，长期在市场上艰苦挣扎，它们虽有一定的技术基础，但却难以打开局面，原因主要就是较低的销量使得企业难以获得足够的研发资金，也难以在生产中学习，妨碍了技术进步。同时，较低的销量也使得产品难以得到大规模实践检验，无法进一步完善产品。

如果一个外生冲击能够促进产品销售，那么这些问题都会迎刃而解。例如，美国发起的对华贸易打压迫使一些国内终端产品企业（如华为公司）不得不开始从国内市场寻找零配件供应商，因此这些零配件企业迎来难得的发展契机。事实证明，一些小企业完全具备替代国外高科技产品的能力，重要的是给他们"干中学"的机会和投资研发的资金。

1.3.2 工程开发的规模经济

在技术生产的工程开发阶段，经常存在显著的规模效应。一项重大技术的研发需要大量不同领域的科技人员通力合作，各自施展自己的专业技能，解决各个方面或分支的问题。分工细致的研发团队在每个领域都有较高造诣，因此在技术生产上的效率较高。从管理方面看，产出较大的技术研发机构还有较为丰富的开发方面的组织协调经验，更加善于配置各种资源，完成开发任务。大型研发机构拥有较为先进的加工和测试设备，有助于提高研发速度、降低研发成本。

大型的专业性研发机构往往还与国内外学术和科研单位有广泛的联系，可以在垂直和水平方向同时起到桥梁作用。

在垂直方向，专业性研发机构可以打破技术原理发明者与最终产品生产企业之间的壁垒，帮助新技术在下游实现社会价值。技术的发明者很多是学者，缺乏足够的资金或人际斡旋能力来开展投资巨大的工程开发活动，使得很多发明专利被束之高阁、迅速贬值。而最终产品生产企业限于自身的研发能力和信息不对称，也难以发现或判断新技术的开发风险和市场风险。通过专业性研发机构的科技信息优势、低成本开发能力和市场调研能力，能够较快发现并开发有潜力的全新技术，及时实现市场化。

在水平方向，专业研发机构能够较好地整合各种技术开发资源，完成大型项目。很多技术需要跨学科、跨领域合作，相互之间取长补短，共享大型科研设备。由于这种合作是建立在较高的科技知识水平基础之上的，科研单位之间的合作远比生产企业与科研单位合作更容易，交易成本更低。

专业化的研究机构本身并不深度介入最终产品市场，而是将大部分精力和资源投入技术的甄别和开发中。这些机构拥有高质量的工程师团队，长期从事工业技术开发的相关活动，业务熟练，配合默契。不仅如此，由于专业研发机构涉猎多个开发领域，可以利用在不同技术的研发过程中积累的经验和灵感，因此探索思路较为开阔，解决问题和创新的能力较强，开发的速度和质量较高。

由于各种原因，技术开发过程中的规模效应长期没有得到足够的重视。虽然在很多情况下，一些技术可能必须在企业内部的研发部门进行，但是很多技术如果采用外包的方式获得，成本可能会低很多。国内外经验表明，越来越多高科技企业将技术研发外包给外部专业公司①，并取得了巨大的成功。

我国各级政府一向重视发展高科技产业，各地建立了很多官方或官方补贴的"科技孵化园"，提供各种创业服务，但是大多不提供工程师团队的服务。科技创业者需要自己到市场上雇用工程师，依靠小团队完成产品开发。这样的机制缺乏规模效应，使得创业过程面临极大的困难。

由于财务负担沉重，技术力量和市场调研能力不足，大部分科技孵化园实际上只能孵化出一些复杂程度较低的科技产品，仅有极少数项目能够以巧取胜。有实证研究表明，虽然小型创新团队在某些领域有其优势，但是在多数较复杂技术的开发上的确力不从心。②

1.3.3 技术开发的范围经济

与规模经济密切相关的另一个概念是范围经济。范围经济意味着企业同时生产多种产品的成本低于单独生产各产品的成本之和，例如火力发电企业主要提供电力，但同时可以以很低的成本提供热力；炼油企业不仅生产作为燃料的汽油、柴油、煤油，还生产润滑油等大量其他化工产品。

在技术生产领域也存在明显的范围经济。人们对技术的分类一般是从应用的角度出发，但是技术实现的原理来自科学。两个看起来完全不同的应用技术，其科学原理可能是非常接近的。因此，一项技术的开发者往往在其他意想不到的领域中，拥有强大的技术开发能力。在科技研发领域，规模经济和范围经济之间没有清晰的界限，因为任何两个技术产品都是不同的。

---

① Chesbrough H. 2004. Managing open innovation: In uncertain markets, new metrics can help companies to play poker as well as chess [J]. Research-technology Management, 47: 23—26.

② Zoltan J A, David B A. 1987. Innovation, market structure, and firm size [J]. The Review of Economics and Statistics, 69 (4): 567—574.

微波炉的发明

微波炉是一种常用的小家电,不仅可以用来烹调、解冻、烘焙,还可用于蔬菜脱水、恢复食物香脆、熬制中药、烘烤水粉画等。难以相信的是,微波炉的发明者居然是一个军用雷达工程师,并由一个军火公司首先推出。

微波炉的历史要追溯到第二次世界大战期间。1940年,当时的英国伯明翰大学科学家约翰·兰德尔和哈利·布特发明了磁控管,这种产品被迅速应用到战场上,用于发射微波雷达信号,以侦测纳粹德国的飞机和轮船。

1945年,美国军火商雷神(Raytheon)公司的工程师珀西·斯宾塞在对一部工作中的雷达进行维护作业时,意外发现当他靠近雷达设备时,他的身体能感觉到奇怪的刺痒,同时口袋里的一根巧克力棒融化掉了。经过一番研究,他认定是雷达磁控管发射的微波加热了他的巧克力棒。

珀西继续对微波进行实验。他将磁控管对准玉米粒并启动,结果制造出了世界上第一颗微波爆米花。然后他又制作了一个金属盒子,一端开口,另一端对准磁控管。他用这个盒子加热了他的午餐和许多别的食物。据说有一次他加热了一个鸡蛋,结果鸡蛋发生了爆炸,并喷到他同事的脸上。于是他决定给这个盒子加上一个门,以防止类似事件再次发生。现在我们都知道,微波炉不能用来加热生鸡蛋。

1945年10月,珀西申请了"一种处理食品的方法"的专利,其中详细描述了如何使用微波加热食物,其过程仅消耗极少的能源。1947年,雷神公司推出了第一款商业化的微波炉——Radarange,这款微波炉大约有1.8米高,300千克重,功率为3 000瓦,售价为5 000美元。很显然,这个微波炉并不适合家用,主要供经营场所使用。

资料来源:Microwave Oven history(https://microwavemasterchef.com/microwave-oven-history/,访问时间2021-07-20)。

大型专业性研发机构的业务特点是可以同时开发多种技术产品。不同的开发项目虽然看起来各不相同,但是在原理和思路上往往有相通之处,能够互相启发、互相促进、资源共享。

科学技术人员从事的是探索性的脑力劳动,最重要的是思维开阔、不拘一格。彼此之间的思想交流非常重要,包括与不同领域的研发人员进行交流,而综合性的研发机构最能提供这样的交流机会。

相对而言,在生产企业内部的技术研发中,企业仅专注于本企业的最终产品部门所需要的技术,其他技术即使开发成本低,也比较难以进入研发计划,因此范围经济较难被利用。当然也有例外,例如微波炉的发明。

为了提高技术市场效率,通过一定的政策引导,发动市场和半市场的力量,发展大型专业性技术开发机构,有利于充分实现科技研发中的规模经济和范围经济,提高整个社会的创新效率。

1.4 技术生产的合作与竞争

专业性研发机构之间存在合作与竞争关系。由于技术产品的高度复杂性,研发机构之间的合作十分重要。通过合作研发可以显著降低研发成本,或者使不可能完成的研发任务成为可能。由于信息不对称等原因,合作研发具有较高的交易成本,经常需要外力推动。研发机构之间的有序竞争有利于提高资源配置。

企业之间经常产生合作或竞争的关系。生产互补品的企业之间主要是合作关系。合作是更广义的"交易",合作者其实是用自己的各种付出"换取"其他各方的各种付出(因此我们经常将"合作成本"称为"交易成本")。合作意味着行为的协调,"合力"完成单方面无法完成的任务,既为消费者提供"性价比"更高的产品,又可以提高企业利润,因此加强合作大多利己利人。但是,合作往往面临由于信息不对称等带来的阻碍,也就是所谓的合作成本或交易成本,使得很多合作难以实现。另外,相互竞争的企业之间的合作,即"合谋",对消费者经常是不利的,是"反垄断法"禁止的行为。

生产替代品的企业之间主要是竞争关系。竞争使优秀的企业获得更大的市场份额和更多的利润,有利于提高社会资源的配置效率。同时,竞争也为企业家提供了很好的激励机制,鼓励他们更加努力工作。不利之处是,竞争意味着企业各自为政、缺乏协调,可能导致相互"拆台",或者社会整体失衡,出现马克思所说的社会化大生产与生产资料私有制之间的矛盾激化的情况。

传统产品市场的竞争和合作关系同样适用于技术产品市场。科技企业之间的竞争经常以"研发竞赛"的方式发生,先行研发成功的企业可以率先申请专利保护,享受垄断利润,而落后的企业可能受制于专利制约,蒙受很大损失。这种机制能够让能力较强的研发企业获得更大的市场份额,为企业家精神提供动力,但同时也给研发企业造成很大的风险。

另一方面,企业在技术开发上的相互合作也很普遍,一个企业很难成为技术的"全才",经常需要寻求外部帮助。合作可以加快开发速度,节约开发成本。学者们一般将完全在最终产品生产企业内部进行的研发活动称为"内部研发",而将涉及多个企业的合作研发称为"外部研发"(包括研发外包)。以下我们重点讨论合作研发(外部研发)。

由于技术的复杂性,技术研发市场的合作也有其特点。一般来说,相互竞争的企业之间在定价上的合作(合谋)对社会可能是有害的,但是,他们之间的研发合作却未必有害。原因非常简单,当多个企业就同样的技术目标进行研究开发时,对社会来说构成了重复投资,很可能造成资源的浪费。[1] 如果它们可以通过各种机制进行联合研发,那么就可以大幅节约

---

[1] Spence M. 1984. Cost reduction, competition, and industry performance [J]. Econometrica, 52(1): 101—122.

研发成本。

虽然两个企业之间可能是竞争关系，但是仍然可能各有所长，如果能在联合研发中各自发挥自己在人才和设备上的优势，就能够提高研发效率。有学者通过一个理论模型指出，当合作研发组织的成员拥有互补的专业知识时，与不合作相比，合作研发能够推动企业之间共享知识，有助于提升社会总体福利。[1]

通过合作研发，还可以加强科技人员之间的交流，提高开发效率。产品只能交换，而思想可以共享，科技人员之间相互沟通和学习，有助于科技人员的成长。科技研发不能闭门造车，否则很容易走进思维的死胡同，很多创造性的思想都是在交流和碰撞中产生的。合作研发为科技人员提供了智力交流的机会，有助于活跃思维，突破难点。

1.4.1 合作研发的交易成本

合作研发的好处是显而易见的，而且看起来也十分可观，但是在实践中，企业之间的合作研发并不十分常见，各自为政的现象倒非常普遍。造成这种现象的主要原因还是由于技术的复杂性，使得合作研发的交易成本经常十分高昂。

第一，合作研发具有较高的谈判成本或合同成本。合作项目需要各方贡献一定的资金、人力和技术，虽然资金容易度量，但人力和技术投入难以量化，同时由于各种信息的不对称，合作各方在成本分担上经常很难达成一致。另外，研发成果的知识产权界定和利益分配方式经常也很难谈判。参与企业的技术基础各不相同，对合作的预期不同，对合作方也不甚了解，这些因素都会在企业之间造成复杂的博弈。当相关法律法规不完善，或者贯彻执行不力时，研发合作就更难发展。

---

[1] Sakakibara M. 2003. Knowledge sharing in cooperative research and development [J]. Managerial and Decision Economics, 24 (2-3): 117—132.

第二，合作研发可能不利于保护企业秘密。合作研发要求参与各方分别提供自己掌握的一些技术信息，以作为开展研发的基础。这种必要的信息交换不利于保护企业尚未申请专利的技术，或者其他各种"不足与外人道"的秘密，使得企业对合作研发持谨慎态度。例如，一些企业在创业阶段，为了节约成本，不当使用了一些外部技术专利。这些潜在的侵权行为非常不利于企业将来与其他企业进行技术合作。

第三，合作研发可能会被相关企业当作价格合谋的工具。生产企业之间经常会设立合资科技研发公司，这类公司生产出来的技术需要定价销售或授权给各个母公司使用。如果这些合资公司将开发出来的技术以较高的价格进行授权，那么就可以推高最终产品的价格，从而在一定程度上实现了价格合谋的效果。例如有学者认为，由相互竞争的企业共同设立的合作研发企业使得企业之间"心照不宣的合谋"变得更容易。[1] 还有学者的实证研究发现，参与合作研发的企业的总市场份额有下降倾向，而这正是价格合谋的迹象。因此，反垄断机构对这样的合作研发有一定的担忧。[2]

为了促进合作研发，节约研发支出，首先应加强知识产权保护力度。在此基础上鼓励技术市场交易，形成较完善的技术定价机制。通过完善知识产品保护体系，鼓励企业申请技术专利，而不是过度依赖技术秘密。当技术产权明确、技术价值清晰时，企业之间合作成本就会显著降低。我国早在改革开放初期，就制定了相关的知识产权法律，但是执行力度偏弱，长期存在较多的侵犯知识产权的行为。随着我国科技的发展，知识产权保护的重要性越来越显著，加强保护势在必行。

其次，在反垄断实践上，应该对合作研发有一定的豁免。在没有市场进入限制的前提，如果企业之间的合谋导致较高的市场价格，其他企业也

---

[1] Martin S. 1996. R&D joint ventures and tacit product market collusion [J]. European Journal of Political Economy, 11 (4): 733—741.

[2] Duso T, Roller L H, Seldeslachts J. 2014. Collusion though joint R&D: An empirical assessment [J]. DICE Discussion Papers, 96 (2): 349—370.

会随之进入市场，进而稀释在位企业的垄断力量。在这种情况下，虽然企业之间的合作研发在短期可能有一定的垄断嫌疑，但是在长期保持垄断地位是困难的，因此不必过于担心合作研发导致的合谋问题。只有当新企业进入十分困难，且参与合作研发的企业的总市场份额非常大时，才可能有反垄断方面的担忧，但这样的情况在现实世界里其实不多。

即使在有垄断嫌疑的情况下，反垄断机构也应该充分考虑合作研发在成本节省上带来的好处，这种好处可能抵消合谋带来的不利影响。事实上，正是出于这方面的考虑，美国于1984年通过《国家合作研究法案》（National Cooperative Research Act，NCRA），放松了反垄断法的限制。1984至1995年间，在NCRA法案下共成立合作研发联盟575个，涉及汽车、航天和通信等多个领域。[①]

1.4.2 行业通用技术的合作研发机制

同行业企业之间的合作研发一般限于行业通用技术。同行企业虽然生产类似的产品，但是有不同程度的差异化，不会使用完全相同的技术，他们的技术"交集"就是通用技术。各企业可以在通用技术的基础上，结合各自的技术优势和产品特点，研发适用本企业的专用技术。通用技术是各企业都能用得上的技术，通过合作研发能够最大程度地节约研发成本。合作研发本身具有较高的交易或协调成本，如果企业合作研究通用性较低的技术，在经济上难以实现节约成本的目的。

通用技术的合作研发有不同的组织形式，大多是采用公司制。例如，两个或多个同行业企业合资设立一个研发企业，人员可能是各企业委派，也可能是从市场公开招聘。研发企业的科技成果向以母公司为主的企业转让，转让收入除去运营成本就是企业利润，利润根据股权比例进行分配。

---

① Ham R M, Appleyard L. 1998. The evolving role of semiconductor consortia in the United States and Japan [J]. California Management Review, 41（1）: 137—163.

合作研发企业也可能是独立企业，参与合作研发的企业以会员的身份加入，缴纳会员费作为研发企业的主要收入来源，并共享研发成果。

美国 SEMATECH

半导体产业是关系国家竞争力的核心产业，美国一直是这个产业的绝对领导者。20 世纪 60 年代，日本半导体产业在政府扶持下迅速崛起。1985 年，日本生产的大规模集成电路在质量与市场占有率方面超过美国，成为全球最大的半导体生产国，对美国的领导地位构成威胁。

1987 年，在日本迅速追赶的背景下，里根政府改变了政府不介入经济运作的通常做法，批准了 SEMATECH 的建立。3 月，美国半导体行业的 14 家大型半导体企业在国防部的协调下，于德克萨斯的奥斯汀市成立了 SEMATECH 联盟，1988 年春季正式开始运作。这 14 家企业分别为 AT&T Microelectronics、Motorola、Advanced Micro Devices、NCR、IBM、National Semiconductor、Digital Equipment、Rockwell International、Hewlett-Packard、Texas Instruments、Intel、LSI Logic、Micron Technology、Harris Semiconductor。

该联盟与美国国防部高级研究计划局（Defense Advanced Research Projects Agency，DARPA）签订协议，得到了为期 5 年、每年 1 亿美元的拨款。联盟的运作经费分为两部分，政府每年投入 1 亿美元，所有参与企业每年共投入 1 亿美元。截至 1996 年，SEMATECH 汇集了 18 亿美元用以研发，其中 9 亿美元是 DRAPA 的补助。为了摆脱国防部的干预，SEMATECH 于 1996 年主动放弃了官方的支持，成为一家非营利性质的、会员制的、半导体通用技术研发企业，并向美国以外的半导体企业开放。

SEMATECH 产出的技术由会员企业共享，会员企业需要支付的会费主要取决于各企业的销售额。SEMATECH 与高校、研究机构及众多半导体设备制造厂进行技术合作，其研究成果可向非成员转让。

SEMATECH 的三个主攻领域是研发先进的半导体制造技术、在生产线上测试新生产的设备技术、发展新的制造方法，这些都是美国企业急需的技术。通过厂商和政府的共同投资，SEMATECH 有效避免了各个厂家在相同科研领域重复投资的现象。SEMATECH 不参与半导体产品的销售，不设计半导体产品，不限制成员企业在战略联盟以外的 R&D 支出。人力资源方面，SEMATECH 的 400 名技术人员中约有 220 人来自成员企业，这些技术人员在 SEMATECH 总部工作 6 至 30 个月。

美国《麻省理工技术评论》刊文认为，SEMATECH 在 20 世纪 80 年代至 90 年代帮助美国振兴了半导体产业，并成为产业界与政府合作的一个典范。[1]

资料来源：Irwin D A, Peter J K. 1996. Sematch：Purpose and performance, proceedings of the National Academy of Sciences of the United Sates of America [D]. Chicago：Oniversity of chicago，1995。

合作研发的另外一种常见形式是研发平台。与研发企业相比，研发平台的组织相对松散，一般是在政府直接或间接资助下，依附于一个有较强科研能力的单位（如公司或大学），以双边合约的方式组织合作研发。研发平台是一个技术网络中心，对特定技术有需求的企业可以与平台接洽，讨论共同开发计划，包括经费负担、知识产权所有权、人员配备等，双方的合作关系仅限于相关项目。

研发平台模式有效地降低了合作研发的交易成本，具有较好的可持续性。但是，由于平台采用双边而不是多边的合作方式，在降低重复研发投资方面可能略逊一筹。

---

[1] Robert D H. Lessons from SEMATECH [EB/OL]. (2011-07-25) [2021-05-20]. https://www.technologyreview.com/2011/07/25/192832/lessons-from-sematech/#：~：text = Lessons% 20from% 20Sematech% 20The% 20consortium% 20that% 20helped% 20revitalize，for% 20how% 20industry% 20and% 20government% 20can% 20work% 20together.

比利时 IMEC

非营利性研发机构"跨大学微电子中心"(Inter-university Micro-Electronics Center, IMEC) 成立于 1984 年,依附于比利时的鲁汶大学微电子系,由 Roger Van Overstraeten 教授领导。IMEC 主要从事中高端微电子的预先性研究,旨在开发未来 3 至 10 年内具有实用价值的微电子及相关技术。

IMEC 是欧洲领先的独立研究中心,致力于集成信息通信系统设计,硅加工工艺,硅制程技术和元件整合,纳米技术、微系统、元件及封装,太阳能电池,以及微电子领域的高级培训。组织人员约 1 900 人,其中超过 500 人为业界进驻研究人员及访问学者。截至 2008 年,IMEC 主要科技合作伙伴有 Intel, Samsung, Panasonic, NVIDIA, STMicroelectronics, NXP Semiconductors, Global Foundries, TSMC, Hynix, ASML, Xilinx, Altera, Cadence Design Systems, Qualcomm, Renesas, Siltronic 等。

1984 年 IMEC 成立后,当地政府每年向 IMEC 拨款 2 500 万美元左右,主要用于基础研究。2012 年,IMEC 年收入为 3.2 亿欧元,主要来自合作者的授权协议及合约,合作伙伴包括当时的欧共体、MEDEA+、欧洲航天局、设备原材料厂商及世界各地的半导体和系统厂商。IMEC 在微电子、信息通信技术等领域已成为世界领先者,有较强的国际影响力。

IMEC 的最高管理机构是董事会。为保证 IMEC 的中立性,并协调政府、大学和产业界三者间的关系,在 IMEC 的董事会成员中,约 1/3 是产业界代表,1/3 是高校教授,1/3 为政府官员。此外,IMEC 还邀请微电子领域的知名国内外专家设立科学顾问委员会,他们不具备实际决策权,仅为董事会的决策提供学术性建议。

IMEC 强调"临界质量"(critical mass)的运用。"临界质量"指的是某个项目投入的资源密度要达到一定程度,使项目的研发进程处于领先地位，从而获取较高的市场回报。如果投入的资源密度超过了"临界质量"，虽然可以保持领先，但会过度占用资源，得不偿失。出于对资源现状的考虑，IMEC 强调准确把握投入资源的密度，保证在满足"临界质量"的情况下追求技术领先，以达到最高的资源利用效率。

IMEC 鼓励人才流动，每年 IMEC 非核心人才的流动率约为 20%，且有大量优秀学生申请到 IMEC 攻读博士学位。相比一般大学，IMEC 的研究条件更为优越，相较半导体公司，IMEC 的研究氛围更加自由。

广泛性和中立性是 IMEC 的特点。互为竞争对手的企业（如 Intel 和 AMD）经常在 IMEC 参加同一个技术研发项目。全球有近 500 家公司机构参加 IMEC 的各种研发项目，大部分来自比利时以外的地区，这也是对 IMEC 中立性的信任。

资料来源：Helleputte J V，Reid A . 2010. Tackling the paradox：Can attaining global research excellence be compatible with local technology development？[J]. R & D Management, 34（1）：33-44。

虽然企业间合作开发通用技术经常需要政府的财政补贴，但这并不意味着此类合作不具备社会价值。合作研发的"交易成本"并非社会损失，而是由于在合作收益的分割上难以达成一致而造成的谈判成本。对社会整体来说，只要能达成合作，大多数的结果就是有利的。政府可以通过补贴鼓励合作研发，也可以通过强制性的行政命令推动合作研发，但是后者更加容易引起利益争执或官员"乱作为"问题，所以不太被采用。另外，通用技术经常具有显著的外部社会效益，很多受益者是在合作企业之外，而政府补贴有助于提高这部分社会效益。

1.4.3 互补技术研发

与普通的互补品企业之间的关系一样，技术企业之间也可以进行互补技术的开发合作。大型复杂技术产品的开发一般涉及多个类别的科技，单个研发机构未必都掌握。研发的负责单位可以将部分研发任务外包给其他机构，以加快研发过程，节约研发成本。在企业内部研发中，最终产品生产企业也可以将部分研发任务外包给专业机构完成，不必全部依靠内部研发。

与同行业企业之间的通用技术合作研发不同，互补性的合作研发强调各子系统之间的密切协调。因此，在开发过程中通常需要一个总负责机构，这个机构既有较高的技术水平，又有一定的领导力，能够为各个子系统制定技术标准，安排研发进度，确保总系统能够顺利整合完成。例如，中国高速铁路系统的研究离不开原铁道部的统一协调，中国大型客机的研究离不开中国商飞公司的统一组织。

中国商用飞机有限责任公司

大型客机是一个国家科技水平和综合国力的集中体现，涉及诸多不同技术领域。大型客机是高速交通的主要工具之一，在国民经济中扮演着十分重要的角色。作为关系国计民生的关键性产品，我国大型客机的供应不能完全依靠国外公司。

中国商用飞机有限责任公司（以下简称"中国商飞"）是实施国家大型飞机重大专项中大型客机项目的主体，也是统筹干线飞机和支线飞机发展，实现我国民用飞机产业化的主要载体，总部设在上海。

中国商飞于2008年5月11日成立，由国务院国有资产监督管理委员会、上海国盛集团有限公司、中国航空工业集团有限公司、中国铝业集团有限公司、中国宝武钢铁集团有限公司、中国中化股份有限公司共同出资组建。2018年年底，中国商飞新增股东单位中国建材集团有限公司、中国电子科技集团有限公司、中国国新控股有限责任公司。

中国商飞按照现代企业制度组建和运营，坚持"中国设计、系统集成、全球招标、逐步提升国产化"的发展原则，"产业化、国际化、市场化"的发展方向，"自主研制、国际合作、国际标准"的技术路线，"发展民机、壮大产业、开拓创新、勇创一流"的发展方针，"小核心、大协作"的主供模式，目标是让中国人自主研制的大型客机翱翔蓝天。

中国商飞下辖设计研发中心（上海飞机设计研究院）、总装制造中心（上海飞机制造有限公司）、客户服务中心（上海飞机客户服务有限公司）、北京研究中心（北京民用飞机技术研究中心）、民用飞机试飞中心、基础能力中心（上海航空工业有限公司）、商飞资本有限公司、商飞集团财务有限责任公司等成员单位。

中国商飞的企业愿景是为客户提供更加安全、经济、舒适、环保的商用飞机。企业目标是到2035年，把商用飞机项目建设成为新时代改革开放的标志性工程，创新型国家和制造强国的标志性工程，把公司建设成为世界一流航空企业。

资料来源：中国商飞官网（http://www.comac.cc/gywm/gsjj/，访问时间2021-09-14）。

1.4.4　外部研发可能带来的问题

2010年的一个研究指出，外部研发虽有其优势，但也可能产生一些额外的成本，包括对企业专用资源的稀释，对企业整体能力的侵蚀，以及对管理层精力的消耗。[①] 从资源配置的角度看，外部研发可能带来以下四个具体问题：

第一，外部研发可能存在"道德风险"问题。技术是一种信息产品，技术被转让后，转出方仍然拥有该技术，至少拥有以较低成本重新开发

---

① Christoph, Grimpe, Ulrich, et al. 2010. Balancing internal and external knowledge acquisition: The gains and pains from R&D outsourcing [J]. Journal of Management Studies, 47 (8): 1483—1509.

的能力，因此存在技术泄露的可能性。这种"道德风险"可能对采用研发外包的企业带来不利影响。政府应通过加强知识产权保护，鼓励对专业研发机构进行社会监督，树立良好的行业风气，尽量减少企业在这方面的忧虑。

第二，完全依赖外部研发不利于培养内部科技人才。最终产品生产企业在日常生产过程中，需要不断解决各种技术问题，因此需要有"知其然"且"知其所以然"的工程师随时待命。如果技术研发完全依赖外部，那么企业不仅会失去自主研发能力，而且可能会缺少胜任日常维护的技术人员，这样使得企业逐渐失去独立发展的能力，成为技术研发企业的附庸。

第三，可能使企业失去对本行业技术发展方向的判断能力。技术仅是企业所必需的生产要素之一，企业还需要在产业布局、营销设计、财务安排、设备投资等方面进行综合性战略规划。如果缺乏对本行业技术趋势的判断能力，那么企业其他各项工作也会受到影响。

第四，研发外包的交易成本较高。很多技术具有高度复杂性和不确定性，需要企业根据最终产品市场的情况不断做出调整，而签订在研发合作协议时，企业很难预见到将来可能发生的各种情况。因此，要么在签订协议时有较高的签约成本，要么在事后有较高的重新谈判成本，两种情况都会涉及复杂的博弈。

1.4.5 研发竞争

竞争为企业提高效率提供了最强的激励。通过竞争可以实现优胜劣汰，改善资源配置，这个规律同样适用于技术产品。管理方式科学、生产经验丰富的研发机构可以为市场提供"性价比"较高的技术，最终可以在市场上成长壮大。

竞争意味着技术研发机构必须用性价比最高的技术吸引买家，这实际上就是一种价格形成机制，有助于发现技术的真实成本，使最终产品生产企业可以更方便地评估什么样的技术最具有商业价值。

竞争有助于调动研发企业的主观积极性。面临竞争的研发企业管理者会更加努力地工作，以在研发竞赛中取得优势。竞争还促使研发企业努力开发符合技术买家需要的技术，尽量降低技术的使用门槛，为客户提供个性化的产品和优质的服务。

长期来看，竞争还有助于引导社会资本进入有市场价值的技术产业。如果某些技术路线有较高的市场价值或较好的市场前景，那么这些技术的供应者就可以获得可观的利润。在竞争机制下，新的研发企业会自发进入市场，实现资源的有效配置。

技术市场的竞争在改善资源配置上的好处依赖于一系列条件，包括通畅的信息交流渠道、清晰的产权关系和高效的纠纷解决机制。技术产品的非标准性和复杂性使得技术产品存在较高的交易成本，包括定价难度大、意外情况多、品质评估难等。技术作为高价值产品，其交易一般通过正式合约的方式进行，而这样的合约通常是"不完备"的，容易产生纠纷，甚至可能出现恶意欺骗行为。解决这些问题需要完善的法律法规体系和高效的纠纷解决机制，包括调解、仲裁、司法等。

技术本身是中性的，既可以为善，也可以作恶。在强激励的市场竞争中，有时也会出现不好的技术，如网络诈骗技术、黑客侵入技术等。在有专利保护的情况下，还会有恶意利用《中华人民共和国专利法》牟利的行为，例如所谓的"专利流氓"现象。"专利流氓"本身不从事技术研发，而是从其他发明者购买专利的所有权或使用权，然后利用技术的复杂性和专利保护边界的模糊性，通过发起专利诉讼赚取利润。这类诉讼属于所谓"恶意诉讼"的一种，可能给正常经营的企业造成重大财务负担。专利诉讼本身是保护知识产权的手段，但是如果被滥用，那么会降低企业的研发回报，反而可能不利于技术进步。

1.5 技术赶超

技术落后者实现赶超是困难的，但并非不可能。常见的赶超策略包括采用新的技术路线（"弯道超车"）、集中力量突破技术难关（"集中力量办大事"）、重用技术领军人物（"三军易得，一将难求"）、激励高工作强度（"天道酬勤"）。

在技术领域存在明显的"先发优势"现象，率先实现技术突破的企业通过专利或技术秘密，拥有先进技术的独家使用权，要么能够垄断特定产品或服务市场，要么具有低于竞争对手的生产成本，因此可以获得丰厚的回报。因此，技术追赶企业不可避免地面临来自领先者的竞争，利润要低得多。后发企业只有实现技术赶超，变成领跑者，才能获得超额回报。

但是，领先者的技术也是不断进步的，实现赶超非常困难。首先，在主观意愿上，领先企业也有很强的动机投入研发，以保持技术优势。事实上，领先者通过保持技术领先实现的垄断利润，经常会大于追赶者通过技术突破实现的寡头利润，因此领先者投入研发的动机可能更强。[①] 其次，在客观条件上，由于已经享有垄断利润，领先企业天然具有资金优势，能够进行更大规模的研发投资。相比之下，后发者没有当前利润作后盾，进行研发投入的资金实力较弱。

尽管如此，现实世界的技术赶超例子并不鲜见。例如，中国华为公司在通信设备领域，实现了对欧美巨头如诺基亚、爱立信、朗讯科技（Lucent Technologies）、北电网络（Nortel Networks）等的超越；中国的台湾积体电路制造股份有限公司（台积电）和韩国的三星半导体公司在半导体制造领域，实现了对IBM、英特尔、东芝等的超越；荷兰的阿斯麦尔公司（ASML）

---

① Jennifer F, Reinganum. 1983. Uncertain innovation and the persistence of monopoly [J]. American Economic Review, 73 (4): 741—748.

在半导体光刻机领域，实现了对荷兰飞利浦、日本尼康和佳能等的超越；谷歌在网络搜索引擎领域，实现了对雅虎的超越；中国自主建设的卫星导航系统"北斗"，起步比欧洲的"伽利略"系统晚，而且技术基础也较落后，但是经过艰苦努力实现了后发先至。

后发企业的技术追赶甚至超越，不仅对企业而言利益巨大，对社会和国家也可能有重要意义。许多关系国计民生的关键技术，例如通信、半导体、国防等技术，如果长期依赖国外，那么在国际关系不稳定时，可能给国家带来巨大安全和经济隐患。因此，有些技术必须实现一定程度的自主可控，赶超是必须完成的任务。

常见的技术赶超策略有以下四种：

（1）弯道超车

在很多产业中，很难判断一条技术路线是否有较大的发展潜力，而领先企业在旧的技术路线上有大量投资，因此偏好旧的路线。但是对于后发企业而言，走老路没有优势，因此在条件允许时，可以主动"剑走偏锋"，采用与传统不同的全新的技术路线。虽然新的路线不一定能走通，也不一定能率先实现突破，但是一旦成功就可能实现技术赶超，并获得巨大利益。

在竞争激烈的情况下，企业有更强的动机采用高风险的技术路线。这是因为，当很多企业都在完全相同的技术路线上进行研发竞争时，每个企业胜出并垄断市场的可能性很低。如果一个企业转而采用其他高风险的技术路线，虽然"期望"的突破时间可能更长，但是高风险意味着率先实现突破的概率较高。

荷兰光刻机巨头 ASML

光刻机制造商 ASML 原本是一个默默无闻的小企业，依附在飞利浦之下，规模和技术远在尼康、Intel 等老牌大企业之下。但是 ASML 大胆采用曾长期在 IBM 工作的林本坚博士的"浸润式光刻"技术路线，成功实现弯道超车。

早期的光刻机采用干式微影技术，即使用光波通过镜头加工晶片，镜头的孔径越大，光的波长越短，在晶片上的成像就越精细。在 2000 年左右，光刻机的镜头孔径增加到 0.93 mm，光波波长缩短到 193 nm，都已经接近极限，很难再进一步提高精度，因此干式微影技术遭遇瓶颈，难以加工尺寸小于 65 nm 的芯片，"摩尔定律"难以为继。

20 世纪 90 年代后期，当时就职于 IBM 的林本坚博士提出湿式微影的新思路。将折射率为 1.44 的水铺到晶片表面，波长 193 nm 的光经过折射，波长变成 134 nm，这样就大幅提高了加工精度。2000 年，林博士加入台积电公司，继续推介他的想法。

新的技术思路没有受到当时的半导体设备巨头如尼康、佳能、IBM 等公司的重视，甚至被抵制。但是规模较小的荷兰 ASML 公司决定与林本坚和台积电合作，冒险投入"浸润式光刻"的研发，并于 2007 年成功推出 193 nm 光源的浸没式光刻机。浸没式光刻机延长了"摩尔定律"的适用期，将集成电路的加工尺寸降至 7 nm 以下。

ASML 还广泛借助德国、美国、日本等国的尖端零件，迅速成为高端光刻机领域的垄断者，实现了"弯道超车"。由于高端光刻机的研发投入极其高昂，而市场规模有限，整个产业难以容纳多个企业相互竞争，ASML 的市场垄断地位相当稳固。

资料来源：刘芮，邓宇. 光刻机大败局，阿斯麦王座下的白骨［EB/OL］. (2020-06-01)［2020-05-20］. https://baijiahao.baidu.com/s? id = 1668272715646932260&wfr = spider&for = pc。

弯道超车也可能是依靠基础理论的突破。基础理论属于科学范畴，新的理论改变人们对世界的认识，同时也增加了新的技术可能性，使得技术研发可以采用完全不同的思路。科学理论属于全人类的共同财富，会无偿

地提供给全世界的科学家和技术开发者,也就是说,基础理论研究具有巨大的"外部性"。这种外部性意味着基础理论研究主要是为人类做贡献,民间投资的意愿不足,甚至各国政府都希望别国加大投入,自己可以"搭便车"。

但是,科学探索的过程不仅仅是发现新的科学理论,还是培养研究人才和积累技术经验的过程。实现理论突破的科学团队对理论的理解最深,拥有的人才最强,对上下游信息的了解最全。从经济角度看,他们拥有的信誉最高,最可能获得外部的金融支持和政策支持。因此,科学理论的发现者往往更加可能成为技术开发的领先者。这也是许多政府,特别是大国政府,都愿意在基础理论上进行投资的原因。

(2) 集中力量办大事

通过政府协调,集中各方面的市场和非市场的资源,企业经常可以完成在市场机制下不可能完成的关键性任务。

虽然大企业也可以集中大量资源完成一个任务,但最能集中社会资源的还是政府。我国实行社会主义制度,在集中力量办大事上不仅有很强的能力,也有很多的经验。改革开放之前,我国还没有建立起完善的社会主义市场经济体制,但是仍然在科技和工业方面取得了许多重大成就,如"一五计划""两弹一星"等,依靠的就是集中力量办大事的优势。即使是在改革开放之后,许多重大科技项目的完成,如三峡大坝、高速铁路、载人航天、大型客机等,仍然离不开政府对资源的集中协调能力。

集中力量办大事是对市场机制的重要补充。正如前面提到的,大型关键技术涉及很多子系统,要求各研发单位之间密切配合,但是由于各种信息问题,合作利益的分割是一件非常困难的事,需要反复艰苦地谈判,甚至有谈判破裂的可能,因此合作或交易成本是巨大的。非完全自愿的集中力量办大事机制可以在很大程度上减少合作各方之间的讨价还价问题,确保工作的顺利完成。

"两弹一星"

"两弹一星"指的是核弹、导弹和人造卫星,是对中国依靠自己的力量掌握的核技术和空间技术的统称,并不明确指定哪两颗弹和哪一颗星。两弹一星代表了我国在科技整体落后,经济发展困难时期取得的重大科技成果,对国家安全有决定性的影响。

1960年11月5日,中国仿制的第一枚导弹发射成功。1964年10月16日,中国第一颗原子弹爆炸成功,中国成为世界上第五个拥有原子弹的国家。1967年6月17日,中国第一颗氢弹空爆试验成功。1970年4月24日,中国第一颗人造卫星发射成功,中国成为世界上第五个发射人造卫星的国家。

20世纪50年代、60年代是极不寻常的时期,面对严峻的国际形势,为抵制西方国家的武力威胁和核讹诈,50年代中期,以毛泽东同志为核心的第一代党中央领导集体为了保卫国家安全、维护世界和平,做出了自主研制"两弹一星"的战略决策。

大批科技工作者,包括许多在国外的杰出科学家,响应党和国家的召唤,投身"两弹一星"事业中来。在当时国家经济、技术基础薄弱和工作条件十分艰苦的情况下,利用"举国体制"的力量,突破了核弹、导弹和人造卫星等尖端技术,取得了举世瞩目的成就。

邓小平指出,如果20世纪60年代以来中国没有原子弹、氢弹,没有发射卫星,中国就不能叫有重要影响的大国,就没有现在这样的国际地位,这些东西反映一个民族的能力,也是一个民族、一个国家兴旺发达的标志。

1999年9月18日,在庆祝中华人民共和国成立50周年之际,中共中央、国务院及中央军委授予于敏、王大珩、王希季、朱光亚、孙家栋、任新民、吴自良、陈芳允、陈能宽、杨嘉墀、周光召、钱学森、屠守锷、黄纬禄、程开甲、彭桓武，追授王淦昌、邓稼先、赵九章、姚桐斌、钱骥、钱三强、郭永怀等23位科技专家"两弹一星"功勋奖章。

资料来源：根据百度百科、中国网等资料整理。

集中力量办大事是非市场机制，自然有其不利之处。首先，政府官员天然具有弱激励特点，存在工作努力程度偏弱的倾向，可能导致工作效率低下，这方面的教训也很多。因此，通过政府组织科技攻关，必须选派有事业心和奉献精神的官员负责，并给予必要的经济激励；其次，在行政机制下，参与各方并非完全自愿，容易导致利益分配不均的问题，可能在经费使用、人员安排、知识产权配置等方面产生矛盾，这种状况可能导致士气低下，最终影响研发质量。政府在组织协调过程中，必须重视与参与各方的沟通，努力做到利益平衡。

（3）三军易得，一将难求

在强调技术秘密或经验的产业中，如果技术路线不发生巨变，那么快速缩小与先进企业差距的一个捷径是获取行业最顶尖的人才。领军人才可以帮助企业掌握好研发方向，少走弯路，从而加快研发速度，节约研发成本，更重要的是，领军人才还能帮助企业带出一支高质量的研发团队。

天下没有免费的午餐，行业的顶尖人才往往来自行业的先进企业，搜寻这样的人才会面临各种障碍。除了在知识产权上可能出现纠纷，高端人才一般还会受到与原"东家"签订的"竞业禁止协议"的约束，这类协议禁止他们在离职后的规定时间内，就职于与原企业有竞争关系的企业，包括自行创立的企业。而在禁止期过后，他们掌握的技术可能已经过时。

真正的顶尖人才数量稀少，经常是可遇不可求。同时，他们也是很多企业角逐的目标，"价码"可能"水涨船高"。从长远看，企业也不应该将整体命运寄托在个别人身上，还要有其他战略安排。尽管如此，机会毕竟是留给有准备的人，从外部寻找行业顶尖人才仍然是技术追赶的重要策略之一。

梁孟松与三星半导体

2004年，台积电拿下全球一半的芯片代加工订单，排名第二的是韩国三星，占据全球30%份额。三星在国际上不惜代价招聘技术骨干，大量投资技术开发，试图挑战台积电的行业地位。

梁孟松是台积电2002年铜制程突破的研发骨干，是最有望接任研发总监蒋尚义的人。但是，2006年蒋尚义退休后，梁孟松被调往一个似乎不被重视的岗位。2009年2月，梁孟松最终选择辞职。

在台湾清华大学任教几个月后，梁孟松就来到了韩国的成均馆大学。两年后，梁孟松的竞业禁止协议到期，随后就任三星芯片部门的技术长。三星半导体对梁孟松求贤若渴，据传年薪远高于在台积电的水平，甚至超过了三星联席CEO的待遇。

台积电很快就对梁孟松提起诉讼，要求他停止泄密并从三星离职。台积电调查发现，梁孟松就职的成均馆大学就在三星半导体总部所在地，而梁孟松的教学地点就在三星厂区内。几年来梁孟松往返于韩国与中国台湾地区都是三星的私人飞机接送。但是，法官最终还是认为梁孟松已经离职2年，过了竞业协议期，驳回了台积电的诉状。

自梁孟松离职后，三星的芯片代加工技术突飞猛进，仅用两年时间就相继突破45 nm、32 nm和28 nm的制程工艺。而同样程度的技术追赶，中芯国际用了7年多时间。三星半导体甚至率先实现了14 nm FinFET工艺的突破，在与台积电的竞赛中暂时取得领先。苹果、高通等公司纷纷将最先进的芯片交给三星代加工，2015年年初，苹果公司将最新的A9芯片交给三星，采用14 nm工艺生产。

三星在 2009 至 2015 年的快速进步显然不能全部归功于个别人,但是梁孟松的贡献无疑是重大的。

资料来源:刘芮,邓宇. 光刻机大败局,阿斯麦王座下的白骨 [EB/OL]. (2020-06-01) [2020-05-20]. https://baijiahao.baidu.com/s? id = 1668272715646932260&wfr = spider&for = pc。

(4) 天道酬勤

如果技术落后企业的研发人员相对更加勤奋,那么就能更快地完成研发任务,从而实现技术的赶超。

勤奋的力量往往超出人们的想象。经济学中的"干中学"原理体现在个人身上,就是工作越勤奋,人力资本积累越快,因此工作能力越强。我们来看一个简单的例子:假设一个工程师的工作年限是 30 年,如果每天工作 8 小时,假设他 15 年可以成为独当一面的高级工程师,而如果每天的工作 12 小时(1.5 倍的工作强度),那么只需要 10 年就可以成为高级工程师。因此,一个正常工作的工程师只有 15 年的时间从事更尖端的研发工作,而一个更加勤奋的工程师可以有 20 年。后者不仅能缩短研发时间,而且可以生产出远多于 1.5 倍的技术。因此,勤奋对技术产出的影响不是线性的,而是有"乘积效应"。

技术提升不仅会改善企业的市场地位,还会产生"竞赛效应"。竞赛意味着"赢家通吃",虽然在市场经济中未必总是完全的赢家通吃,但是拥有技术优势的企业一般具有较强的垄断地位,可以拥有较高的销售利润率,可以从竞争对手那里夺取更多的市场份额。因此,企业的回报与技术水平的关系也不是"线性"的,而是与相对领先程度高度相关,这就是"竞赛效应"。

很多科技企业的成功背后都是异乎寻常的艰辛付出。台积电的创始人张忠谋,据称年轻时每天工作 20 小时,创办台积电后,为了加快研发速度，搞了一个"夜莺计划"，实行三班倒和 24 小时不间断的"爆肝"研发。没有这样的高强度努力，台积电不可能从 1987 年才创立的企业，成长为如今半导体制造行业的绝对领导者。

高强度的工作，当然需要有与之匹配的强激励机制。无论是台积电还是华为公司，都是以人均收入远高于当地平均水平而著称。虽然企业需要支付较高的工资，但是作为技术的追赶者，由于"乘积效应"和"竞赛效应"的存在，通过高工资激励员工高付出，对企业来说是非常值得的。

高强度工作经常是一个有争议的模式。很多人认为这种模式忽视员工的生命价值，不值得推崇。在一些企业，也的确出现过员工"过劳死"的事件。应该说，高强度工作绝对不是适合所有员工，甚至多数人可能都不具备这样的意愿或能力。在市场经济中，劳动力是自由交易的，没有人可以被强迫接受特定的工作方式，自愿是勤奋的前提。

但是，也不能因此就禁止少数人通过超乎寻常的工作强度，获得超乎寻常的成就。否则，也就不会出现台积电和华为这样伟大的公司。毫无疑问，科技企业应该主动建立完善的员工健康管理体系，用科学知识指导员工形成合理的工作习惯，尽可能地保障员工健康。

华为公司的"床垫文化"

在通信设备巨头华为公司的创业时期，每个研发工程师的办公桌下都有一个床垫，不仅用于午休，而且很多人在晚上加班后不回宿舍，就在垫子上过夜。有华为员工认为，"床垫文化"意味着从早期华为人身上的艰苦奋斗，发展到现在思想上的艰苦奋斗，构成华为文化一道独特的风景。

高强度的工作是有代价的。很多华为的创始元老或高管都有失眠或其他健康问题。被任正非称为"软件大师"的张云飞，在华为工作 7 年多，主持软件开发，早期那几年几乎天天工作，睡觉都在办公室。没有人规定上下班时间，但软件开发团队人人都加班到深夜。张云飞要在大家睡觉后，把每个人修改好的代码审查、整合，再上机测试、验证发布，经常忙到天亮。长时期的晨昏颠倒，使他患上了重度失眠症。

华为创始人任正非曾说："华为20年的炼狱，只有我们自己和家人才能体会。这不是每周工作40小时就能完成的。华为初创时期，我每天工作16小时以上，自己没有房子，吃住都在办公室，从来没有节假日，想想这是十几万人20年的奋斗啊！不仅仅是在职员工，也包括离职员工的创造。怎么可能会在很短的时间，每周只工作40小时，轻轻松松地就完成产业转换和产业升级呢？每周工作40小时，只能产生普通劳动者，不可能产生音乐家、舞蹈家、科学家、工程师、商人……"

资料来源：田涛，吴春波. 2017. 下一个倒下的会不会是华为 [M]. 北京：中信出版社。

1.6　技术生产的政府协调

技术市场可能因为外部性、交易成本和国家安全等原因，导致资源配置不合人意，需要政府介入。对于外部性和国家安全造成的市场失效，政府可对相关技术研发进行补贴。对于交易成本造成的市场失效，政府的着力点是促成协同创新。其中后一种情况非常普遍但往往被忽略。

每种产品都是一种特殊的产品，技术也不例外。政府干预市场机制向来是一个有争议的话题，但政府对科技研发的支持却是普遍现象。各国政府普遍对技术的生产提供大量的支持，包括税收优惠、信贷贴息、政策倾斜，甚至政府直接投资等。这个现象表明，各国政府普遍认为在市场机制下,技术生产有失效问题,导致投资意愿低于社会最优水平。

如何正确认识技术市场的失效问题,对于适当发挥政府在技术生产中的作用具有重要意义。经济学对市场失效有大量研究,概括来说,市场失效归根到底是由于信息不对称导致的"经济人"之间的协调失败,形成两败俱伤的市场结果。从实践角度看,技术市场失效的直接原因在于技术的外部性、协同创新的交易成本,以及技术的国家安全价值。

1.6.1 外部性

技术生产有多种正的外部效益。这些外部效益可以看作技术研发者对社会的额外贡献,意味着私人投资技术研发的动机弱于社会最优水平。当然,其他很多行业也有明显的外部性,但技术研发的外部性在广度和深度方面都特别显著。

第一,技术研发除了生产新技术,还会生产一个重要的"副产品",即人才。人才在技术生产过程中学习并不断积累人力资源,即"干中学"。人力资源并不归研发机构所有,而是人才的个人财富,他们完全可以将这些才能带到其他企业。因此,人力资源是研发投资对社会的额外贡献。通过研发实现,人力资本积累是一种重要的财富积累方式,因为人力资本是影响生产率的重要因素。[①]

事实上,很多研究与开发活动的主要目的就是培养技术人才。在一些领域,即使明知"造不如买",也要进行自主研发,一个重要原因就是希望能建立起关键技术研发队伍,避免在国际形势恶化时被"卡脖子"。这个现象在军工部门尤其明显,许多军工技术项目从实用角度看几乎没有价值,貌似浪费资源,但培养人才才是这些项目的真正目的。

[①] Bronzini R, Piselli P. 2009. Determinants of long-run regional productivity with geographical spillovers: The role of R&D, human capital and public infrastructure [J]. Regional Science and Urban Economics, 39 (2): 187—199.

与企业的实物财富不同，科技人才可以自主流动，其个人才能是社会的财富。通过科技人才的流动，科技知识和经验可以传播到更多的企业，创造更大的价值。一些高科技企业创业失败后，科技人才分散到社会，有时反而催生出新的高科技企业，创造了巨大的社会价值。在研发决策中，追求利润最大化的企业不会充分考虑研发在人才培养上的价值，从而低估研发项目的真实价值，使得企业投资于研发的动机弱于社会最优水平。

第二，技术进步能够惠及消费者。新技术带来的新产品要么为消费者带来更具"性价比"的产品，要么创造出全新的产品。虽然是盈利性的市场行为，消费者仍然能从中获益。这些也都是技术开发者为社会做出的额外贡献。例如，电视机、计算机，移动电话等技术的快速进步，带来了产品价格的快速下降，而性能则大幅提升；"微信""淘宝""支付宝"等新技术产品的出现，大大降低了人们交流和购物的成本，而这些服务大多是免费的。消费者从这些技术进步中的获益几乎是革命性的，实现了生活方式的改变。

当然，也有一些技术对消费者有负的外部性。这些所谓的"技术"通过一些道德上不正当的方式，欺骗或者误导消费者，从中谋取利润，例如电信诈骗、网络黑客等。在纯粹的市场经济中，利润是衡量技术价值的唯一标准，好的技术和坏的技术都可能出现，通过法律法规限制坏的技术进入市场是政府的职责。

第三，技术的突破能够迅速带动上下游产业的发展，对经济发展和就业产生巨大的推动作用。核心技术构成企业的核心竞争力，在核心技术的竞赛中取得优势，就能在国际国内的产业竞争中取得优势，带动相关产业在本国的发展。核心技术的开发者并不能获得产业发展的全部收益，因此实际上为社会做出了额外贡献。

技术突破对上下游的带动作用经常是通过产业集群的方式来实现的。一个取得技术突破的"龙头企业"可以吸引配套企业到本地投资，从而建立起大规模的产业集群。这既有利于企业本身的成长,也能推动当地经济的发展。

1.6.2 交易成本

很多经济学家认为在市场经济中,"看不见的手"能够有效地配置各种稀缺资源。这个看法或许基本正确,但还是需要根据行业特征进行具体分析。在有些市场,"看不见的手"配置资源的效率就不是那么高,例如医疗行业,其原因就是严重的信息不对称导致高昂的交易成本。

类似的,作为一个产品极其复杂的产业,技术研发产业也经常存在很高的交易成本。正如前面多次提到的,许多大型技术,如高速列车、大型客机、操作系统、集成电路等,研发需要社会化的分工合作,而实现合作的前提是达成各方都可以接受的利益安排。在信息不对称的情况下,达成这样的利益安排是非常困难的。即使参与协作的各方都知道潜在回报很高,但如果没有外部的协助,各方的策略性行为仍然可能导致合作失败。[①]

当参与方数量较多时,合作失败的可能性更大。有学者通过博弈论模型论证了这个问题。[②] 假设一个项目的成功需要多人投入,其中每个人都可以"否决"这个项目,而且每个人对项目的回报的估值是"私人信息"。模型证明,当参与项目的人的数量增加时,即使项目的净回报很大,成功的概率也会趋向于零。造成这个结果的原因简单来说就是,每个人都希望减少自己的投入,而希望其他人增加投入,从而可以"搭便车"。项目参与人数越多,这种动机就越强。如果每个人都这么想,那么这个对大家都有利的项目就很难成功了。但是,外力(如政府)的推动可以避免这个低效的结果。

---

① Myerson R, Satterthwaite M. 1983. Efficient mechanisms for bilateral trading [J]. Journal of Economic Theory, 29 (2): 265—281.

② Mailath G J, Andrew P. 1990. Asymmetric information bargaining problems with many agents [J]. The Review of Economic Studies, 57 (3): 351—367.

有人认为交易成本在科斯定理中已经有了充分的讨论。所谓的"超级科斯定理"认为，在权利刻画清晰的情况下，即使存在交易成本，人们仍然能够达成"帕累托有效"的交易，因为交易成本本身也是各方在合作中需要考虑的成本。特别的，当交易成本过高时，放弃交易或合作就是最优的安排。[①]

现代经济理论认为这个看法其实存在很大问题，因为交易成本与交易方式高度相关。当引入外部力量时，社会意义下的交易成本可能显著降低。例如，通过社区居民分散谈判的方式，集资建设有巨大公共效益的设施（如公路、学校等），由于信息不对称，其中的交易成本非常巨大，项目建设几乎不可能完成。但是，如果通过政府行政方式完成建设决策，那么只需要通过征税筹集资金，几乎没有交易成本。虽然行政决策可能带来其他问题，例如预算不平衡、利益分配不公平等，但总体结果的改善是明显的。

很多政府高度扶持的科技产业都是资金需求巨大的行业，如集成电路、平板显示等，这些行业投资风险大、短期回报低，但是一旦获得市场竞争力，回报也十分巨大。这些行业需要政府扶持的根本原因往往还是交易成本，私人资本之所以不愿投资，归根到底是因为对企业家没有足够的信心。

1.6.3 国家安全

所谓"安全"，就是低概率的、大幅度的下行风险，包括经济风险、人身风险、自然灾难等。为了防范风险，个人可以购买保险，但国家无处购买保险，只能进行"未雨绸缪"的预防性投资。社会发展要求有一个稳定、可预测的环境，市场环境的大幅波动会导致重大经济损失。

制造业关键中间品的生产技术事关国民经济安全，甚至国家主权安

---

① Coase R H. 1960. The problem of social cost [J]. Journal of Law and Economics, 3 (1): 1—44.

全。中美贸易摩擦和中兴、华为事件的不期而至警示我们，如果关键领域的核心技术掌握在外国企业手中，无论经济安全还是国家安全都是没有保障的，这不是"杞人忧天"。当前我国经济还有很多软肋，在很多高科技领域，国内企业的市场竞争力较弱，大量的生产必须依靠进口中间品。一旦遭遇国际禁运，就可能导致经济链条断裂，影响社会稳定。

安全问题是以低概率的系统性危机的方式出现，而危机时期往往不存在市场机制，因此安全问题难以通过市场机制应对。高科技产业中存在"后发劣势"，在没有政府支持的情况下，后发企业难以长期取得利润，因此投资动机较弱。高科技关键中间品技术的研发实际上具有特殊的"外部性"，即对国家经济安全的正外部性。

为了实现关键中间品的自主可控，政府必须有所作为。基于安全考虑的关键技术研发即使无利可图，政府也必须长期保持投入，时刻为可能的危机做准备。经济安全投资与国防建设类似，有效的投资往往都是看起来"无用"的投资，当我们有充分准备的时候，外国就无法通过禁运施加伤害，自然也就没有发难的动机。因此，不能因为安全投资没有派上用场，就否认其必要性。

当技术市场失效的原因是外部性或国家安全时，政府干预的原则是提高技术研发的回报。政府可以对技术的生产进行各种形式的补贴，例如提供税收优惠、贷款贴息或担保、土地优惠，甚至政府直接投资等。有些科研机构按事业单位或非营利组织的性质进行注册，可以降低研发单位的税收负担，实际上也是一种政府补贴的形式。另外，基础理论的研究往往是由政府全额出资。政府对技术研发的补贴是国际通行现象，其重要性几乎已经是共识，相关的学术研究也很多（例如讨论政府研发补贴的绩效以及是否挤出私人研发投资等），这里不再赘述。

研发合作中高昂的交易成本常常被忽略，但这个问题其实非常普遍。人们大多认为"看不见的手"能解决交易成本带来的问题，但正如我们前面反复指出的,现代经济学理论认为并非如此。信息不对称经常导致企业之间的策略性博弈,使得很多互利的交易或合作机会在相互猜疑的恶性互动中被放弃。在这种情况下,"看得见的手"可能改善社会福利。例如,如果政府可以通过 100 元的补贴,帮助企业避免恶性博弈实现合作,并形成 300 元的利润增加,那么就使得社会福利净增加 200 元。为了解决交易成本导致的研发合作失败问题,政府补贴是有必要的,但并不是解决问题的关键。政府或行业组织的发力点包括以下几个方面:

第一,降低信息不对称程度。既然信息不对称是交易成本的根本原因,那么直接的解决办法就是努力改善信息交换。政府或行业组织经常可以利用其特殊地位,获取一些有关企业的信息,并与其他企业共享。不过,企业通常有动机对他们拥有的私人信息(如生产成本、生产技术、财务状况、调研结果等信息)进行保密,因此彻底消除信息不对称不太可能。

第二,鼓励行业通用技术的联合研发。我们曾提到,虽然行业通用技术的联合研发可以节约研发成本,但是在实践上却并不普遍,原因就是研发合作的各种交易成本。在不可能直接解决信息不对称的情况下,政府或行业协会可以通过行政补贴的方式,促成企业共同研发通用技术。这个过程高度考验政府官员的领导力和知识产权保护的有效性。

第三,推动互补性技术的合作研发。大型技术的开发需要多个研发机构的分工合作,我国的"举国体制"在这方面有一定的优势,通常是有一个处于中心位置的、带有一定行政色彩的技术机构,统一安排各个子系统技术的研发,确保研发进度和技术标准的统一,同时往往还提供一定的资金补贴。参与各方或许可以进行一定程度的讨价还价,但是前提是必须完成安排的任务,体现了整个体系的行政性的一面。这种不完全市场化的研发体系的绩效经常很好,因为排除了在不对称信息条件下的两败俱伤的恶性博弈。

第四，加固技术研发的垂直链条。技术的生产涉及多个不同的垂直环节，任何一个环节的失败都会导致整个研发的失败。例如，在很多高等院校和科研单位，有很多研究成果原本有很好的市场潜力，但是由于难以及时转入工程开发环节，最后不得不因过时而荒废。事业单位本身就有激励偏弱的特点，同时又面临各种信息和财务约束，在没有外部协助的情况下，研究成果被搁置的可能性很大。通过政府推动，主动强化特定研发环节，特别是推动技术原理实现工程开发，并最终推向市场，从而产生巨大的社会效益。

"看得见的手"干预经济，不可避免地会产生副作用。政府扶持科技发展应重视方法的优化，尽量避免对市场机制的扭曲。虽然政府的角色很重要，但只能起到"锦上添花"的作用，资源配置主要还是依靠市场。如果政府过度干预，那么企业面临的市场不确定性和不合理性就会上升，不利于企业的正常经营。例如，对一部分企业的补贴，可能形成对其他竞争企业不公平的市场环境，最终会影响民间资本的投资热情。

虽然政府干预不可能完全避免扭曲的市场激励，但是通过一些优化的机制设计可以减少对市场的干扰。例如，政府可以建立择优扶持的机制，尽量将政府资源投向最优秀的企业，这样就能提高企业家的工作积极性。政府不宜采用"撒胡椒面"的普惠式补贴政策，这样不仅无法形成合力、突破技术难关，而且经常会被投机的企业恶意利用，套取国家补贴而不进行真正的研发。

科技扶持经常涉及大量的资金流动，同时，科技扶持工作也需要政府官员做出许多主观判断，这两个因素意味着腐败问题难以避免。操作不慎，就可能出现"好心办成坏事"的结果。没有科学严谨的官员选拔、监督和激励体系，任何政府行为都会出问题，特别是经济行为，政府的边界取决于政府治理的水平。

我们一直强调技术产品的复杂性和多样性，反映到市场失效上，不同产业有不同的具体情况，政府扶持的方式也应具体问题具体分析。例如，有学者总结了创新市场失效的几种情形以及相应的行政支持方式，他们从创新所在的产业类别的角度，将创新市场失效分为四类，即中间投入品技术（如软件、设备、仪器）、生产技术的应用（如农业、轻工业）、复杂系统技术（如宇航、电力、电子、通信、半导体）和高科学含量技术的应用（如生物技术、化学、材料、制药）。① 该文认为，中间投入品技术领域的创新失败主要体现在中小企业面临的较高的金融市场交易成本，新技术标准的风险，以及广泛适用性带来的较低独占性，因此政府应鼓励风险资本市场发展，推动技术标准的确立；生产技术技术应用领域的创新失败主要体现在较大的外部性和较低的独占性，政府应通过特定机构，推动向低技术企业的技术转让；复杂系统技术领域的创新失败主要体现在高成本、高风险和低独占性，政府应鼓励研发合作，对研发进行补贴，并推动"基础设施类"技术的开发；高科学含量技术应用领域的创新失败主要体现在难以预见的潜在应用，政府应建立专门机构，促进重大基础研究成果的应用和扩散。

中国高速铁路

1954年，从北京到上海坐火车需要36个小时。到1990年，仍然需要大约20个小时，而当时法国TGV大西洋线最高运营时速达到300公里。随着技术条件的逐渐成熟，建设高速铁路的讨论在我国开始出现。京沪铁路经过的地区是中国经济最发达的地区之一，具备建设高速铁路的市场条件。

1990年12月，铁道部完成《京沪高速铁路线路方案构想报告》。1994年，当时的国家科学技术委员会、国家计划委员会、国家经济贸易委员会、

---

① Martin S, Scott J T. 2000. The nature of innovation market failure and the design of public support for private innovation [J]. Research Policy, 29 (4-5): 437—447.

国家经济体制改革委员会和铁道部课题组完成《京沪高速铁路重大技术经济问题前期研究报告》，向国务院报送了《关于建设京沪高速铁路建议的请示》，认为京沪高速铁路的建设在技术和经济上均可行，应尽快批准立项。

1994年6月10—12日，在北京香山召开的高速铁路技术战略研讨会（以下简称"香山会议"）上，高速铁路"建设派"与"反建派"进行了论战。"香山会议"之后，"建设派"和"反建派"继续激烈争论，直到1998年6月1日，在中国科学院和中国工程院的"两院"院士大会上，时任国务院总理朱镕基提到京沪高速铁路是否可以采用磁悬浮技术。之后，争论的焦点变成了选择磁悬浮技术还是轮轨技术。

当时的铁道部官员认为磁悬浮技术还不成熟，造价过高，且与现有轮轨体系兼容性差。在轮轨技术上，我国已有"中华之星""蓝箭""先锋号""长白山号"等高速列车的建设经验，虽然技术不够成熟，但已经具备引进消化外国先进技术并进一步创新的基础。

为了验证磁悬浮技术，我国于2001年3月开始在上海采用德国技术建设了一条30公里的磁悬浮试验线。2003年1月开始商业运营，时速达430公里。试验线实际上验证了磁悬浮技术造价高、运能低、技术不成熟的缺点。

2007年8月29日，国务院原则批准京沪高速铁路可行性研究报告，确定使用轮轨技术。2008年4月18日，世界一次建成线路最长、标准最高的高速铁路——京沪高速铁路正式开工建设。全长1 318公里，设计时速380公里。2011年6月30日，京沪高速铁路全线通车。截至2019年年底，中国高速铁路营业总里程达到3.5万公里，居世界第一。

我国高速铁路的早期讨论一直都是在中央政府的领导之下进行的。虽然各种观点激烈交锋，但是一旦做出决定，全国就会统一行动，而不是像分散决策体制那样，陷入无休止的讨价还价中。

高速铁路是一个大系统工程，包括轨道、动车组、信号、供电、调度等子系统,其中动车组最受关注,技术含量也较高。2004年4月1日,国务院开会研究铁路机车车辆装配有关问题,明确了"引进先进技术、联合设计生产、打造中国品牌"的基本原则,决定重点扶持国内六家机车制造企业。

铁道部主导启动了时速200公里的动车组项目招标。2004年6月17日,铁道部发布投标邀请书,一共7个包,每包20列动车组。规定投标企业必须是中国企业,而且必须有技术成熟的国外合作企业的技术支持。铁道部仅指定了两家中国企业——中国南车集团的四方机车(简称"南车四方")和中国北车集团的长春客车(简称"北车长客")可以引进技术,而国外的西门子、阿尔斯通、庞巴迪和日本企业联合体(川崎重工、三菱商事、三菱电机、日本制作所、伊藤忠商事、丸红)也希望进入中国市场。最后,南车四方与日本企业联合体、北车长客与阿尔斯通、庞巴迪与南车四方的合资企业分别投出标书,西门子未能找到合作伙伴,被迫出局,三家分别中标3包、3包和1包动车组。

2005年6月,铁道部又启动了时速300公里动车组的采购,这次采取的是分别谈判的方式。最后,中国北车集团唐山机车车辆厂与西门子联合拿下60列动车组订单,南车四方也拿下60列(日本川崎重工仅提供技术支持),四方庞巴迪合资企业拿到40列。当时西门子愿意转让时速300公里的动车技术,日本企业明确表示不转让,而阿尔斯通的技术路线不被铁道部接受。在高速铁路动车的自主研发中,南车四方在有限的日本技术指导下,向上突破时速300公里、350公里的技术攻关最引人注目。

2008年2月,科技部与铁道部共同签署《中国高速列车自主创新联合行动计划》,提出建立具有自主知识产权、国际竞争力强的、时速350公里及以上的高速铁路技术体系。该计划的支撑项目——"中国高速列车关键技术研究及装备研制"被列入"国家科技支撑计划"。国家拨款10亿元,参与研发单位自筹20亿元。

支撑项目一共分为 10 个专项课题，即共性基础及系统集成技术（中国南车集团）、高速列车转向架技术（中国北车集团）、高速列车空气动力学（中国科学院力学研究所）、高速列车车体技术（中国北车集团）、高速列车牵引传动与制动技术（中国铁道科学研究院）、高速列车网络控制系统（中国科学院软件研究所）、高速列车关键材料及部件可靠性（中国南车集团）、高速列车运行控制系统技术（北京交通大学）、高速列车牵引供电技术（中国铁路工程集团有限公司）、高速列车运行组织方案（北京交通大学）。

每个专项课题都有多个参研单位。据统计，有 68 名院士、500 多名教授、上万名工程科研人员参与此次行动，参研单位有 25 家重点高校、11 家科研院所、51 家国家重点实验室和工程研究中心。这次联合行动的最终成果就是我国拥有了自主知识产权的 CRH380 系列动车组，其中南车四方的 CRH380A 动车组于 2010 年国庆黄金周期间，在沪宁城际高速铁路上首次载客运营。

高速铁路是一项改变游戏规则的超级技术，是影响国家竞争力的"国之重器"。中国高速铁路技术从开始引进技术到实现国际领先，仅用了不到 8 年的时间，速度之快令人惊叹。能够取得这样的成就，离不开政府的统一协调。

资料来源：高铁见闻.2015.高铁风云录：首部世界高铁发展史［M］.长沙：湖南文艺出版社。

金融支持技术研发，核心是解决高风险和信息不对称问题，应鼓励政府基金和社会风险资本的合作。这样可以在兼顾社会整体利益的基础上，实现合理的风险共担和利益共享。政府基金的目的主要是推动科技和社会发展，承担投资风险而不求财务回报，有助于技术的开发和推广，实现技术的"外部性"，缺点是产品估值和市场调查能力较弱。社会资本的目的

是追求风险可控的利润，这些资本一般还有能力提供有价值的专业服务，如参与市场调研或营销策划、帮助企业实现公开上市等，有利于企业在商业上成功。两者可以取长补短。

国家集成电路产业投资基金

为促进集成电路产业发展，在工业和信息化部、财政部的指导协调下，国家集成电路产业投资基金股份有限公司（以下简称"大基金"）于2014年9月26日成立，注册资本987.2亿元，位于北京市北京经济技术开发区，法定代表人楼宇光。

大基金由国开金融有限责任公司、中国烟草总公司、北京亦庄国际投资发展有限公司、中国移动通信集团公司、上海国盛（集团）有限公司、中国电子科技集团公司、北京紫光通信科技集团有限公司、华芯投资管理有限责任公司等企业发起，重点投资集成电路芯片制造业，兼顾芯片设计、封装测试、设备和材料等产业。基金采用公司制形式运作，实施市场化运作、专业化管理。

截至2019年10月，大基金投资中集成电路制造占比约67%，设计占比约17%，封测占比约10%，装备材料类占比约6%。投资方式包括公开股权投资、非公开股权投资、协助并购以及投资相关子基金公司等，其中公开投资公司为23家，未公开投资公司为29家，累计有效投资项目达到70个左右。大基金的投资总体上取得了良好效果，促进了我国集成电路产业的发展。

2019年10月22日，国家集成电路产业投资基金二期股份有限公司（简称"大基金二期"）成立，注册资本2 041.5亿，与"大基金"相比有较大幅增加，法定代表人仍然是楼宇光。

2020年6月13日，A股上市公司三安光电和兆易创新发布公告，宣布国家集成电路产业投资基金减持计划。大基金将分别套现约 19.4 亿元和 10.83 亿元，并实现良好回报。大基金仍然保留这两家公司大部分股权，套现比例分别不超过 1% 和 2%。

资料来源：根据国家企业信用信息公示系统（http://www.gsxt.gov.cn/index.html，访问时间 2021-07-20）、三安光电公告（https://pdf.dfcfw.com/pdf/H2_AN202006121384438015_1.pdf，访问时间 2021-07-20）、兆易创新公告（https://pdf.dfcfw.com/pdf/H2_AN202006121384443634_1.pdf，访问时间 2021-07-20）等信息整理。

1.7 技术产业集群

产业集群是产业发展的一个成功经验，通过集群可以降低运营成本，改善信息交流。技术产业的发展也不例外，甚至可能是集群发展中较为成功的产业，以色列的技术产业就是一个例子。技术产业集群一般围绕著名大学，借助风险资本，并得到政府支持。

产业集群是产业中相关企业在地理位置上的集中，不仅包括相互合作的上下游企业，也包括相互竞争的同行企业。发展经济学的一个重要发现就是，产业集群对产业发展有巨大推动作用。通过形成集群，在供给侧可以降低上下游企业之间的沟通和运输成本，有利于加强分工合作，寻找合作伙伴，发挥规模经济。在需求侧可以方便买家"货比三家"，降低采购成本，最终提高顾客流量。

更重要的是，产业集群同时也是产业信息中心和人才交流中心。集群内的企业能够及时了解关于行业技术、需求、发展方向等方面的信息，使自己"知己知彼"，紧跟"潮流"。在集群所在地区也最容易找到需要的行业人才。总之，产业集群改变商务活动的运行方式，使之更加高效。

技术作为一种产品，同样可以通过产业集群实现更好的发展。技术产业集群就是高科技企业的集群，著名的集群包括美国加利福尼亚州的硅谷、美国得克萨斯州的奥斯汀市、英国剑桥郡的剑桥科技园、中国北京的中关村科技园等。这些科技重镇集中了大量科技人才和研发资源，每年生产出大量的技术成果和高科技企业，同时还不断培养出新的科技人才。

技术产业集群通常依托卓越的理工科大学。人们不难发现，几乎每个成功的技术产业集群附近，都有若干著名的大学，如硅谷附近有斯坦福大学和加州大学伯克利分校，奥斯汀市有得克萨斯大学奥斯汀分校，剑桥科技园附近有剑桥大学。

理工科大学是技术原理的主要生产者之一，是技术生产企业的"原料"供应者。同时，大学每年都向社会输出毕业生，因此又是技术生产企业的人才供应者。地理位置上的接近大大降低了大学与科技园企业之间的交流沟通成本。大学特有的人文氛围还为生产技术的工程师们提供了优良的文化环境。

几乎每个技术产业集群地区都有大量风险资本入驻。虽然风险资本本身不一定涉及高科技，但属于高科技企业需要的生产要素之一，这些资本愿意承担很高的投资风险，契合了技术产品的特点。风险投资者对技术进行评估定价，推动有市场价值的技术的研发，并因此间接影响技术企业的项目选择。

技术产业集群的创立和发展需要一个有力的领导者。技术产业有其独特的发展规律，需要独特的发展环境，这样的环境难以自然快速形成。领导者或政府官员需要认真研究这些规律，并提供适合技术产业发展的法律环境、教育环境、人文环境、生活环境、自然环境等。技术集群地区的环境建设可能也无需高科技，但是其重要性不容低估。

例如，高科技研发人员一般都面临较多的工作机会，有较高的流动性，也因此对生活环境有较高的要求，特别是愿意与趣味相投的人交往。他们对社区文化、子女教育、生活便利、休闲场所等细节都会比较敏感。除非有意识地去创造，否则这些条件不会很快地自发形成。

产业集群之间也存在竞争，且有"赢家通吃"效应。这是因为企业都会选择最有利的落脚点，当一个地区的条件优于其他地区时，就可能成为很多企业的共同选择。产业集群的发展存在一个临界点，当企业的集聚超过这个临界点时，集群就会开始自我循环、自我壮大。

同样道理，当科技研发人员在一个地方集中并形成较高的技术产出时，就会吸引更多的研发人员加入。新鲜血液的加入又会进一步提高集群的产出效率和人才吸引力。一旦实现这样的良性循环，一个成功的技术产业集群就算建立起来了。

"以色列谷"

以色列的人口只有900万，面积仅25 740平方千米，但是为世界贡献了大量的学术大师和科技公司。以色列在纳斯达克上市的科技企业数量仅次于美国、加拿大和中国。就业人口中45%拥有高等教育学位，每万名雇员中有140位科技人员。2011年，以色列的研发支出占GDP（国内生产总值）的比重为4.25%，而同年经济合作与发展组织（Organization for Economic Co-operation and Development，OECD）国家的平均水平为2.33%。2013年，在以色列459亿美元的工业出口值中，47%来自高科技行业。

除了知识产权和高科技产品，以色列的另一个重要出口产品是高科技企业。例如，2006年7月，美国惠普公司以45亿美元的价格收购以色列软件测试企业Mercury公司；2012年，美国思科公司以50亿美元收购以色列公司NDS；2006年，巴菲特以40亿美元收购以色列Iscar公司80%的股份，2013年又以20亿美元的价格收购了剩余的20%股份。

以色列很早就开始扶持初创科技企业。1996年，以色列政府设立国家科学领导人办公室，隶属于工业、劳动和贸易部，职责是管理初创企业孵化器。孵化器在有限的预算内，最大限度地挑选和支持科技项目发展，主要关注软件、生命科学、医学设备、环境、水科学、信息和通信技术。企业在孵化器的时间通常是2年，生物科技项目时间可达3年。只有在孵化企业取得成功时，政府才收回供款。

2011年，在以色列的24个孵化器中，自2007年以来启动了750个项目，其中63%完成了孵化程序，其中60%的项目被认为可以独立运行，这些企业雇佣了约2 000名员工。每个项目两年的总预算在35万~60万美元，其中85%来自政府，15%来自私人投资者，生物科技项目的预算可能高达180万。

作为以技术研发为特色的经济体，以色列技术产品市场的竞争非常激烈，因此将开发的技术迅速商业化非常关键。苹果公司前总裁John Sculley曾说，在美国，技术转化平均耗时7年，其中有技术过时的风险。但是在以色列，技术转化非常迅速，经常在一年之内就会完成，政府也会尽力提供协助。

由于长期处于复杂地缘政治环境中，以色列一方面对军事技术有强烈的需求，另一方面又无法完全依赖国外，因此以色列军方在本国的科技产业发展中一直扮演着重要的角色。1948年建国以来，以色列一直与法国关系密切，主要空军装备都由法国提供。1967年"六日战争"（第三次中东战争）后，法国对以色列实行武器禁运，以色列因此无法从达索公司获得"幻影"（Mirage）战斗机的配件，于是以色列决定自己开发军用飞机，先后在幻影的基础上开发了"鹰式"（Nesher）和"幼师"（Kfir）战斗机。这次禁运实际上成了以色列军事工业腾飞的催化剂。目前，以色列是世界第五大军火出口商，军事科技十分发达，很多民用技术都是从军事科技的基础上发展而来。

以色列特拉维夫在2010年被《国家地理杂志》评为"全球最美的十大海滨城市"之一。2011年，两家以色列机构被美国《科学家》杂志评为全球前十佳适合学术工作的场所，其中拥有2 500名科学家和研究生的魏茨曼科学研究所名列第二，拥有2 100名教师和2万名学生的希伯来大学名列第五。考虑到以色列是一个小国，而且被敌国环绕，营造这样的环境并不容易。

以色列是一个高度市场化的发达经济体，强调市场的资源配置作用，但是在建设技术产业集群的过程中，到处都有政府的影子。以色列做到了既伸出政府"有形之手"，又基本不扭曲市场环境，可谓建设技术产业集群的典范。

资料来源：顾克文，丹尼尔·罗雅区，王辉耀等. 2016. 以色列谷 [M]. 北京：机械工业出版社。

我们将"技术"看作一类产品，这类产品具有高度复杂、多样化的特点，相应的"技术产业"也有其独特的运行规律。技术产品的生产通常需要经过原理发现、工程开发、推广应用及升级改造四个环节，每个环节有不同的特点。不同技术的生产过程的关键环节各不相同。

许多工业技术的工程开发环节具有规模效应，因此有实行大规模专业化生产的内在要求。通过建立大型专业从事技术研发的集团，专注于技术产品的项目选择和工程开发，并适当涉足技术转让和投资，可以有效发挥技术生产的规模效应。

作为一种复杂产品，技术的生产经常需要专业化分工，并通过交易完成产品的生产。因此，一个适合创新的经济体必须建立起运行顺畅的合作研发和技术交易市场。一个经常被学术界忽视的现象是，企业间的合作研发经常因为信息不对称等原因，而具有较高的交易成本，使得合作研发难以进行，这是市场机制失效的典型原因。适当的政府介入可以在一定程度上解决这个问题，促进合作研发并实现社会的帕累托改进。有些技术具有较大正外部性，或者对国家安全有重要意义，也需要政府的支持。

技术是一种产品，技术产业是众多产业中的一个，政府应该像扶持一个重点产业那样来扶持科技的发展。政府应着眼于提供市场本身难以提供而企业迫切需要的服务，包括改善科技发展的社会环境（包括人才环境和投资环境），承担基础前沿科技和事关国家安全的科技研究，促成关键产业技术和行业通用技术的联合研究，帮助建设科技产业集群，完善知识产权保护等。

第二章[*]
协同创新模式的实践

想要真正拥有面向未来的可能性,
我们必须让自己超越只顾私利的"零和游戏"式的
思维模式。
应该认识到当下正将所有连接在一起。
"协同共生"式的思维模式,将帮助我们成为能够
应对短暂永恒的人。

---

[*] 本章作者:剑桥大学制造研究院,石涌江团队。2.1作者:石先蔚,石涌江;2.2作者:石先蔚,张好雨;2.3作者:罗源昆,罗怡宁,高亦博,赵珂莹;2.4作者:石先蔚,罗怡宁,罗源昆。

2.1 价值创造的维度

创新的市场化和技术要素的扩大再生产需要多个主体之间的共同作用，才能确保资源配置的最优化，即"协同式创新"。这种协同创新的模式是怎样运行的？主体之间怎样互动才能达到1+1>2的效果？带着这些问题，我们首先博采众长，了解发达国家和地区的成功案例，再将这些案例与国内的成功案例进行横向比较，为构建具有中国特色的协同创新理论打下坚实的实践和理论基础。

我们研究的目的主要包含以下两点：第一，归纳总结特色化创新模式。我们试图在国外三个创新生态（硅谷、剑桥、筑波）和国内三个创新生态（中关村、深圳和杭州）的基础上，归纳总结各个区域特色化的创新模式。第二，挖掘国内外现有创新模式的特点及问题。通过研究国内外协同创新模式，比较各个区域生态系统在创新过程和资源协同机制这两个维度上的异同点，找到现有创新模式的特点和问题。

根据设定的研究目的，我们遵循国别差异、区域差异和产业差异原则进行研究对象的遴选。为了控制国别差异这一变量，在国外创新标杆的选取上选择有借鉴和参考价值的创新区域，特意在欧洲、美国和日本三个传统发达国家和区域各选取一个创新标杆，即剑桥、硅谷和筑波。为了控制区域差异这一变量，在国内创新标杆的选取上选择有借鉴和参考价值的创新区域，特意在京津冀、长三角和珠三角三个发达区域各选取一个创新标杆，即中关村、杭州和深圳。为了控制产业这个变量，在国内外创新标杆的选取上选择有借鉴和参考价值的创新领域，我们统一选取了各个区域的信息与通信技术（information and communications technology，ICT）产业。选取该产业的原因有以下三点：① ICT 行业的产值高，GDP 占比大；

② ICT 行业是国内外著名创新集群和生态中的主导产业，例如硅谷和深圳；
③ ICT 行业时钟频率（industry clock speed）较快，可以更好地在短时间内捕捉到区域创新的动态性和完备性。

2.1.1 区域价值创造的维度

我们将区域价值创造的维度分为生产力价值创造和创新价值创造两个层面。生产力价值创造的模式更偏重于通过生产制造来完成创新过程，更加偏向产业链下游；而创新价值创造的模式更偏重于通过创新和技术商业化来完成创新过程，更加偏向产业链上游。在选取创新标杆时，我们试图通过占据图 2-1 中这个 2×2 矩阵的三个象限，来控制价值创造的差异这一变量。

图 2-1　价值创造两个维度的标杆区域选取

如图 2-1 所示，剑桥、筑波和中关村比较偏向于通过创新和技术商业化来进行价值创造，深圳和杭州则更偏向于产业链的价值创造，硅谷则是二者兼备，既有高价值制造，也有新技术的商业化。

2.1.2 研究框架与步骤

对于不同区域的协同创新过程，我们按照以下四步进行研究：

第一步，梳理发展路线。通过二手资料（包括文献、统计数据等）找出区域发展过程中的重要转折事件，同时以数据反映出区域经济发展的概况。这有助于总体把握区域在创新过程中的重要节点，并基于这些时间点划分阶段，并对阶段内发生的事件进一步细致地梳理和分析。这其中有可能涉及的是企业或是相应产业及其供应链的演化，并在此过程中不断衍生出新兴业态。

第二步，确定三维研究框架。随着时间的推移，创新的过程也随着当地的创新要素和机制的演进而发生变化，形成特定时期的创新模式。于是我们选择用以下的三维框架图（见图 2-2）来描绘各区域协同创新的历程。

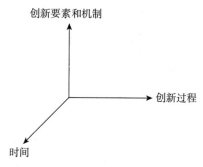

图 2-2　区域协同创新演进的基本框架（1）

第三步，形成协同创新的演进模型。基于发展阶段的划分，把从梳理路线图中得到的信息填入三维框架中，从而得出每个区域协同创新的演进模型（见图 2-3）。在每一个阶段的主平面中描绘出资源是如何通过协同机制来进行创新的，并呈现创新的结果，即该阶段所形成的代表性创新模式。

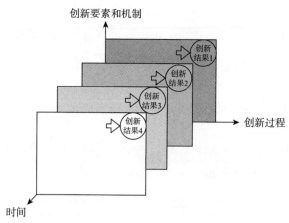

图 2-3　区域协同创新演进的基本框架（2）

第四步，描述区域创新生态系统。协同创新演进模型反映着区域创新生态系统在不同阶段的表现形式，即要素种类和互动机制的组合。通过这些要素和机制的不断更迭，创新的结果亦可表现为所形成的区域创新生态系统的突出特点。

按照设定的研究维度，我们选取了三个国外的案例，分别是美国硅谷、英国剑桥和日本筑波。三大区域创新模式各有所长：美国硅谷注重专业化、市场化的中介机构分工，配合以技术密集型企业和研究型大学；英国剑桥则强调小而精的特点，围绕世界顶级研究型大学剑桥大学展开创新和技术商业化；日本筑波则是政府支持下以基础科学为核心的创新区域。我们也选取了国内的三个案例，它们分别是北京、深圳和杭州。作为中国第一个经济特区，深圳自改革开放以来通过电子制造业的不断升级，演变出了一个如《经济学人》于2017年所比喻的"硅洲"一般的创新生态系统。基于电子信息产业，北京的中关村通过建设专注研发的科技园区，孕育出了大批创新型"独角兽"企业。杭州自20世纪90年代起大力发展信息产业，出现了以阿里巴巴为代表的创新型平台企业，促进了产学研协同发展。

2.2 硅 谷

硅谷位于加利福尼亚州北部旧金山湾区的南部，包括圣克拉拉、圣何塞、山景城和帕洛阿尔托直到旧金山，以及伯克利和奥克兰东部湾区等。它是世界创新中心，几十家世界500强企业的总部都驻扎于此。

2.2.1 硅谷的演化过程

由于斯坦福大学、加州大学伯克利分校和IBM研究中心等众多世界知名研究机构以及美国三分之一的风险投资的存在，硅谷拥有强大的研发能力和创新创业能力。作为一个充满活力的创新生态系统，硅谷吸引着来自世界各地的人才。硅谷的演化可分为以下五个阶段。

(1) 起源：斯坦福大学和美国军方（20世纪初至1955年）

硅谷的起源可以追溯到20世纪初，当时的美国军方在硅谷大量资助研发新技术。1939年，美国国家宇航局在山景城的莫菲特联邦机场成立了艾姆斯研究中心，该中心是美国国家宇航局的主要研究中心。1952年，IBM的Almaden研究中心成立，为该地区带来了顶尖的工程师和科学家。1956年，洛克希德·马丁公司在斯坦福工业园区建立了一个电子实验室。这些有军事资助的项目和研究机构培育了第一批电子元件供应商和制造商，以及硅谷的顶级工程师和科学家。此外，硅谷的起源也应该归功于时任斯坦福大学电子工程学院院长弗雷德·特曼的支持。特曼经常带领他们参观当地最早的电子企业，帮助学生获得教科书以外的实践经验。他也鼓励学生建立自己的企业，惠普即由特曼的两名学生于1939年成立。此外，特曼建立了世界上第一个由大学建立的科学园区——斯坦福科学园区。该园区在支持企业创业方面非常成功，大量斯坦福实验室的技术在这里被商业化。到1980年，园区拥有90家公司，并拥有约250 000名员工。租赁合同的高额回报帮助斯坦福大学进一步吸引了最优秀的学者，尤其在电子和计算机科学领域，这为硅谷的电子行业奠定了基础。与此同时，美国贝尔实验室的威廉·肖克利等人发明了硅晶体管。当20世纪50年代初高纯硅制造方法成熟时，肖克利决定用他的晶体管技术创办企业，他认为家乡加利福尼亚州北部的干燥气候非常利于晶体管的生产。在特曼说服肖克利在斯坦福科学园建立新的合资企业后，肖克利晶体管诞生了，为硅谷开辟了一个新的发展阶段。

(2) 崛起：仙童及其后代（1956—1971年）

肖克利可以被视为硅谷几乎所有半导体公司的发端。其中最具影响力的当属罗伯特·罗伊斯、戈登·摩尔与来自肖克利实验室的其他六位联合创始人一起于1957年创立的仙童半导体公司。从仙童又不断地衍生出更多的半导体公司，例如1968年成立的英特尔和AMD。到1972年，硅谷至少建立了60家半导体公司，其中绝大部分由仙童的员工创立。

仙童和英特尔等企业对硅谷创新生态系统的贡献不仅仅是衍生产品和

技术，还催生出了风险资本行业。1957年，阿瑟·洛克和仙童的创始团队签署了第一笔风险投资协议并创建了一种新的投资方式——技术持有者可以用他们的技术交换初创企业的股份。洛克于1961年成立了硅谷最早的风险投资公司。仙童创始团队中的尤金·克莱纳与惠普前董事托马斯·帕金斯一起创办了凯鹏华盈（KPCB）。除此之外，英特尔还是第一家向员工派发期权的公司。当英特尔于1971年上市时，许多员工成为百万富翁，而其中一些人选择将资金再投资于其他初创公司，这进一步推动了硅谷风险投资的发展。

（3）成长：个人电脑行业的崛起（1972—1990年）

1971年，英特尔第一台商用微处理器4004的发布标志着硅谷进入了下一个增长阶段：个人电脑（personal computer，PC）。硅谷的PC行业得益于雅达利和苹果等公司的推动。雅达利的创始人诺兰·布什内尔在1972年发明了第一款使用英特尔4004微处理器的视频游戏机。苹果的联合创始人史蒂夫·乔布斯曾在雅达利实习，并受到布什内尔的高度赞赏。当乔布斯和史蒂夫·沃兹尼亚克创建苹果电脑时，布什内尔将他们介绍给硅谷和全球最大的风险投资公司红杉资本的创始人。苹果的创建也受益于生态系统中其他的支持性资源。例如，沃兹尼亚克和乔布斯通过向当地计算机爱好者俱乐部展示Apple II的原型机，收到了很多改进建议，获得了第一笔订单，并成功雇用了俱乐部中的几位工程师。此外，与前两个阶段相比，硅谷不断增长的风险投资行业为苹果提供了更多的融资选择。

施乐硅谷研发中心这一阶段所发挥的作用也值得注意。虽然施乐在PC行业的产品方面没有商业上的成功，但他们有许多与个人电脑有关的发明。例如，1984年，受施乐的一款带有图形界面的原型机Alto启发，乔布斯推出了Macintosh，这是一款带有鼠标和用户界面的个人计算机。施乐还发明了以太网以及著名的可移植文档格式（pdf）。蓬勃发展的PC行业刺激了硅谷软件行业的发展，特别是商业软件。甲骨文的创始人拉里·埃里森将关系型数据库商业化，很快在市场上取得了巨大的成功，如今甲骨文已经成长为市值千亿美元的公司。

（4）成熟：互联网和泡沫（1991—2006年）

互联网行业于20世纪90年代开始迅速发展。凭借其在个人电脑及相关行业的领先地位，硅谷继续在互联网行业培育新的有影响力的企业：1995年，两名斯坦福大学毕业生杨致远和大卫·费罗创建了雅虎；同年eBay开创了电子商务行业；1998年，两位斯坦福大学毕业生创立了谷歌，并很快占领了搜索引擎市场；2004年，马克·扎克伯格创立了脸书，并将公司搬到硅谷。

硅谷互联网企业的爆发是建立在20世纪90年代成熟的创新生态系统基础上的。在文化方面，硅谷一直是一个特别友好和宽容的创业地区。它的法律制度有利于初创企业，例如，在没有竞业条款的情况下，硅谷的人才可以自由、快速流动。在资金支持方面，硅谷形成了阶段明确的风险投资产业链，如天使投资、种子基金、ABC轮融资、私募基金、首次公开募股等。市场方面，硅谷的创业创新高度模块化。英特尔、苹果、甲骨文和思科等领军企业，以及斯坦福大学和加州大学伯克利分校等大学充当创新和吸引人才的枢纽，各类中介支持型企业在硅谷普遍存在，例如Y-Combinator的孵化器和WSGR等中小企业法律服务提供商。人才方面，来自印度和中国等国家的移民提供了产品开发所需的高质量工程师。

尽管2000年互联网泡沫的破灭和纳斯达克的崩溃使得硅谷短暂进入低潮，但随着移动互联网的出现，硅谷生态系统重新焕发活力。

（5）更新：智能时代的硅谷（2007年至今）

苹果于2007年发布的iPhone手机标志着移动互联网的诞生。作为第一款真正的"智能"手机，iPhone开启了智能时代：硬件和软件的集成，基于移动互联网的服务，以及平台经济。得益于硅谷生态系统成熟的资源池，硅谷新的商业模式和技术应用继续蓬勃发展，并利用移动互联网技术颠覆现有产业。例如，特斯拉将计算和云存储能力嵌入电动汽车中，加上卓越的电池管理系统，最大程度地延长了电池寿命，改善了驾驶体验，颠覆了传统的汽车行业；共享经济的诞生，如优步和爱彼迎，则分别挑战了传统的出租车和酒店业。

回顾硅谷半个世纪的发展，从某种意义上说，真正的发明并不多。正是由于硅谷高度成熟的生态系统和模块化的创新模式，很多在其他地方研发出来的技术才能够在这里成功商业化，并颠覆了传统行业。从本质上讲，如果没有硅谷背后的生态系统，这些技术都不会真正成功。

2.2.2 硅谷的创新生态模式

（1）阶段一：创新生态系统雏形

从硅谷创新生态的演化过程可知，硅谷的创新过程在前期由大学和科研机构主导，是一种立足于实验室技术的商业化。在这个时期，斯坦福大学和美国军方扮演的角色至关重要：一些硅谷早期的企业，例如惠普，均出自斯坦福大学；而军方则资助了一大批电子相关的研究，为硅谷后续形成电子信息行业集群打下了基础。在该阶段，由于创新生态系统的资源池尚不完善，因此科研机构和供应商资源有限。如图2-4所示，硅谷创新生态系统成员之间虽然有连接，但较微弱而且生态系统资源池和产业系统之间的互相转化和反馈作用机制尚未形成。

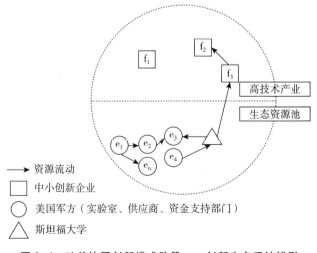

图2-4　硅谷协同创新模式阶段一：创新生态系统雏形

(2) 阶段二：技术驱动型创新生态

20 世纪 60 年代，硅谷创新生态呈现高速增长态势。由于半导体行业的新技术不断涌现，硅谷创新生态系统演变成由上游技术驱动的协同创新模式。这一阶段最大的特点是中介机构的出现：起初的创新过程没有中介机构参与，效率低，转化成功率低。而在服务性中介机构出现后，科研成果转化门槛降低，市场成功率也大大提高。这一时期的著名企业，包括仙童和英特尔等，都受益于硅谷不断扩大的生态资源池。如图 2-5 所示，硅谷创新生态系统资源池不断丰富，诸如风险投资、孵化器、科技园等中介机构出现，这一阶段的硅谷创新生态已经形成了有效的资源转化，即从生态资源池转化为半导体行业的产业链。由于此时的硅谷产业系统还未成熟，因此还不能对生态资源池形成有效的反馈作用。

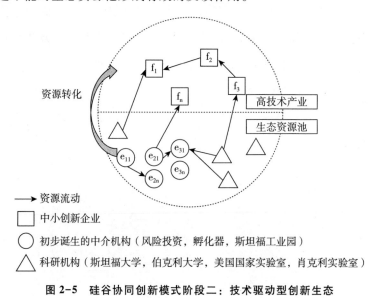

图 2-5 硅谷协同创新模式阶段二：技术驱动型创新生态

(3) 阶段三：中介驱动型创新生态

20 世纪 70 年代，由于中介机构的大量出现，硅谷的协同创新模式呈现由中介机构主导的态势。例如，由于风险投资行业的高速发展，硅谷的协同创新模式受到资金和市场的极大影响，诞生了一大批面向终端消费者的企业乃至行业，例如个人电脑产业链等。如图 2-6 所示，这一阶段，硅谷创新生态已经形成了完整的反馈机制，即生态资源池孕育出高技术产业，并能从高技术产业的演化和协同创新过程中得到反馈，进一步加强生态资源池中资源要素的数量和连接强度。当然，这一模式无疑有其缺陷，过分强调生态中的中介机构的作用，导致供应端和需求端的力量减弱，这往往会诞生出技术能力与市场需求不匹配的企业。90 年代的互联网泡沫便是资本驱动模式缺陷的具体体现，由于互联网企业的大量倒闭，硅谷进入低潮期。

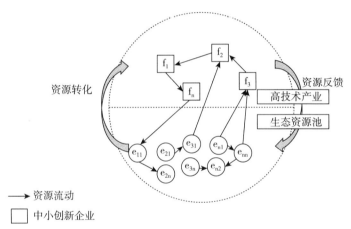

图 2-6　硅谷协同创新模式阶段三：中介驱动型创新生态

（4）阶段四：高度模块化的创新生态系统

进入 21 世纪，硅谷初步形成了一个高度模块化的创新生态系统。其创新主体是企业，创新过程中最突出的特点是模块化创新——技术商业化和创业过程中的每一个步骤都有大量成熟的专业化组织和团队提供服务，使得硅谷创新生态中新的企业和技术层出不穷。类似于汽车行业的大规模生产，硅谷的创业企业也有标准化流程，整个生态像流水线一样不停地往市场输出新的创新型企业。如图 2-7 所示，硅谷创新生态的主要协同机制是以企业和市场为主体进行资源转化，生态系统资源池高度模块化，可供不同阶段的创新型企业调用。资源池中的组织网络高度去中心化，协同过程完全由市场调节，因此动力模式为自组织协同。

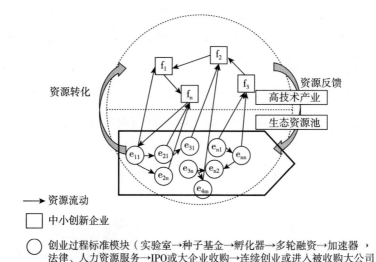

图2-7 硅谷协同创新模式阶段四：高度模块化的创新生态系统

2.3 剑 桥

剑桥位于英格兰东部地区，是整个英国经济成长最快、创新实力最强的地区。在以剑桥郡为圆心的半径25英里的范围内形成了一个高技术产业集群，因为剑桥自古以来布满沼泽滩涂，因此这一集群又被称为"硅沼"。

2.3.1 剑桥创新生态的演化过程

剑桥创新生态的发展可以追溯到16世纪，其发展演化过程如下：

(1) 起源：剑桥大学（16世纪至20世纪50年代）

在剑桥，知识的商业化早在16世纪就开始了。1534年，剑桥大学出版社成立，出版印刷与宗教和科学相关的书籍。此后长达400多年的时间里，剑桥的创新生态系统都围绕着剑桥大学展开。16世纪末到19世纪，剑桥大学诞生了多位改变世界的科学家和思想家，例如牛顿、达尔文、汤姆森、凯恩斯和霍金等。但直到19世纪末，剑桥才开始诞生现代意义上的高技术企业：1881年，达尔文的儿子成立剑桥科学仪器公司，专门生产制造科学实验用精密仪器；1896年，W. G. 派伊从剑桥大学卡文迪许实验室离职并创办了派伊集团，该公司后来率先开发无线电、电视技术和雷达。尽管如此，20世纪50年代以前的剑桥仍然以传统农业为主。剑桥以及其所属的整个东英格兰地区的人口数量和经济发展都落后于南英格兰。

（2）崛起：打开商业化的大门（20世纪60年代至20世纪70年代）

进入20世纪60年代，由于英国政府在第二次世界大战后开始推进新城镇建设和伦敦卫星城规划，大量人口从英格兰东南部地区涌入剑桥，推动了当地制造业企业的发展。更重要的是，在硅谷和斯坦福大学成功的商业化经验影响下，部分剑桥的学者和业界人士开始重视起学术成果转化。在此背景下，剑桥大学的几个毕业生建立了剑桥咨询公司（Cambridge Consultants），专注于技术咨询，通过与剑桥大学各个科研系所的紧密联系，为企业提供技术解决方案。1970年，剑桥大学三一学院财务主任在参访学习斯坦福先进的商业化经验后，仿照斯坦福科技园成立了剑桥科技园（Cambridge Science Park）。同期较有影响力的企业还有Sinclair，这是一家开发销售计算器的公司。与硅谷不同的是，剑桥技术商业化并未采用风险投资模式，而是软公司模式（soft company model），通过科技园、初创企业和银行三者之间的紧密合作来分阶段逐步推动技术的商业化。

（3）成长：艾康电脑及其衍生企业（20世纪70年代至20世纪90年代）

进入20世纪70年代之后，剑桥生态开启了高速成长的阶段。这一轮高速增长与硅谷类似，都得益于70年代个人电脑产业的兴起。1978年，剑桥物理系和计算机系的几个学者和学生联合成立了Acorn电脑公司。虽然 Acorn 电脑在个人电脑行业的发展并不是十分顺利,但其在 1990 年分拆出来的芯片架构部门——ARM 在微处理器行业大获成功,ARM 的节电微处理器架构直接推动了诺基亚以及后续苹果智能手机的诞生。作为移动设备芯片架构的龙头老大,ARM 目前的市场占有率达到 90% 以上。另外一家成立于 1998 年的剑桥硅晶无线电(Cambridge Silicon Radio)专注于蓝牙芯片的研发,并拥有蓝牙技术 50% 的市场份额。截至 1985 年,剑桥地区的高技术企业迅速扩张到 360 多家,同年,剑桥现象被总结成一本书在全世界多个国家和地区出版。中介组织在这个阶段继续扩张,1987 年,圣约翰学院在剑桥成立了圣约翰创新中心,成为全英国乃至全欧洲著名的孵化器。

(4) 成熟:欧洲创新中心——硅沼(21 世纪初至今)

到了 2000 年左右,剑桥的高新技术企业成长到 1 300 多家,雇用了超过 38 000 人。此时,剑桥地区产生了诸多对接创业企业的平台,例如,Acorn 电脑和 ARM 科技创始人创办的剑桥网络(Cambridge Network),这是一家帮助剑桥地区中小企业与大企业对接的平台;由剑桥大学牵头成立的技术孵化和技术创业的机构——剑桥企业(Cambridge Enterprise),由剑桥大学和剑桥网络联合成立的专门面向剑桥地区技术创业项目的投资机构——剑桥创新基金(Cambridge Innovation Capital)等。这些中介组织对于促进剑桥大学技术成果转化,鼓励师生创业发挥了重要作用。

除了剑桥本地的企业之外,剑桥丰富的智力资本吸引了跨国企业的投资。例如,比尔·盖茨将微软欧洲研究院总部设立在剑桥火车站附近;阿斯利康制药在剑桥市中心以南投资建立生物医药的研发中心,预计给剑桥市增加了数万个工作岗位;亚马逊和苹果也先后在剑桥设立语音识别的研发实验室;等等。

2016 年,ARM 被软银收购。软银总裁孙正义认为该项投资不仅标志着软银强势进入了英国市场,而且有助于软银享受到剑桥生态深厚的科技资源池所提供的竞争优势。

2.3.2 剑桥技术商业化生态模式

（1）阶段一：基于科研成果转化的创新生态系统

从剑桥创新生态的演化可知，剑桥创新生态的初始阶段是基于科研成果转化的创新生态系统。以剑桥大学较强的研究实力为基础，剑桥创新生态系统通过科研成果商业化形成了第一批中小创新企业，如20世纪60、70年代的Sinclaire、Acorn等。这些企业逐渐成长，为后续生态资源的多元化打下基础。值得注意的是，一些私营的技术咨询机构，如剑桥咨询公司，所提供的商业化模式也为后续中介机构的大量出现打下了基础。

如图2-8所示，此时的剑桥创新生态系统资源池资源种类和连接强度都有限，虽然能形成从科研成果转化为高技术产业的资源转化机制，但是还未能形成有效的反馈机制。阶段一的剑桥创新生态由剑桥大学主导，是一个基于科研成果转化的生态系统。

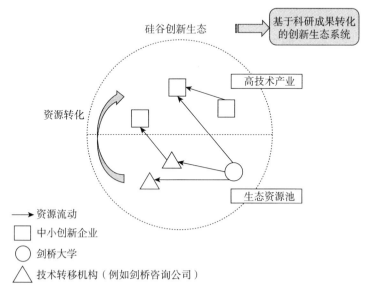

图2-8 剑桥协同创新模式阶段一：基于科研成果转化的创新生态系统

(2) 阶段二：中介驱动型创新生态系统

第二个阶段，剑桥创新过程由剑桥大学和中介组织主导，帮助企业将技术落地、实现商业化，而这些中介组织或者企业都与剑桥大学有比较密切的联系。仅仅剑桥大学计算机系的师生就已经创办了超过 260 家企业。该阶段剑桥创新生态的主导型创新方法仍然是依托剑桥大学，将大学实验室中的新技术商业化。不过，中介机构大量产生，例如剑桥大学建立的剑桥企业以及业界建立的剑桥创新基金和剑桥网络等，所以此阶段的剑桥是一个高度中介化的创新生态系统。

如图 2-9 所示，剑桥创新生态的主要协同机制是以剑桥大学为中心，结合各种类型的中介组织，将科研成果进行转化，诞生了处于各个阶段、不同行业的高技术企业。不过，囿于英国的市场规模和对"软公司模型"的强调，剑桥创新型企业的规模普遍较小。与深圳相比，剑桥的创新型企业大多占据产业链上游位置，在全球供应链中大多扮演小而精的角色，依托剑桥大学深厚的研发资源池，以尖端技术开辟利基市场。因此，剑桥创新生态的动力模式可以总结为大学和中介系统驱动，参与者互动模式为技术驱动，向市场辐射。

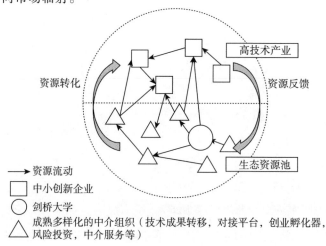

图 2-9 剑桥协同创新模式阶段二：中介驱动型创新生态系统

2.4　筑　波

筑波是日本最大的科学中心、知识中心与创新中心，经历近半个世纪的发展，已经成为世界知名的科技园区。

2.4.1　筑波的演化过程

筑波的演化以20世纪90年代初的"再创发展"运动为分水岭，其具体演化过程如下所示。

（1）"再创发展"运动之前的筑波：科技乌托邦（20世纪60年代初至90年代初）

20世纪60年代，为了适应"技术立国"战略的需要，同时疏散东京市过于稠密的人口，日本政府内阁决定建立一个东京的"卫星城市"，并且决定将日本政府所属的40多个研究机构及其人员迁移过来打造一个科学城。1963年，内阁选定筑波地区作为科学城建设计划的实施地，因为筑波地区距离东京约50千米，可以为进驻其中的科研机构及公司提供必需的土地。

日本政府在建立初期对于筑波科学城的未来发展目标定位是：①成为全日本科学研究的中心；②成为一个功能齐全、自成体系的中心城市；③成为一个与周边自然和乡村环境共存的生态模范城市。

1966年11月，日本政府完成初步设计。同年12月，日本政府开始购买土地。1970年7月，《筑波科学城建设法》颁布并正式实施。1980年，筑波科学城基础设施建设基本完成。1980年以后，随着城市设施建设的稳步推进，企业开始积极地进驻周边地区工业区。

20世纪80年代末，筑波科学城有17万人口和大约300个来自各个国家的私人研究机构以及公司，雇用了接近1 200名科学家，日本政府超过

40%的财政预算研究经费流入此地,这里成为日本最大的研究与开发中心。

与此同时,筑波科学城的发展遇到了许多问题,具体表现为以下两个方面:

第一,经济效益低下。筑波科学城的建立耗时长,涉及搬迁规模大,政府持续投入巨大(截至 2003 年累计超过 2 万亿日元),但是高技术产业的产业化程度不高,导致其经济效益低下,GDP 产出很低。

第二,组织创新活力低下。筑波科学城政府主导的色彩较为浓厚,主要以国家级研究机构和企业所属研究机构为创新主体,享受着充裕的政府财政拨款或企业研发资金投入,市场激励十分薄弱。此外,国家研究机构偏重理论成果与基础研究,企业所属的研究机构也直接对企业主体负责,各个创新组织之间缺乏交流。此外,定位于研究园区的筑波科学城对创业企业的吸引力较低,导致缺乏明显的创业导向,产学研联动效率低下,筑波在很大程度上成为了与世隔绝的"科学乌托邦"。

(2) 筑波"再创发展"(20 世纪 90 年代初至今)

针对上述问题,在 90 年代初期,日本政府开始了针对筑波科学城的变革计划。

自 1989 年颁布《新筑波计划》以来,日本政府制定了一系列的法律法规以及指导计划,为筑波地区的"再创发展"提供了有效的制度保障。

1995 年,日本制定《科学技术基本法》,并于 1996 年确定了《科学技术基本计划》,将筑波科学城定位为信息、研究、交流的核心地区。1997 年,日本政府开始放宽大学教授在企业兼职的法律限制。1998 年,《大学技术转移促进法》《研究交流促进法》修正案陆续通过,在建设研究设施方面给予企业税收优惠。这一阶段相应的区域政策也在变化,一方面注重基础研究的创新,另一方面也开始注重产学研之间的合作与科技成果转化,从而促进知识企业的产生和发展。

2001 年,日本政府发布了第二版《科学技术基本计划》。同年,筑波地区的国内研究机构改组为独立法人机构。此后，包括筑波大学、筑波科技大学、筑波学院大学陆续完成法人化改革，大学开始以独立法人的资格参与产学研合作。独立法人的改革，在一定程度上将科研人员从官僚体系下释放出来，科研机构的组织变革使科研项目的管理更加高效，权责更加明晰。科研项目从研究到产出、到产业化的流程也更加合理。独立法人改革，是筑波走出困境的第一步，这一举措释放了科研机构的研究活力，成为培养人才和推进产学研联动的出发点。

1998年4月，日本政府按照《筑波科学城建设法》，对《研究学园地区建设计划》及《周边开发地区整备计划》进行了全面修订，将21世纪的筑波科学城定位为：

① 科学技术中枢城市：不断创造具有独创性、尖端性的研究成果，同时灵活运用科学技术和知识的聚集优势，成为繁衍新产业、实现产业连接的基地，进而向科学型、国际型都市发展。

② 更大范围都市圈内的核心城市：通过不断充实、完善现代化的道路交通体系等基础设施，使筑波科学城中心城区的城市功能向更高层次迈进。

③ 生态、生活、模范城市：实现自然、田园与都市之间的和谐，打造节能环保型的街道环境，创造丰富多彩的文化，加深居民之间的交流，构建可以实现下一代人梦想的理想生活环境。

与初期的发展目标相比，筑波"再创发展"时期的目标显然更加强调产业化，凸显了改变筑波"科学乌托邦"现状的决心。

在这一时期，筑波地区也进一步加强了基础设施建设，为研究机构、企业的发展提供了更加先进的基础设施，同时改善了员工的居住条件，将筑波建设得更加宜居。2005年，连接筑波与东京的新干线高速铁路线路开通，将东京与筑波之间的通勤时间降低到40分钟，进一步推动了筑波的发展。

2.4.2 筑波基础科学创新模式

综合来看，筑波市的产学研合作自 20 世纪末以来开始迈入快速发展时期，这一时期的产学研合作机制更加高效，结构安排趋于合理，分工更加明晰。该机制弱化了政府的强制指挥，同时加强了政府的引导作用。为了加快基础研究成果的产业化进度，在制度安排上从产学研合作的初始阶段就引入企业的参与，从而沟通了"市场"与实验室。这一时期，筑波市对创新企业的扶持力度也大大增加，一些专业化的融资企业开始加入进来，从场地、资金、咨询、推广四个方面扶持创新企业。

（1）大学：筑波大学

作为筑波市内唯一一所结合筑波市"研究学园都市"理念的"新型大学"，筑波大学见证了筑波科学城的建设发展。在不足 50 年的建校历史中，在物理、化学领域一共出现三位诺贝尔奖获得者。筑波大学在基础研究领域的实力不可小觑，是筑波产学研合作的重要一环。

筑波大学于 2006 年设立了产学研合作总部，该部门的成立使筑波大学与企业、科研机构的合作更加规范化。该部门的主要目标在于鼓励创新，加强大学与企业之间的区域合作，建设区域内的创新网络。它的主要职能包括五点：第一，知识产权的管理，包括知识产权评价以及知识产权的国际合作。第二，现有企业的知识技术转移，推进企业与高校的研发合作。第三，培育、支持大学企业。第四，促进大学与筑波市乃至茨城县的其他科研机构的合作，加强与科学技术振兴机构创新项目的合作。第五，注重人力资源开发，注重校园人才的培养。

筑波大学的产学研合作总部为筑波大学产学研合作提供了一个专门的平台，从技术和法律层面帮助大学研究者开展产学研合作。在此之下，企业与筑波大学产学研合作主要有如下三种方式（如表 2-1 所示）。其中，委托研究与共同研究占绝大部分。

表 2-1　筑波产学研合作的主要方式

形式	内容
委托研究	由企业提供经费支持并指定课题
共同研究	企业与大学共同开展研究
学术指导	老师在校外兼职，为企业提供基础研究支持或专业知识咨询的服务

(2) 研究机构：产业综合技术研究所

日本产业综合技术研究所是筑波乃至日本最大的产业技术研究中心，它建立于筑波"再创发展"运动之后的 2001 年，从属于日本政府产业经济省，是独立法人，其前身可以追溯到 1882 年明治维新时期建立的产业研究所。它致力于创造对日本工业和社会有用的技术，并"弥合"创新技术种子和商业化之间的差距。产业综合技术研究所分为 5 个部门和 2 个中心（如图 2-10 所示），汇集核心技术以发挥其综合实力。

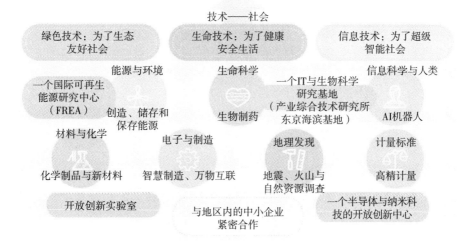

图 2-10　产业综合技术研究所概况

产业综合技术研究所的主要目标有如下三点：

① 通过探索广泛的研究领域和综合多学科主题，促进多功能领域的创新，增强日本产业在世界市场上的竞争力，创造新的产业。

② 通过跨学科研究，挖掘当前和未来的社会需求，制定长期政府政策。

③ 全权负责基础研究，开发和维持高标准的科学和工程研究，维持和加强国家科学和技术的竞争力。

产业综合技术研究所作为国家创新体系的核心和开创性存在，约有 2 000 名研究人员在全国 10 个研究基地进行研究和开发，在不断变化的环境中制定的涉及创新的国家战略是它的基础。产业技术综合研究所还积极建立全球网络，例如，与全球 30 个主要研究机构签署全面研究合作的谅解备忘录。

此外，产业综合技术研究所是筑波市将基础研发与产业对接的重要桥梁，每年定期举办论坛，研究者提供向企业界展示研究成果的机会，研究所付费邀请企业参与论坛，根据企业反馈或达成合作协议或修改研究主题。除了传统的委托研究与共同研究方式，产业综合技术研究所还积极促进创新企业发展，据统计，在 2003 年到 2013 年的 10 年里，筑波地区的创新企业有六成来自产业综合技术研究所。

（3）支持机构

转型之前的筑波科学城产学研合作的关键问题在于基础研究和成果转化之间缺乏连接纽带，国有研究机构的惰性导致研究机构与企业、市场脱节。筑波的研发以基础研究为主，缺乏高科技研发，科学城对创新型企业的吸引力不强，未能形成一个完整的联动体系。如何关联产业界同科研机构，推进产学研联动是筑波产学研合作的关键问题。

为了解决这一问题，在再创发展阶段，筑波地区成立了一系列支持机构，其中，日本科学技术振兴机构在日本产学研合作中一直扮演着重要角色，作为一个中介机构为学术界和企业界提供了一个平台。

表 2-2 总结了参与筑波产学研合作的各大组织机构的功能。以国家机构及独立法人为代表的各大机构发挥平台作用，促进了企业界和大学、研究机构之间的沟通。公益法人团体和民间机构的加入，为创新企业创造了融资环境。

表 2-2 参与筑波市产学研合作的各大组织机构的功能

类型	机构	作用
国家机构及独立法人机构	科学技术振兴机构	搭建平台：发布研究机构成果、建立数据库、征集主体、申请专利
	筑波大学产学研合作总部	参与研究、成果孵化
	文部科学省交流中心	政策支持
地方政府机构	茨城县商工劳动部产业政策科、筑波市经济部产业振兴科	提供融资支持
	茨城县商工劳动部产业技术科	提供公共服务
公益法人及民间机构	茨城县中小企业振兴公社	提供中小企业需要的技术与服务，扶持中小企业
	茨城县科学技术振兴财团	提供公共服务
	筑波支持中心	扶持创新企业：提供场地、信息、设备
	筑波联络研究所	扶持创新企业：提供技术转让、产品孵化、调查研究、人才派遣
全国组织	中小企业整备机构	扶持创新企业：提供咨询、基础设施建设

（4）创新企业孵化

筑波市在 2003 年设立筑波创业广场孵化基地，该基地为茨城县政府所设立，管理者为筑波支持中心。筑波支持中心在筑波区域创新中扮演了重要角色，以建立区域产学研高度信任的互动网络和为孵化期企业提供良好的创业环境为己任，在包括支持申请竞争性研究资金，提供政府、产业、大学、研究机构的活动信息，提供各类实验、办公场地，支持创新企业发展等方面发挥重要的作用。该中心对创新企业的支持可以概括为以下四方面：第一，筑波支持中心会定期举办免费的咨询服务活动，提供包括会计、税务方面的专业支持；第二，支持产品开发和研究课题的商业化，从前期的资金扶持到后期的产品推广一并支持。第三，联合筑波大学、日本国家产业技术综合研究所等科研机构定期举办介绍会，推广各种技术。第四，举办筑波商业研讨交流会。2011年，筑波被日本政府定为国际战略综合特别区，此后，筑波支援协会协调连接中小企业连同筑波大学、各大科研机构一起参与构建新兴领域的产学研合作系统。

产学研直接合作方面，筑波大学和各研究机构提供技术和人力资源支持，产业界提供市场需求，科学技术振兴机构、筑波大学产学研合作总部、产业综合技术研究所等搭建平台，合作链条充分关联了市场与学界，弥补了基础研究和市场需求的断层；创新企业培育方面，筑波支持中心为创新企业的培育提供平台、融资、推广的支持，科学技术振兴机构在专利转化、数据库搭建方面提供一个良好的软环境，科研机构、大学、政府部门、企业联动推进，使得筑波的产学研合作有序进行。

2.5 深 圳

作为中国改革开放的先行城市，深圳自1980年成立特区以来，经过四十多年的建设，已经成为充满创新活力的一线大城市。

2.5.1 深圳电子产业的发展

在深圳的发展过程中，实体产业，尤其是电子信息产业扮演了至关重要的角色。截至2010年，深圳的电子信息产业贡献了2 152亿元的产值，占全市国内生产总值的四分之一，同时占全市高新技术产值的90%。回溯深圳电子产业的发展历程，大致可以分为以下五个阶段：

(1)以"三来一补"为代表的简易加工模式

"三来一补"是来料加工、来样加工、来件装配和补偿贸易的简称,是深圳早期"发家致富"的手段。早在1978年12月18日,深圳轻工业品进出口公司及宝安县石岩公社上屋大队与香港怡高实业公司签署了"三来一补"协议书,成立了第一家来料加工厂,生产线圈。1979年3月,香港商人林中翘在深圳创办了港华电子公司,把香港的元器件运到深圳加工,是深圳最早的"三来一补"企业。1979年7月15日,国务院批准在深圳试办"出口加工区",深圳低廉的土地和劳动力进一步吸引一河之隔的香港企业前来办厂。这一时期,整个中国刚从计划经济时代中走出来,而深圳作为一个试点,尝试引入市场经济的机制和方法发展产业。除了利用本身土地和劳动力的优势外,深圳积极引入以港商为代表的外商投资以及国内其他地区电子机构的技术和人才,并把这些要素进行有机的结合,使电子产业从"三来一补"中起步。

(2)以富士康为代表的电子制造服务商模式

经过十年"三来一补"的发展,深圳已然累积了一大批成熟的技术工人,而政府通过"五通一平"让城市基础设施,例如水、电、路和通信等都得到了改善,也让制造企业的生产更加方便。1988年,台湾富士康投资深圳,给深圳的电子产业添上了浓墨重彩的一笔。富士康在深圳一开始是通过来料加工生产电脑机壳,看似不需要多高深的技术,但随着市场需求的变化,富士康不断改进工艺,制造出精密的模具,冲压出更精美的机壳,逐渐成为深圳乃至珠三角地区电子产业的领头企业。1996年6月,富士康龙华园区建成,不仅生产电脑机壳,还通过生产除元器件和功能模块以外的机械零部件和模具来组装电脑。至此,深圳有了以富士康为代表的电子制造服务商(electronics manufacturing services,EMS)企业,面向世界市场,制造出多样化的电子产品。

(3) 技术密集型的原始设计制造商模式

当富士康等外资企业进入深圳并蓬勃发展的同时，本地企业也在茁壮成长。以比亚迪为例，这家从 1994 年开始以电池起家的公司，在 21 世纪初敏感地察觉到了手机行业的商机，通过调查后决定进入手机市场。从手机外壳开始，比亚迪逐渐进入手机结构件、手机背光、手机键盘等零部件领域，并结合其自身在电子领域的技术积累，实行垂直整合，形成了手机原始设计制造商（original design manufacture，ODM）战略，即为客户提供贴牌整机制造的服务。比亚迪先后为诺基亚、摩托罗拉、索尼爱立信、联想、TCL、网讯、三星、华为、OPPO、Vivo 等智能手机品牌提供 ODM 服务，一步步成长为能与富士康分庭抗礼的电子企业。像比亚迪一样重视技术并且不断在技术层面取得突破的本土电子企业在深圳还有很多，它们通过整合区域内人才和技术资源，吸取外企带来的有利经验，不断在技术、产品、管理经营以及商业模式层面进行创新，把深圳的电子产业推向了一个新的发展高度。

(4) 强调高科技的原始品牌制造商模式

原始品牌制造商模式（original brand manufacture，OBM）要求企业自己注册商标开拓市场，在发挥设计制造优势的同时创建自有品牌。自 1999 年首届中国国际高新技术成果交易会（以下简称"高交会"）在深圳举办，并成为这座城市的名片和每年的重头戏之一以来，政府就有意识地开始引导企业往高科技、高附加值的方向发展。除了建立科技园、引入科研院所外，深圳市政府最早提出了"官产学研资介"的创新体系，营造出能够引导、优化资源配置的环境，而科技企业孵化器也应运而生，为本地企业的技术创新提供了帮助。2005 年，政府又提出了企业自主创新的号召，以华为、中兴为代表的 6 家电子企业成为国家级创新技术企业中心。即使像华为这样的企业都在创业初期走过"贸工技"的老路，后来决心投入研发，走上"技工贸"的发展道路，才做出自己的品牌产品。无论是在程控交换机还是消费类电子产品领域，如今的"华为"都已成为世界范围内一个响亮的名称。

（5）探索智能制造模式

随着深圳创新体系的不断完善，这里涌现出了一批新兴电子企业以及和电子产业息息相关的新兴产业，譬如机器人、显示技术和生物医药等。而这些新的业态和产品，都需要更加智能化的制造模式与其配套。深圳作为全球最大的电子制造基地，无论是当地政府还是企业都在探寻下一步转型升级的路径，着力于最大程度地发挥本地的资源优势，使电子产业不断焕发出新的生机。

通过梳理深圳电子产业发展的不同阶段，可以窥见这座城市的创新生态系统不断演化的过程。从一开始只有劳动力、土地及外来资本和简易技术的原始状态，到"官产学研资介"各类要素一应俱全的创新体系，再到企业和要素在不断互动中衍生出新型的业态，都反映出了一个区域的创新生态系统从无到有、从简到繁的成长轨迹。这里面蕴含了政府自上而下引导调控的方法和逻辑、市场的规律以及民营企业在摸爬滚打中累积的智慧。

2.5.2 深圳产业化协同创新模式

深圳在建市初期便开创了以"三来一补"为主的模式（如图2-11所示）制造电子产品，例如收录音机和电子手表等。当时，深圳只有低廉的土地和人力资源可以使用，主要资金来源于以港商为主的外商投资，生产技术、设备和生产线等也由外商带入。与此同时，一些国家部委和其他区域的电子机构也对深圳电子产业的崛起起到了重要的作用，譬如当时的第四机械工业部（后来的电子工业部，现并入工业和信息化部）从广州抽调人员组建了"深圳电子装配厂"（后来的"爱华电子"），广东电子工业局把粤北三个省属电子厂迁入深圳组建了"华强电子工业公司"（现华强集团的前身）。

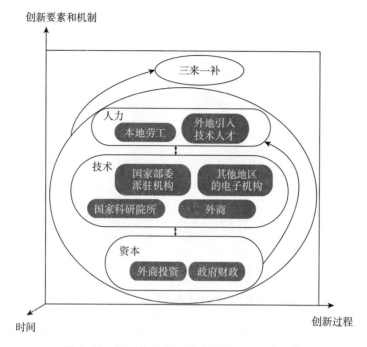

图 2-11 深圳协同创新模式阶段一：三来一补

随着时间的推移，深圳的城市建设取得了显著的发展，电子产业在原来"三来一补"的基础上不断吸收整合日益丰富的本地资源，富士康进入深圳后，电子产业逐渐形成了成熟的 EMS 模式，如图 2-12 所示。在这一过程中，中介机构例如电子行业协会、外商投资服务中心等，在招商引资以及协调外商、本地企业和政府中发挥了很大的作用。同时，本地的培训机构、职业学校和大学也开始为电子产业源源不断地输送技术人才。

无论是"三来一补"还是 EMS，都没有跳脱"为他人做嫁衣"的模式，尽管以低廉的成本优势获得了海内外大量的订单，但深圳的电子产业总体还徘徊在低附加值的一端。20 世纪 90 年代末期，深圳市政府出台的《关于进一步扶持高新技术产业发展的若干规定》（简称"22 条"）开始尝试打破原有的局面，把电子产业往高新技术的方向推进，走向 ODM 和 OBM 的制造模式，如图 2-13 所示。政府引导催生了本地"技术池"的产生，其中包括当地企业自主研发的技术和从国外引入的先进技术。高交会

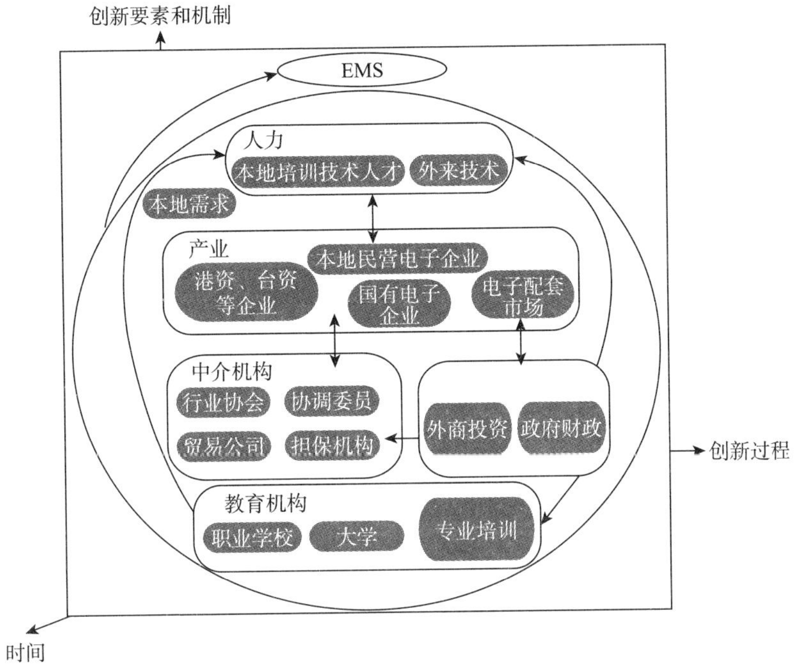

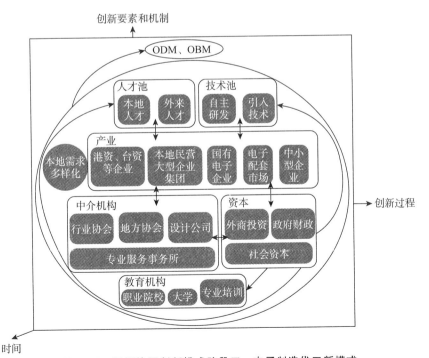

图 2-12　深圳协同创新模式阶段二：EMS

图 2-13　深圳协同创新模式阶段三：电子制造代工新模式

的出现给予科研院所及草根的创新成果一个展示的机会,同时很好地对接了社会资本,为科研创新成果的落地提供了渠道。面对越发多元化的消费者需求,电子企业不断增加投入来开发新的产品。产业整体的技术水平在这一阶段得到了提高,本地的民营企业也逐渐成长为国内乃至国际上有一定影响力的大型集团。

经过前几个阶段的迭代和累积,深圳目前已基本形成了以产业为主体,人才、技术、中介、资本、教育科研和市场需求等要素互相作用、共同演化的产业化协同创新生态系统(如图 2-14 所示)。2008 年国际金融危机后,深圳进一步加快了电子产业转型升级的步伐,市政府出台了一系列产业政策,鼓励形成以企业为主体的创新体系,用 85% 以上的科技发展基金来支持企业和科研机构的技术创新活动。深圳的华为、比亚迪等十家全国电子百强企业的研发投入比都已超过 6%,接近世界先进企业水平。深圳的电子产业链较为完备,分工细密,加上连续不断的制度创新,都为区域经济的持续发展提供了强健的支撑和充足的助力。

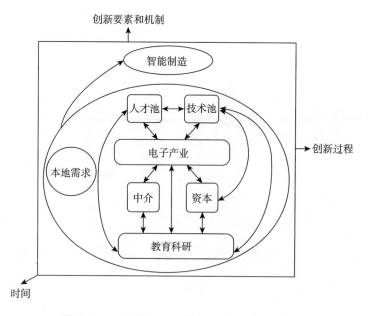

图 2-14 深圳协同创新模式阶段四:智能制造

2.6 中关村

改革开放以来，北京中关村科研院所和高校所积蓄的科技力量也逐渐得到释放。以"电子一条街"为代表，电子及计算机的产品贸易、分销代理和服务在中关村得到了繁荣发展。

2.6.1 中关村的演化过程

（1）萌芽期：电子一条街（1980—1988年）

1978年3月，全国科学大会明确提出"科学技术是生产力"，科研人员开始探索把科技成果转化为直接生产力的新路。[1]

1980年，中国科学院陈春先等人率先开办了"先进技术发展服务部"，以"自负盈亏"的方式从事科技咨询服务，打破了产学研之间的隔阂。[2] 随着城市改革的兴起，80年代个人电脑的需求突增，一大批技术企业抓住民用市场的需求，联想、北大方正、清华紫光、"两通两海"（四通公司、信通公司、京海公司、科海公司）等企业迅速成长起来。[3] 科研人员积极探索"科工贸教一体化"，众多"所办企业""校办企业"和民营企业涌现。[4] 科技企业衍生出众多民营贸易公司。[5] 中关村电子世界、中发配套市场、宏华配套市场等市场的交易相当活跃。[6]

---

[1] 杨媛珺.2010.我国中关村科技园区地方化经济分析［J］.现代商业，15：179—180.
[2] 杜磊.2017.中关村科技园区创立的历史考察［J］.中共党史研究，9：53—61.
[3] 董微微.2014.中关村创新集群的演化过程剖析及启示——基于复杂网络视角［J］.工业技术经济，33（11）：16—20.
[4] 李红升.2003.关于中关村科技园区的经济分析［J］.中国工业经济，7：26—33.
[5] 王缉慈，宋向辉，李光宇.1995.企业衍生：北京新技术集聚体形成的重要特征［J］.中国高新技术企业评价，6：8—13.
[6] 王缉慈，宋向辉，李光宇.1996.北京中关村高新技术企业的集聚与扩散［J］.地理学报，6：481—488.

（2）雏形期：开发试验区（1988—1999年）

电子一条街的繁荣背后也存在许多问题，一些公司注重短期利益，忽视需要长期投入的技术创新，假货泛滥，投机横行。[①] 为了促进中关村地区的技术创新，1988年5月，国务院批准成立北京市高新技术产业开发试验区。政府通过补贴、低税收、融资、技术支持、市场保护、出口激励等政策来引导中关村向高新技术产业转型。[②]

中关村开发试验区科技人才多、素质高，国外大企业研发机构的进驻也增强了中关村地区的科技力量和国际化水平。[③] 联想集团和北大方正成为这一阶段的领头羊，逐渐确立了电子信息产业在中关村的主导地位和在国内的优势。1994年，联想在香港上市后出现"柳倪之争"（柳传志和倪光南关于发展路线的分歧），联想的技术路线从"技工贸"逐渐转向"贸工技"。[④]

（3）发展期：中关村科技园区（1999—2009年）

为了实施科教兴国战略，国务院于1999年6月批复要求加快建设中关村科技园区，以加强科技发展在中关村区域发展中的战略地位。中关村科技园区管理委员会实行统一领导和管理。"双放政策""863计划""火炬计划""瞪羚计划"等推动了中关村创新生态发展时期的产业升级，中关村逐渐形成了电子信息、能源环保、生物医药、新材料等领域的优势产业集群，创新创业活跃、产学研协同创新、科技领先辐射全国。[⑤] 这一阶

[①] 杜磊.2017.改革之初科技领域变革中的上下互动——以中关村第一家民营科技企业为例[J].中共党史研究，2：22—31.

[②] 杨媛珺.2010.我国中关村科技园区地方化经济分析[J].现代商业，15：179—180.

[③] 赵彦云，申晓玲，杨宏亮，等.2001.中关村科技园区国际竞争力研究[J].管理世界，4：180—187.

[④] 易蔚.2006.中关村"硅谷模式"的探索历程考察[D].北京：中国科学院研究生院（自然科学史研究所）.

[⑤] 陈劲，吴航，刘文澜.2014.中关村：未来全球第一的创新集群[J].科学学研究，32（1）：5—13.

段，区域创新系统的集群效应日益凸显，企业间合作交流日益频繁，行业协会和技术联盟等合作模式逐渐发挥重要作用，如龙芯产业联盟、闪联信息产业协会、第三代时分标准通信产业协会、中关村高新技术企业协会等。[①]

海外回国创业人员也是促进中关村区域创新发展的重要力量，他们在中关村和硅谷之间搭起一座技术和经济交流的桥梁。[②] 2000年1月1日，李彦宏在中关村创建了百度公司，同年搜狐在纳斯达克上市。中关村搭上了21世纪互联网时代的快车，走在了国内互联网经济发展的前列。[③]

(4) 成熟期：自主创新示范区（2009年至今）

2009年3月，国务院批复同意建设中关村国家自主创新示范区。为了把北京中关村建设成为具有全球影响力的科技创新中心，政府采取了多方面举措促进区域创新系统的完善和成熟。2009—2012年，中关村高端领军人才聚集工程促进了中关村人力资源优势的释放。[④] 2015年12月，国务院发布《关于新形势下加快知识产权强国建设的若干意见》，中关村科技园区管理委员会在知识产权国家战略的指导下，积极推进知识产权交易运营体系的建设。

这一阶段，中关村的市场体系和创新配套设施不断完善，中介机构组织和产业联盟等非正式合作方式突出，金融机构发展融资渠道拓宽。截至2015年，中关村已有672家投资机构，800余家创业服务机构。[⑤] 在逐渐

[①] 陈树文，高琼.2011.网络结构视角下中关村产业集群创新驱动困境与建议[C].创新驱动与首都"十二五"发展——2011首都论坛文集，北京社会科学界联合会.
[②] 王缉慈，陈平，马铭波.2010.从创新集群的视角略论中国科技园的发展[J].北京大学学报（自然科学版），46(1)：147—154.
[③] 成群鹏.2017.我国高层次人才政策实施成效分析——以中关村"高聚工程"为例[J].文化创新比较研究，1(28)：111—113.
[④] 同上。
[⑤] 蔡义茹，蔡莉，杨亚倩，等.2018.创业生态系统的特性及评价指标体系——以2006—2015年中关村发展为例[J].中国科技论坛，6：133—142.

完善的创新生态的基础上，中关村孕育了大量的科创企业，小米、滴滴出行、美团点评、摩拜单车、今日头条、知乎、快手等"独角兽"企业令全国瞩目。①

2.6.2 中关村科创企业协同创新模式

在发展初期，中关村的科技创新由大学和科研机构主导，产学研结合的模式主要是科技成果商业化和科研院所衍生企业。② 在成熟期，企业作为创新主体的地位得到凸显③，市场的驱动作用更加明显。④

中关村科技园区在经历计划经济向市场经济的体制转轨的同时，实现了传统工业经济向知识经济的经济转型。⑤ 正是由于这个独特的背景，北京的创新生态系统呈现出了复杂多变、非线性的特点。

相比企业作为创新主体、市场化创新中介发达的硅谷，中关村的特点是政府主导发展、驱动协同⑥，如图2-15所示。政府体制下的中介机构起到重要作用。⑦ 目前中关村的市场化创新中介服务体系正在逐步完善，但仍需健全协同创新配套制度体系，提高资源分配和产学研协同的效率。

---

① 科技部火炬中心，长城战略咨询.科技部：2016中国独角兽企业发展报告（附下载）[EB/OL].（2017-03-07）[2021-07-20]. http://www.199it.com/archives/569976.html? luicode=20000061

② 周旺生.2001.论中关村园区的制度建置[J].政法论坛，4：111—118.

③ 范丹.2018.中关村科技园区企业创新力分析——基于国内外专利分析的视角[J].中国发明与专利，15（7）：29—33.

④ 傅首清.2010.区域创新网络与科技产业生态环境互动机制研究——以中关村海淀科技园区为例[J].管理世界，6：8—13.

⑤ Tan J. 2006. Growth of industry clusters and innovation: Lessons from Beijing Zhongguancun Science Park [J]. Journal of Business Venturing, 21 (6): 827-850.

⑥ 李振国.2010.区域创新系统演化路径研究：硅谷、新竹、中关村之比较[J].科学学与科学技术管理，31（6）：126—130.

⑦ Armanios D E, Eesley C E, Li J, et al. 2017. How entrepreneurs leverage institutional intermediaries in emerging economies to acquire public resources. Strategic Management Journal, 38 (7): 1371-1390; Leonard D A, Rayport J F. 1997. Spark innovation through empathic design [J]. Harvard Business Review, 75 (6): 102-113; Smith W K., Lewis M W. 2011. Toward a theory of paradox: A dynamic equilibrium model of organizing [J]. Academy of management Review, 36 (2): 381-403.

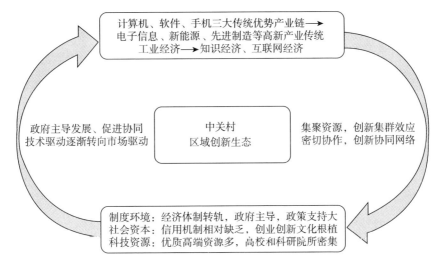

图 2-15 中关村创新生态的协同创新模式

2.7 杭 州

"上有天堂,下有苏杭",西湖作为杭州曾经唯一的城市名片,在杭州的发展中具有举足轻重的地位。成千上万的游客慕名而来,匆匆而去,对西湖景区称赞不已的同时对这个城市的发展一无所知。这一情况从 20 世纪 90 年代开始得到了极大的改变:杭州的高新科技产业在近 20 年中得到了迅猛的发展。以阿里巴巴、海康威视等一系列科技企业为代表的信息经济逐步成为了杭州市新的城市名片。2016 年,杭州信息经济主营业务收入增加值为 2 688 亿人民币,占杭州全市 GDP 的 23.7%、全省 GDP 的 5.69%,增加值增速为 22.8%。全市共有国家级众创空间 55 家,省级众创空间 101 家;国家级科技孵化器 32 家,省级科技孵化器 62 家。2017 年,13.6% 的全国高校应届毕业人才慕名来到杭州打拼,当年杭州人才净流入量为全国第一。

2.7.1 杭州信息经济的演化过程

杭州信息经济的出现和崛起,是一个多方合作以及多种创新模式并存的过程。

(1) 政府的作用：引导与服务

1990年以前，虽然已经实行改革开放政策，但由于整个浙江省资源匮乏，且缺乏政策支持，省内工业企业"低小散"和"两头在外"的特征较为明显，对于转型升级的需求强烈。因此，浙江省政府以及杭州市为了促进本地产业的转型升级，响应国家号召，决定建立产业开发区以促进技术的转化。1991年，国家正式批复同意杭州市高新技术产业开发区（以下简称"高新区"）为国家级高新区。杭州的信息产业就此开始蓬勃发展。

高新区建立初期，一批具有影响力的企业涌入，包括浙大海纳（后来的浙大网新）、东方通信、新利计算机、UT斯达康等。这些企业有些在发展过程中产生了另外一批快速发展的企业，如恒生电子、信雅达等；还有一些企业极大地丰富了浙江的资源池，如UT斯达康和浙大网新等。

1996年，市政府将原属萧山区的浦沿镇，西兴镇的一部分以及长河镇划归高新区，使得高新区成功完成扩区，其地理位置也处于当时杭州市（杭州市和原萧山市合并后）较为便捷的区域。"十桥两隧"以及机场高速等基础设施的建设都为新高新区的发展提供了便利。

2002年，高新区和滨江区合并，采用两块牌子、一套班子的体系。至此，高新区的建设基本完成，完善的政府职能和"办事不过江，收入归滨江"的特殊政策，为信息产业的进一步发展奠定了基础。

2003年起，电子商务、安保防控等产业在杭州异军突起，引领着整个信息产业的发展。在这一阶段，政府的职能主要体现在服务相关企业发展上，具体包括保障空间用地、保障人才技术、大规模的招商引资、建设"天堂硅谷"帮扶困难企业等。

在云技术日渐完善、5G技术不断发展的背景下，十三五时期是杭州贯彻创新驱动发展、进行全面转型升级的关键时期。政府也在不断鼓励信息产业和传统产业的融合发展，向智能制造、万物互联的方向不断努力。杭州大江东将成为杭州城东智造大走廊的一大核心区域，成为智能制造领域的开拓者。中国移动浙江分公司也于 2020 年完成杭州市的五个 5G 试点区域的建设工作。由浙江省政府发起，阿里云、浙江中控技术股份有限公司（以下简称"浙大中控"）和之江实验室联合承办的工业互联网 supET 平台的建设也于 2018 年正式启动。

(2) 以阿里巴巴为例的创新：平台型创新

阿里巴巴成立于 1999 年，成立之初为 B2B 的网上交易平台。创始人马云最初先后在北京、上海尝试创建阿里巴巴，但均未能成功，后在杭州高新区成功创立企业。但创立之初的几年并不顺利，加之 2000 年左右互联网泡沫破裂，阿里巴巴的现金流一度仅够维持企业 18 个月的运营，因此阿里巴巴不得不进行大幅裁员。

2003 年对阿里巴巴来说是关键的转机时刻。一方面，因为非典的影响，外商无法到浙江与当地的企业进行面对面的合作谈判，这对于浙江"两头在外"的制造模式影响很大。政府为了保证制造业的发展，决定推荐企业使用阿里巴巴的网上平台（当时另一个平台为 WebX，但仅限视屏通话），并且采用政府、阿里巴巴、企业各出资三分之一（三三三政策）的方式。受益于浙江丰富的产业基础，这一政策缓解了阿里巴巴当时紧张的现金和产品形势。另一方面，阿里巴巴首席执行官马云判断 2002 年 eBay 注资中国易趣的行为会对其业务造成一定的冲击，故决定建立淘宝网进行反击。这无疑是一个非常成功的决策，不仅仅体现在淘宝网自身带来的销售额上，更体现在庞大的网上交易平台为阿里巴巴带来的平台型创新模式。

通过淘宝网这一网上交易平台的创新，即商业模式创新，阿里巴巴获得了国内市场大量的客户和中小企业流量，借此产生了许多新的需求，同时也面临着许多新的挑战。例如，国内支付系统的不完善、淘宝和银行合作的困难倒逼了支付宝的诞生，中小企业信贷的困难倒逼阿里金融的诞生等。

阿里云的成立则成功地保证了"双十一"等促销活动期间购物渠道的通畅，解决了高并发的问题。但是，阿里云的意义远不止如此，云计算不但可以带来效率的提升、线路的优化，更是阿里巴巴从商业模式创新转变为技术创新的一个重大突破。现在阿里巴巴的7万名员工中，技术研发人员已经达到40%。从2015年起，阿里巴巴加强了和浙江大学的合作，逐步涉足材料学等基础科研的研究，为其量子计算机的研发打下了坚实的基础。

（3）以浙大中控为例的创新：产学研合作

浙大中控是典型的利用产学研合作从事技术创新的发展模式，由原浙江大学副校长褚健带领其研发团队于1993年正式成立，早期产品为流程工业连续控制系统（DCS系统）。在公司成立初期，虽然从国外引进相同设备的价格为国内的三倍，但是由于缺乏成功的市场经验，而且纯科研团队缺乏开拓市场的能力，因此1997年之前中控的产品几乎没有应用点，主要为研制阶段。企业资金也比较紧张，主要来源仍然是竞标国家科研项目（863计划、火炬计划等）所获得的资金。在公司成立初期，员工月工资仅两三百元人民币，因此早期的浙大中控员工主要靠情怀支撑工作，希望自己的产品能够为国家做贡献，这也是浙大中控的企业文化。但同时也说明，早期的浙大中控还是比较缺乏吸引人才的能力，一流的人才都去了外企或者其他待遇更好的企业。

1997年，因浙大校友的极力推荐，巨化集团公司首先在车间技术改造中采用了浙大中控的DCS控制系统。以此为契机，浙大中控以其过硬的技术与越来越多的用户建立了良好的关系，逐步打开了国内的控制系统市场。

1998年，浙大中控决定采用"两条腿走路"的策略，在原有的DCS控制系统基础上增加系统集成的产品研发，独创网络式控制系统代替传统的单一控制系统，其控制系统在杭州得到了广泛的采用。

浙大中控早期的成就还体现在海外市场的开拓上。2005年起,浙大中控开始探索海外市场,但是由于国际标准认证(例如现场总线国际标准IEC61158等)的存在,当时规模较小的浙大中控难以获得认证,故探索过程非常艰辛。但是,通过先跟随再打入海外市场的策略,截至2010年,浙大中控海外市场占有率达到30%,主要目标客户为金砖四国。

截至2012年,浙大中控在国内外流程工业控制系统领域市场占有率排名第一。

但是,浙大中控在探索产学研合作的过程中,由于机制不完善等问题,一直存在种种隐患。例如,2008年,浙大中控希望上市寻求更好的发展时,却因股权问题不得不主动撤销上市申请,而在之后的发展过程中也无法再次启动上市流程。对于浙大中控来说真正的打击发生在2013年,当年最高人民检察院决定对褚健涉嫌贪污、挪用公款、行贿、职权侵占、挪用资金等问题进行立案调查。在褚健被控制之后,浙大中控集团险些失控,2014年离职率更是高达20%。

2.7.2 杭州政府培育主体的协同创新模式

在信息产业的培育阶段(1991—2002年),企业的出现和集聚主要依托于高新区内的人才技术优势以及政府给予的优惠政策,培育主体为政府,如图2-16所示。高新区位于杭州市文三路沿线,为杭州市区的高校聚集地,因此高新区能够充分利用杭州的高校资源,有着较好的人才资源基础。另外,高新区有着非常诱人的政策优惠,例如企业所得税税率仅为15%,对成长型企业免房租,甚至对企业进行投资或提供土地支持。杭州市政府将自身看做市场的一部分,其目的是为了获得更多的税收,主要是通过帮助当地产业向高附加值方向转型升级,故政府在培育信息产业时干预少于扶持,倾向于出台更多有利于企业的政策。

在信息产业快速发展时期(2003—2015年),市场和技术的共同作用则更为突出，如图 2-17 所示。浙江以及全国提供的大市场为平台型企业提供了发展空间。平台型企业或行业中的龙头企业掌握大量资源，在提供产品或服务过程中会遇到挑战，倒逼其进行技术创新，与科研机构进行进一步合作。

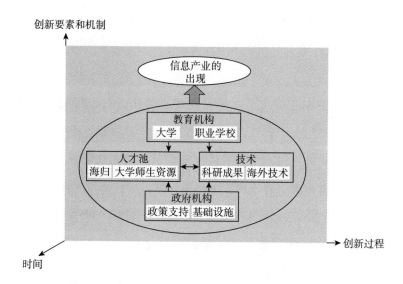

图 2-16　杭州协同创新模式阶段一：信息产业的出现

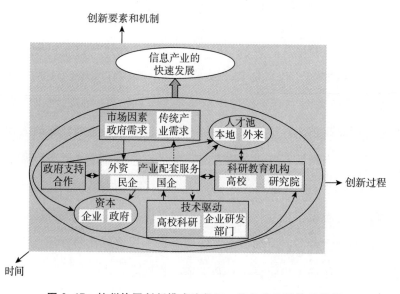

图 2-17　杭州协同创新模式阶段二：信息产业的快速发展

2016 年以来，虽然协同创新的要素与上一阶段几乎相同，但大企业已经不仅仅是被迫地进行创新，而是主动在技术领域甚至基础科研领域进行创新以提供更好的服务，例如云计算、大数据的运用极大地改进了原有的生产运作模式。以大企业驱动的协同创新更加明显。另外，杭州市也正积极搭建创业型城市平台，各行政区均设有独立的人才政策以及完善的配套孵化设施。行政区之间的人才、创业竞赛无疑会使杭州成为对创业者更为友善的"天堂硅谷"。

2.8 比较与总结

国内外的这些创新标杆具有不同的特点，各地的成功经验也各有千秋。通过对这些创新案例进行比较，我们试图总结区域生态创新的不同机制和模式，以提供更广泛的借鉴意义。我们从各地创新生态的演化过程中总结出创新过程和资源协同机制的特点（见表 2-3）。此外，我们从国内外的创新案例中识别出三种不同的创新生态中介角色：市场主导型中介，制度性中介，以及大学主导型中介。

（1）市场主导型中介：深圳与硅谷

硅谷和深圳的中介机构遵循市场经济的规律，推动当地的创新。这种市场化的中介机构作用较为灵活，并且可以及时针对市场的变化作出敏捷的反应，从而帮助当地的企业和相关组织适应新的市场需求。市场的不确定性要求这些中介机构不仅要跟上潮流，还要提前预判潜在的风险，并调整自身的资源配置，以便在面对高度不确定的市场需求时能随时做出应对。但是，市场的不确定性也令这些中介机构在资本泡沫破灭时处于更加危险的位置。

从建立特区开始，深圳就通过利用创新型的中介机构践行"内引外联"的产业发展战略。例如，1985 年，深圳成立全国第一个外汇调剂中心

表2-3 各区域创新生态的创新过程与资源协同机制的比较

	案例	剑桥	硅谷	深圳	筑波	中关村	杭州
演化过程		剑桥大学—咨询公司—Acorn电脑及衍生企业—欧洲创新中心	斯坦福大学及军方—仙童半导体及衍生企业—个人电脑企业—互联网企业—移动互联网、智能企业	政府+草根—外资企业—本土企业—产学研—官产学研资介	政府—大学—产学研	科研机构—衍生企业—科技园区	浙江大学及衍生企业—阿里巴巴
创新过程	创新主导	大学—中介—企业	大学—企业	政府—企业	政府—大学	大学/科研机构—政府—企业	企业
	创新广场	技术转移/商业化	模块创新	产业转型升级	委托研究/共同研究，技术转移/技术溢出	商业化驱动	新兴产业培育
	创新结果	中介化创新生态系统	专业化创新生态系统	产业化创新生态系统	科学驱动的创新生态系统	复杂（非线性、多变、没有继承性）创新生态系统	平台型的创新生态系统
资源协同机制	动力模式	中介驱动协同	自组织协同	产业链驱动协同	政府驱动协同	政府驱动协同	大企业驱动协同
	参与者互动模式	市场辐射型	市场化去中心网络	政府引导市场化去中心网络	政府主导型	政府主导型	政府干预下的辐射型

术企业或民营科技企业申请贷款，提供担保服务；1995 年，深圳市外商投资服务中心挂牌成立，为外商投资提供联合办公服务，通过简化办理手续流程进一步吸引外资。从 1999 年开始的高交会也成为深圳汇聚国内外先进技术、资本和人才的平台，并为当地企业提供新的发展机遇，从而实现自身的转型升级。

1999 年，深圳清华大学研究院成立并创建了力合创业投资公司，依托清华大学的技术和人才优势，利用深圳市发展高新技术产业的优惠政策，对科技成果转化项目进行投资，先后创办和投资了 180 多家高科技企业；北京大学、香港科技大学和深圳市政府联合成立深港产学研基地，该基地是官、产、学、研、资相结合的实体，之后逐渐发展为科技成果孵化与产业化基地、风险基金聚散基地、科技体制创新基地、高新技术人才培养引进基地。进入 21 世纪后，尤其在 2001 年中国加入世界贸易组织以后，深圳市的中介机构愈发丰富。除了成立深圳市世贸组织事务中心对接世界贸易组织事务外，深圳市在"官产学研资介"的创新体系引导下孕育出了以科技企业孵化器为代表的中介形态，为科技型企业提供更加完善的服务。由此可以看出，深圳的创新中介是产业主导的，从最开始的为生产制造招商引资，到逐步推动产业转型升级，再到发展为科技服务型的机构，不同阶段都呈现出不同的特点和功能。

早期的硅谷创新生态系统中的中介机构较少，并且大多是由供应端技术驱动而成立的。例如，为了更好地促进斯坦福大学科研成果的转化和新技术的商业化，斯坦福大学教务长特曼教授主持成立了斯坦福科技园。紧接着 20 世纪 60 年代出现的风险投资行业也是在高新技术出现之后，在创新过程的驱动下形成的。例如，20 世纪 60 年代的硅谷风险投资行业，就是因为仙童半导体的成立而出现的。20 世纪 70 年代至 20 世纪 90 年代，硅谷的中介机构发展得更加繁荣，一大批专注于为中小企业提供服务的律师事务所和人力资源服务机构诞生；更重要的是，一些专注于扶持创业企业成长的中介机构（例如孵化器和加速器等）欣欣向荣。这一时期，硅谷的中介机构由市场需求拉动，并主导创新过程。但是这一过程不可持续，20世纪90年代的互联网泡沫沉重地打击了硅谷以风险投资和孵化器为代表的中介驱动型创新模式，此后，硅谷创新生态系统转向了模块化创新。进入21世纪，硅谷中介机构最大的特点则是专业化。硅谷的中介机构专注于各自的细分领域，使得创新过程的每一个环节都有大量的中介机构可以提供服务，加速了创新和创业的过程。硅谷专业化的中介机构直接导致了生态系统中协同创新过程的模块化。由此可见，硅谷创新生态系统的中介参与者经历了三个主要阶段：技术驱动型的初始阶段、市场拉动型的发展阶段和模块化创新过程的成熟阶段。硅谷中介机构三个阶段的演进体现了充分市场化的创新标杆所具备的特点，也反映了硅谷生态系统从萌芽到成熟所经历的过程。

（2）制度型中介：北京、杭州和筑波

制度性中介，顾名思义，具有制度优势，如半官方的孵化器往往配套政府优惠政策，给初创企业提供全方位的大力支持，体现了集中力量办大事的特点。从推进区域科创进步的角度看，这些中介机构扮演着传递科技、信息、知识和资本的角色，是政府、学校、科研机构和企业之间的桥梁和纽带。[①] 但集中式计划式的资源配置模式具有一定风险，大笔资本投入可能获得低于市场的回报率，相比于优胜劣汰的市场化资源配置方式效率不高。

在中关村的创新体系中，具有政府背景的制度性中介起到重要作用，包括半官方性质的企业联盟、行业协会、创业中心孵化器、科技服务机构等。[②]

---

① 盖文启，王缉慈.1999.论区域的技术创新型模式及其创新网络——以北京中关村地区为例［J］.北京大学学报（哲学社会科学版），36（5）：29—36.

② 同上。

我国科研体制和经济体制经历了转轨，受传统体制影响，科研项目的立项、研制和结题过程都与产业界相脱离，科研成果转化存在缺口。最初的中介机构主要是为科研成果转化服务的，且大多有政府背景。随着市场的发展和完善，中介类型和服务日趋多样化，提供科创相关服务成为重点，资本驱动的特点愈加明显。

中关村创新中介的运营模式也逐渐呈现出多样化的特点，例如在知识产权方面，中关村技术转移与知识产权服务平台、中技知识产权金融服务集团及专利运营和技术转移的基金等不同形式的中介服务机构相继成立。其中，中国技术交易所有限公司（以下简称"中技所"）在科技成果转化方面较为成功，2000年中技所发起了首届中国科学院计算技术研究所专利拍卖会，在我国开创了专利拍卖的知识产权运营模式。[①]

由政府主导建立的制度性中介贯穿了杭州信息产业从出现到崛起的全部过程。90年代初期，为了响应中央促进科技转化的号召，杭州市政府率先在市区进行试点，建立了高新技术开发区，并在区内配备相关优惠政策和孵化机构。在此之后的20余年，杭州市越发重视对人才的吸收和培养，颁布"521计划"等多项人才政策，市内10区分别自主成立创业园、服务科技型初创企业。除此之外，市内还有杭州未来科技城（海创园）、钱塘智慧城、青山湖科技城和杭州大江东产业聚集区等高新技术企业孵化器。各区政府职能独立，且拥有从风险投资到服务的一系列职能，致力于提高创业者在区内创业的便利性，打造平台型的创业城市和生态。杭州市被《财富》杂志评为中国十大创业城市。

随着杭州信息产业的发展，一些大企业也将孵化新企业作为重要的企业战略。随着2014年楼友会的成立，截至2018年，杭州市共有包括梦想小镇、云栖小镇在内的众创空间200多家，其中国家级众创空间55家、省

---

① 袁琳.2018.基于中介服务视角的我国知识产权运营典型模式研究——以中关村国家自主创新示范区核心区为例［J］.科技管理研究，38（1）：170—177.

级 101 家。二次创新也是大企业孵化新企业的一大重要手段，截至 2018 年 3 月，阿里巴巴共培育出六只独角兽企业，其总估值超过 1.07 万亿元人民币。大企业的参与使得杭州的风险投资总量跻身全球城市前十，仅次于伦敦。

在除了绿水青山之外一无所有的田园乡村，筑波通过半个世纪的努力，建成了日本最大的科学中心、知识中心与创新中心，筑波科学城的发展成就是举世瞩目的，这一切的设计者、主导者、建设者都是日本政府。建设初期，日本政府通过强制力量收购土地，迁移机构，并进行基础建设；在"再创发展时期"，筑波主动弱化政府指令的主导作用，将城内的主要研究机构及公立大学改组为独立法人机构，大大释放了这些机构的创新活力，同时又强化政府的支持性角色，一方面通过完善法律法规体系，从制度上保障科技城的发展，另一方面各级政府的产学研服务机构（如 JST、筑波市经济部产业振兴科）作为制度性中介促进筑波城内知识创造与流动。

（3）大学主导型中介：剑桥

最后一种中介类型是以剑桥为代表的大学主导型中介。大学主导型中介最大的特点是通过转化大学实验室最新科技成果来促进区域创新。剑桥大学协同创新模式的主导方法有两种：一种是早期的科技成果转化，通过大学直接与业界联系，进行技术转移，或者持有专利的师生直接参与市场化过程；另一种是较有剑桥特色的方式，即通过提供科创服务，间接性地促进创新生态系统的繁荣。大学主导型中介的优势有以下两点：第一，离上游供应端，即新技术、新趋势比较近，可以为市场提供最先进的技术和解决方案；第二，由于顶尖的技术资源在市场中比较稀缺，剑桥大学背景的创业企业往往不遵循硅谷的风投模式，即不追求传统风险投资一次性、大规模的注资来快速成长，而是使用软公司模式，通过大学、企业、和银行的三方协议来逐渐追加投资。这种做法一方面能够节省资金开支，另一方面，创始人能够牢牢地掌握企业主动权，这对于旨在提供行业级解决方案的剑桥创业企业非常重要。

当然，这样的中介模式也有缺点，创新速率较低。主要原因有以下三点：第一，大学主导型中介模式不遵循传统风投模式，周期相对较长；第二，剑桥比较擅长的行业级解决方案，相比于深圳和硅谷基于市场和用户的消费级方案来说，有先天的速度和规模劣势；第三，尖端技术商业化的失败率比较高，因为技术商业化"死亡谷"的存在，仅有少量的最新技术能够顺利通过市场验证并进入产业界。

迄今为止，剑桥大学官方共成立或参与成立了五个主要中介机构：剑桥企业，以大学实验室诞生的新技术商业化为目的的技术转移机构；剑桥网络，以连接中小企业和本地大型跨国企业为目的的平台中介；剑桥创新基金，以投资剑桥高科技初创企业为目的的投资机构；圣约翰创新中心（St John's Innovation Centre），欧洲最早的孵化器之一；剑桥科技园，剑桥第一家进驻中小企业的科技园。这些具有剑桥大学背景的中介机构对于剑桥实验室成果转化、技术转移和商业化有着重要的作用。

第三章*
多价值主体的"协同管理"

在不确定性中寻求确定,要害是壁垒而非挑战;
由无序转向有序,协同应该成为首要。

---

* 本章作者为北京大学国家发展研究院助理研究员朱丽、北京大学国家发展研究院教授陈春花、北京大学习近平新时代中国特色社会主义思想研究院研究员尹俊。

3.1 平台的出现

正如世界上最大的出租车公司不曾拥有任何一辆属于自己的汽车，世界上最大的民宿网站不曾拥有属于自己的任何一处房产，世界上价值最大的电商阿里巴巴不曾拥有一件库存商品，世界上最大的社交网站脸书不曾拥有自己的内容生产一样，平台的出现让一切皆有可能。平台和互联技术的有机融合，使得价值创造的方式已经发生了翻天覆地的变化，互联网时代的战略已经从拥有资源向调动外部资源转变。也正是因为平台的发展不受资源所有权约束，在资源稀缺的现实商业环境下，平台能够以迅雷不及掩耳之势发展，成为驱动创新变革的一股强大的结构性力量。

北美洲的平台型企业是最多的，中国的腾讯、京东、阿里巴巴，因为其市场的统一性，增长极为迅速，欧洲的市场具有细分的特点，而拉丁美洲和非洲相对落后较多。由此可见，经济发达的国家或区域，其平台优势较为明显（见图3-1）。外部环境的不确定性一方面导致机会不断涌现，大众创新、万众创业如火如荼地在各个行业和领域开展；另一方面，创新主体衔接低效则导致了创新产业化效率低下，甚至导致创新主体的持续经营受到挑战。

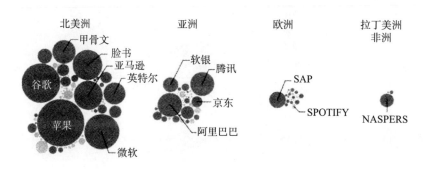

图3-1　世界范围内的平台企业呈现

资料来源：Peter Evans, Center for Global Enterprise。

处于转型经济时期的中国企业面临着越来越高的不确定性，这种不确定性已然成为企业进行创新的基本外部常态。不确定性分为结构不确定性和经营不确定性①，而创新则处于结构性变革时期，并带来了万物互联的变化。有研究显示，网络协作者创造的价值是最高的，会获得 8.2 倍的市场乘数；技术创造者、服务供应商、资产构建者分别获得 4.8 倍、2.6 倍和 2.0 倍的市场乘数。② 随着网络时代的到来，网络效应孕育了谷歌、脸书这样的巨型公司，协同创新的时代已然到来。进入了网络效应时代的创新发生了翻天覆地的变化，其外在表现就是协同创新平台的成立。

3.2 平台与价值创造新源泉

随着全球经济的飞速发展，创新成为国家经济发展的重要引擎，创新平台也越来越被大众所关注，我们不禁探寻原因何在？纵观 2001—2016 年世界市值最高公司排名的变化，我们感受到了平台的力量。以 2016 年 8 月为转折点，石油企业、工业企业、金融企业、零售企业悄然退出世界前五的行列，取而代之的是苹果、微软、亚马逊、谷歌、脸书等互联网平台企业。代表中国企业的腾讯和阿里巴巴两家基础性的平台型公司，以 4 000 多亿美元的市值进入世界前十。这在世界范围内掀起了一场平台革命，平台构建的"网状价值链"代替了传统模式的"线性价值链"。

德鲁克曾经指出，企业的唯一价值就是创造顾客。而创新平台则告诉我们如何促进企业和客户进行价值互动。现如今，全球经济进入了互联网平台主导的时代，创新已经成为国家之间竞争的重要驱动力，在国家间进行创新竞赛的过程中，基于平台的协同创新在创新型国家战略落实方面呈

---

① 拉姆·查兰.2015. 求胜于未知：不确定性变革时代如何主动出击 [M]. 杨懿梅译. 北京：机械工业出版社.

② 杰奥夫雷·G. 帕克，马歇尔·W. 范·埃尔斯泰恩.2017. 平台革命：改变世界的商业模式 [M]. 北京：机械工业出版社.

现了巨大的魅力,并为我们勾勒出了运用创新平台后的发展前景。创新平台是平台应用于创新研究领域的具体呈现。创新平台将以往创新链上的多价值主体,转变为创新网络中的网络节点,而且通过平台将创新链条上的主体前后相连,并缩减了创新链环节,大大提升了创新的产生效率和产业化效果。因而,创新平台的建立会呈现出来由传统的创新价值链,向创新价值网的矩阵关系转换的"双效"过程,进而赋予了创新在平台商业模式运作下的新内涵。

全球价值链的重塑,构建了新的价值网络。波特的价值链理论认为企业价值活动是线性链条,价值链模式下成本领先或差异化战略是主要的战略选择。价值网的概念在《发现利润区》(*The Profit Zone*)中,作为新的战略思维概念被首次提出,价值网模型将优越的顾客价值作为价值创造的三个核心概念之一,价值网赋予了供应商、顾客等利益相关者进入权,并呈现了以顾客价值为核心的竞争战略。[①] 以往的创新链已经难以满足价值网服务下的顾客价值创造了,创新效率的提升有赖于,创新由单一的以某一个创新主体为中心的创新链模式,向以创新平台为支撑的创新网络转变。

创新过程的本质是知识分享和重组的过程,知识分享会使提供方处在一个相对劣势的位置,所以创新需要一个高度互信的保障,而创新平台提供了类似的保障。因为在进行价值创造的过程中,创新多主体间的信用或诚信查证具有较高的交易成本,所以需要平台提供默认的契约或是显性的合同,鼓励诚信的同时有效约束不诚信行为。创新平台设定相应的考核机制,为参与的主体建立类似的信用行为记录,有利于未来创新项目的甄别和管理。通过降低创新平台承载的主体间的不诚信行为,多价值主体的交易费用大大缩减,进而促进了知识的创新以及产品研发的高效推进。

平台的概念是在 20 世纪初被提出来的,它启发相关人员进行系统思

---

① 胡大立.2006.基于价值网模型的企业竞争战略研究 [J]. 中国工业经济,9:87—93.

考。创新平台是以高校、科研院所、企业为创新主体，以政府为主中介机构为辅，达成的旨在结合创新要素和社会要素，以实现科技知识创新和成果产业化的创新体系。创新平台的本质是在互联网时代，继市场和企业后呈现的第三种资源和组织方式，其功能就是要实现连接、匹配和设计市场机制。创新平台的一大特点是知识产业化的成效较为显著，并且一般会有较高的市盈率，但通常而言平台本身并不创造价值，而是其承载的多价值主体创造价值，因而创新平台对于多价值主体的承载至关重要。

3.3 平台的多价值主体

平台的目的就是要促成其承载的主体间进行高效率的价值交互。一旦平台承载的价值主体，不能在该创新平台获得高效率的价值交互，就会脱离平台。为了凸显平台的价值，创新平台需要将创新环节的多主体引入该平台，然后提供易于联系和交换的工具或是规则，同时有效匹配创新主体，带来多方互惠互利，保障价值创造的有效开展和平台的可持续发展。综上，有以下三点需要重点关注：

第一，吸引优秀创新主体。这是平台起步期最大的挑战，创新平台没有价值，就不会有创新主体加入，而没有创新主体加入的平台也就没有价值，这是一个"先有鸡还是先有蛋"的问题。当有外部力量的推动或是有权威机构的背书（如政府、大型央企等），整个流程就会更加顺畅。

第二，高效促进价值交互。创新主体的价值交互是创新平台设计过程中的核心所在。创新平台一般不会控制创新产生的过程，而是要设定孕育创新的机制，同时不同价值主体提供服务或工具，从而使各主体间通过遵循既定的合同或是机制来进行价值交互的协同管理。

第三，精准匹配创新主体。平台的成功在于其能对多价值主体进行精准匹配，以助力平台实现价值交互，提高主体满意度。创新平台需要搜集多价值主体的信息、产品或服务，进而在此基础上进行分类、组织、解析和配对。创新平台的使命和核心是建立多主体间的交互机制。其中最为重要的是参与者、价值单元和过滤器，价值单元是平台产品和服务的承载，是关键的且难以掌握的因素。

为了促进多价值主体间的核心互动产生，平台需要吸引高质量的价值主体，促进价值交互，精准匹配价值主体。随着创新平台的不断发展，核心交互可能会随之而发生拓展，甚至在核心交互上进行分层堆积，这个过程会产生出新的交互机制和吸引新的参与者。但是创新的过程较为复杂，涉及高校、研究机构、基金、企业、政府等多方的共同加入，因此对平台的协同管理能力提出了巨大的挑战。

3.4 多价值主体价值诉求与融合

3.4.1 不同创新主体的价值诉求

在现有理论和案例数据分析的基础上，我们归纳了不同创新主体（高校、科研机构、企业、基金方）两种类型的价值诉求：创新诉求与管理诉求。

（1）多价值主体的创新诉求

出于对高新技术孵化成果的考虑，参与进程的创新主体的核心关切之一在于成果本身的创新价值。创新包括两种价值，一种是探索性（exploration）价值，一种是可开发性（exploitation）价值。探索性价值依赖于项目是否能发现新知识，或者能否将现有知识进行变化或组合，往往表现为项目的创造性、自主性和不确定性。可开发性价值主要依赖于对现有项目进行深度开发，使得项目更具效率，更有商业绩效，往往表现为稳定性，以及便于控制。高校和科研机构这类主体往往更关心成果本身的探索性价值，而企业和基金方则更看重成果的可开发性价值。以往的研究指出了探索和开发之间的矛盾关系,并提出融合探索和开发之间的价值诉求对创新而言至关重要。①② 在高新技术孵化中,这一问题在跨主体边界之间显得更为突出。一些研究为探索与开发的价值目标融合提供了依据,例如创新的嵌套悖论表明,开发的战略意图(利润突破)通过建立客户导向的紧密或松散的耦合关系,可以与由科学家个人驱动的探索激情整合,以推动建立组织双重性的良性循环。③

(2)平台和价值主体的管理诉求

在高新技术孵化过程中,不同创新主体对管理诉求也存在两个矛盾的方面,即自治与控制。无论是高校、科研机构还是企业、基金,在合作创新的过程中,都期待能在协作中拥有一定的自治权和控制权。自治与控制之间的分歧关系也一直是管理学学者和实践者讨论的主题。为了降低信息不对称导致的效率损失,同时也为了实现创新的灵活性安排,创新主体,尤其是高校和科研机构希望拥有更大的自主权,以便项目团队在确定和安排工作任务时具有一定程度的自由裁量权。而为了降低资金的投入风险以及增强对最终成果的分配权,产学研三方实际上都希望对创新过程整体保持一定的控制权。但是,一方面,高校和科研机构的自主权常常使他们偏离战略,追求超出产业能力和系统资源的创新选择,甚至打乱项目本身的实施进度④;另一方面,企业过高的控制权也常常会降低其对于风险的容忍度,影响系统的创造力和协同力。

---

① Charles A. O'Reilly III, Tushman M L. 2008. Ambidexterity as a dynamic capability: Resolving the innovator's dilemma [J]. Organizational Behavior, 28: 185—206.

② Sebastian R, Julian B, Gilbert P, et al. 2009. Organizational ambidexterity: Balancing exploitation and exploration for sustained performance [J]. Organization Science, 20 (4): 685—695.

③ Andriopoulos C, Lewis M W. 2009. Exploitation-exploration tensions and organizational ambidexterity: managing paradoxes of innovation [J]. Organization Science, 20 (4): 696—717.

④ Perez-Freije J, Enkel E. 2007. Creative tension in the innovation process: How to support the right capabilities [J]. European Management Journal, 25 (1): 11—24.

3.4.2　不同创新主体的价值目标分歧

不确定性可能会使创新主体对未来产生无法抑制的焦虑。只要存在不确定性，就会出现分歧。创新过程具有高度不确定性，包括技术不确定性、消费者不确定性、竞争不确定性和资源不确定性。① 特别是在高新技术开发的早期阶段，很难预见项目其他阶段的技术问题并正确评估其市场潜力和业务影响。不确定性给项目评估和选择过程带来了很大的压力，不可预测的技术和商业成果降低了创新主体对目标可达性的信心。② 因此，选择哪些新项目投资或放弃哪些机会，主要取决于系统中各创新主体的战略方向和目标。有研究也指出，创造性任务是不确定的，所以对创新过程的监测和项目产出的评估本身就很困难。③ 在这种情况下，不同的创新主体由于其各自价值诉求不一致，组织目标也就不一致，这无疑造成了合作创新中的各种分歧。④

基于创新诉求和管理诉求的内涵，我们结合高新技术孵化的进程，进一步将不同价值主体的目标分歧进行分析。从创新诉求来看，项目定义阶段，选择战略导向还是资源导向？战略和资源之间的目标分歧可能导致不同创新主体之间的分歧，因为缺乏资源可能成为产品开发的障碍，从这个意义上说，资源约束限制了组织在战略追求方面的发展。因此在协同创新中，创新主体之间对战略导向还是资源导向的选择常常存在分歧。

项目开发阶段，选择创新性路径还是路径依赖？成熟组织在进行创新时，会面临两个挑战——自我强化效应和路径依赖效应。企业因为在所处

---

① Jauch L R, Kraft K. L. 1986. Strategic management of uncertainty [J]. Academy of Management Review, 11 (4): 777—790.

② Turner K L, Makhija M V. 2006. The role of organizational controls in managing knowledge [J]. Academy of Management Review, 31 (1): 197—217.

③ Adler P S, Obstfeld D. 2007. The role of affect in creative projects and exploratory search [J]. Industrial & Corporate Change, 16 (1): 19—50.

④ Ibid.

领域具有专业优势，往往有路径依赖的习惯，虽然高科技企业往往利用外部资源（如大学和小公司）开发不同的专业知识领域，但路径依赖会使得其形成一种风险厌恶的思维模式，影响其创新投入。

产品转化阶段，追求产品性能还是成本优先？高校、科研机构具有习惯性创新需求，而企业具有市场竞争的需求，因为追求更好性能的愿望和降低产品成本的需求产生了矛盾，这种矛盾其实是技术进步和商业利益之间的目标分歧。

从管理诉求来看，不同创新主体往往是平等的关系，如何实现集中治理呢？高新技术孵化过程中创新系统的主体成员之间存在非层次关系，需要集中治理以提升效率，而不是为了控制系统内的创新主体。在项目评估和选择、资源分配等阶段，集中治理不可避免地与平等关系目标存在一定程度上的矛盾。

如何在合理分权下保证主体责任共担？一定的权力自治实际上是每一个创新主体的基本管理诉求，但是一旦主体在系统内被赋权，往往会导致责任共担目标在一定程度上受到挑战，造成目标实现上的客观分歧。如何在不确定性环境下保持目标一致性？在协同创新过程中涉及大量在不确定性环境下所做的决策，由于创新主体的诉求存在差异，主体之间的矛盾关系时常升级，导致目标很难一致。创新工作的灵活性与系统标准化管理之间如何实现平衡？创新工作是高度灵活性的，但是多主体协同创新要求管理制度在一定程度上实现标准化，以提升沟通效率和管理效果，这二者在系统目标层面往往存在着分歧。

3.4.3 创新主体在价值目标分歧上的张力

创新涉及一系列复杂的分歧关系、竞争的需求、冲突、矛盾和困境。[①]

---

① Andriopoulos C, Lewis M W. 2009. Exploitation-exploration tensions and organizational ambidexterity: Managing paradoxes of innovation [J]. Organization Science, 20 (4): 696—717.

创新主体之间的张力并不一定对创新产生负面影响。张力是组织生活中固有的，并且存在"超出管理意志的力量"[1]，是团队环境和创新的自然组成部分。尽管主体之间的张力代表了彼此相互矛盾的目标要求，但它们必须相互依存，才能维持长期的组织绩效。[2] 有研究指出，一种健康的紧张状态有利于促进创新，太过和谐可能会抑制团队成员应对挑战的积极性，并导致忽视信息或对成功创新至关重要的观察。[3] 这些研究为研究探索差异性共存关系提供了基础。

　　张力往往以不同的形式存在。第一，矛盾关系，即"矛盾但相互关联的元素，它们同时存在并且随着时间的推移而持续存在"[4]，矛盾无法彻底解决，会随着时间的推移而持续存在，如创新主体之间的平等关系与集中治理之间的矛盾。第二，平衡关系，诸如成本、时间和质量之间以及不同主体利益集团之间的目标权衡方面出现的张力，平衡关系要求在两个相反的极点之间取得平衡，有学者将这种反应称为"抑制"[5]，因为一种元素的存在是以牺牲另一种元素为代价的，创造性和商业压力之间的分歧关系即属于此种类型[6]；第三，困顿关系，一般看起来是一个两难问题，它涉及权衡利弊[7]，如创新主体在技术进步与商业利益之间的目标分歧；第四，

---

[1] Cunha J V, Clegg S R, Cunha M P. 2002. Management, paradox, and permanent dialectics [J]. Managemant and Organization Paradoxes, 9: 11—40.

[2] Smith W K, Lewis M W. 2011. Toward a theory of paradox: A dynamic equilibrium model of organizing [J]. Academy of management Review, 36 (2): 381—403.

[3] Souder W E. 1988. Managing relations between R&D and marketing in new product development projects [J]. Journal of Product Innovation Management, 5 (1): 6—19.

[4] Smith W K, Lewis M W. 2011. Toward a theory of paradox: A dynamic equilibrium model of organizing [J]. Academy of management Review, 36 (2): 381—403.

[5] Gaim M, Wahlin N. 2016. In search of a creative space: A conceptual framework of synthesizing paradoxical tensions [J]. Scandinavian Journal of Management, 32 (1): 33—44.

[6] Leonard D A, Rayport J F. 1997. Spark innovation through empathic design [J]. Harvard Business Review, 75 (6): 102—113.

[7] Smith W K, Lewis M W. 2011. Toward a theory of paradox: A dynamic equilibrium model of organizing [J]. Academy of management Review, 36 (2): 381—403.

二元关系，一般存在两个相互关联但不一致的目标路径，需要牺牲一个才能实现另一个，例如创新主体在战略与资源目标上的分歧上显现的张力。

3.4.4 创新主体价值融合机制

通过对现阶段国内和国际创新平台模式基础上的研究，我们提出四种创新主体的价值融合机制。

（1）二元关系情境下的价值融合机制

二元关系情境下，常常存在的是战略与资源之间的目标分歧。此时应在不同的战略要求下，通过组建新的平台实现资源的跨组织整合和配置，打破资源约束。平台的中介机制往往参与多条创新链的活动，因而在多个创新网络之间建立了嵌入路径，随着某个创新业务的开始、发展与终结，中介传导在不同的创新网络中保持着"半嵌入—嵌入—半嵌入—脱嵌入"的机制循环，而与之对应的创新主体网络结构往往相对较为稳定。

资源配置方式根据战略任务要求有所不同，基础研究应实行专业主导，应用研究应实行专业与产业共同主导，产业发展应实行产业与市场共同主导，应用示范则实行市场主导。企业主导市场资源配置，以创业促进创新，发挥大企业的创新骨干作用；高校主导学科资源配置，一流研究型大学在重视基础学科的同时，在与国家需求和重大科学问题紧密相关的应用基础性研究上具有重要的主导作用，基础研究、应用研究与国家战略、高新产业相互支撑，对经济发展、产业升级和社会进步产生重要影响；科研机构主导公共科技资源配置，重在培育新兴交叉学科生长点，重点加强共性、公益、可持续发展相关研究，增加公共科技供给。

在这一前提下，有较多的平台模式可以借鉴。比如，以政府主导的平台模式，政府职能部门介入产学研用之间的创新联盟，可以通过资金扶持，分担企业的风险和压力，形成政府、产业界、大学和研究机构优势互补，比如剑桥大学、帝国理工学院和牛津大学都属于地方经济与研究机构、教育与创新结合的典范。技术主导的平台模式，拥有技术资源的单位（科研院所和高校）或个人将自己拥有的科研成果等技术资源，同拥有资本的企业进行合作，使科技成果实现产业化转变，如美国产业大学合作研究中心计划。资本主导的平台模式，拥有雄厚货币资本实力的企业，利用自己在货币资本方面的优势，整合以生产经营为中心的产业性企业，从而实现资本与产业的联盟。据美国麻省理工学院斯隆管理学院对全球前500强企业的研究统计表明，平均每家企业与60个以上的企业建立了各种形式的战略平台。跨区域平台模式，德国联邦政府的研究计划中全球变化领域研究和"欧盟2002—2006年科技发展框架计划"都是跨区域平台模式的成功案例。

（2）平衡关系情境下的价值融合机制

科研成果在创新链不同阶段的形式各不一样，其排他性和竞争性也各有不一，故其资源供给来源也应各不相同，如图3-2所示。简单的分段投资会因目标错位导致结构性失衡，或者因利益博弈而难以形成高效转移。因此要引导上下游资金交叉投资，特别要引导风险小的下游资金向风险大的上游渗透，形成不同资金交织组合的"编绳效应"，通过资本协同，促进上下游活动的协同和知识技术在上下游平滑流动，以平衡产业方的创新风险惰性以及技术方的惯性创新需求，实现风险的精准调节。某种程度上说，这种资金结构链与创新链的二元耦合是整个创新主体协同的关键一环。从操作性上来说，基金机制是实现这种二元耦合的一种有效机制。

在基础研究阶段，科研成果多为纯理论贡献，通过公开发表及教育研究为社会共享，从长期来看，这将对国家、区域及产业产生深远影响：一方面，无形资产难以实施知识产权保护，公益性特征明显，企业或个人难以独占，故不具备排他属性；另一方面，在基础研究阶段，科学知识作为主要成果可以为多个领域及产业共享，不具备竞争属性，除此外，这些成果还具备在应用阶段的完整不可分割性,因此属于纯公共产品。结合其本身高度的不确定性风险,应以政府资源作为主要的供给来源。

在应用研究阶段,技术作为主要的创新成果,一般以专利等表现形式出现,受到知识产权保护,由个人或组织独占,具备明显的排他性特征。而某个技术成果往往不可能只应用于某一个企业或产业,常常为多个产业所应用和共享,具备非竞争性属性,其产生的效益可以分割,因此属于典型的混合公共品。结合其外部效应,政府一般主张技术的开放与共享应用,而这个阶段企业所能获得的收益难以估计,存在较大的收益风险,故供给模式宜以政府资源为主、市场资源为辅。

在产业发展阶段,可转化的科研成果和孵化企业是主要的创新成果。根据布坎南的俱乐部理论,针对这一类可排他性和竞争性公共物品提供一定的技术和偏好聚类,可以使得在一个给定规模的社会中形成很多最优构成的俱乐部,那么通过个人或企业、甚至政府的自愿结社而形成的俱乐部是这些可排他性公共物品的一种最优配置。因此,在此阶段,宜采用资源机制主导的市场资源为主、政府资源为辅的资源供给模式。

在应用示范阶段,产品及产业集群为主要的创新成果,满足排他性和竞争性的双重属性特征,且成果所属主体拥有完全的收益分配权,属于完全的私人产品,应以纯市场资源作为主要的供给来源。

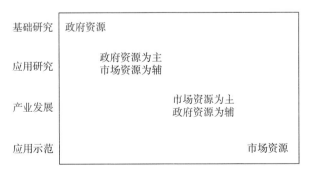

图 3-2 围绕创新链的政府-市场资源配置矩阵

可以看出，在创新链的不同层面，资金需求规模、来源及投资回报等情况皆不同：越往下层，需求越大、资金越容易获得、投资回报越快。因此，上层主要以政府投资为主，从上到下社会投资比重越来越高。要按照"围绕创新链配置资金链"的思路组建包括国家资助、国家投资、社会投资等多元化的资金体系，并形成多模态的资源配置机制，特别要引导下游资金向上游渗透，形成不同资金交织组合的"编绳效应"，简单的分段投资会因利益博弈而难以高效接续。只有在这种情形下，创新主体各方才能保持创新源头上的目标一致和市场驱动。

(3) 困顿关系情境下的价值融合机制

在知识化、技术化的创新链阶段时，创新具有半公益性，成果处于无偿传播期，随着高新技术要素商业化的特征越来越明显，进入趋向于具象化、产品化的过程时，由于新产品开发存在不确定性，企业在选择与高校、科研机构合作时，对合作方式的敏感性较高，此时合作项目的遴选机制在创新主体的协同作用中发挥着重要作用。而到了产业化阶段，在经济预测性较好的前提下，企业对科技成果转移、转化的交易方式不再敏感，转移与转化机制开始转向信任特征驱动，高校、科研机构在选择将自身的科技成果转移、转化时也趋向于从企业的商业开发成功案例、品牌及既往的合作体验等特征上评价自身成果的未来前景，在这个时候，合作信任机制在创新主体协同过程中发挥主导作用。

因此，创新主体之间的关系选择困境往往出现在项目合作之初，在项目筛选阶段，企业常常举棋不定，追求技术进步还是商业利益，产品性能还是成本？这是高新技术孵化中一个难题。要通过项目评估机制，设置生产可行性、市场收益、技术先进性等维度上的项目遴选标准，使目标显性化，降低创新主体各方在信任未达之前的风险预期。

(4) 矛盾关系情境下的价值融合机制

在创新主体的协作关系建立后，因不同主体的价值诉求不同，目标分歧几乎无处不在，因此一方面需建立系统的自组织调节机制，另一方面也应建立动态监控与反馈机制。创新活动的监管宜采取分离管理与分层实施相结合的原则，通过基金机制、技术中心管理机制，使各方保持"空间分离"，形成有距离的平等关系及制度上的集中治理。保持原则管控、柔性管理，资本方抓关键节点监督，承担单位抓日常监督；关注结果，抓主要问题，淡化细枝末节；对违规者设立退出或禁入机制，增强自我约束。建立多方参与的专家评审机制，实行合伙人机制，将关系治理制度化、显像化，促进三方在项目立项之初形成目标上的共识。

研究结论的内容可以归纳为表3-1所示。

表3-1 创新主体在不同价值诉求下的分歧关系

价值诉求类型	目标分歧	分歧关系本质	矛盾化分歧关系的简要描述	处理分歧关系的做法
探索VS开发	战略更新VS资源约束	二元性	资源约束常常限制了实现战略性更新的可能性	通过平台机制实现资源的跨组织整合，打破资源约束
	创新性VS路径依赖	平衡	产业方通常更愿意以现有产品为出发点，尝试风险更小的渐进性创新，技术方往往对突破性创新更有激情	通过基金机制，分阶段按比例投入，实行风险的精准调节
	产品性能VS成本	困顿	产业方对廉价但高性能产品的需求给技术方施加了压力	通过项目评估机制，从生产可行性、市场收益、技术先进性等维度设置项目遴选标准，平衡心理预期
	技术进步VS商业利益	困顿	当存在对技术进步和商业利益的竞争需求时，就会出现紧张局势。产业方和技术方都意识到"赚钱"的重要性，但如何兼顾不同方面，如营销、制造和设计，是新产品开发的典型挑战	

（续表）

价值诉求类型	目标分歧	分歧关系本质	矛盾化分歧关系的简要描述	处理分歧关系的做法
自治 VS 控制	平等关系 VS 集中治理	矛盾	平等关系存在于主体成员的关系中，但协同创新需要集中治理	通过基金机制、技术中心管理机制，使各方保持"空间分离"，形成有距离的平等关系及制度上的集中治理
	分权 VS 责任制	矛盾	创新要求权利共享，更要求责任共担。例如，技术团队有权决定自己的工作议程和方法，但个人和团队仍需要被检查	通过专家评审机制、合伙人制度保障产业方的相对权力的同时，强化了产业方的责任参与；通过技术中心自我管理机制和关键节点审核机制，确保了技术方的权利和责任分享
	不确定性 VS 目标一致性	矛盾	围绕创新过程存在一系列不确定性，包括技术不确定性和商业不确定性。因此，目前还不清楚：①技术方可以在多大程度上开展项目工作；②项目在何阶段结束；③是否会有商品化产品。工作的不确定性导致很难产生一个明确的目标，更不用说目标的一致性	通过项目三方遴选机制，促进了三方在项目立项之初形成共同的目标
	灵活性 VS 标准化	矛盾	为了给创造性提供空间，灵活性在创新过程中非常必要。但是，协作性质需要标准化	根据创新规律，对不同的项目实行柔性管理，如海外项目就地研究，科学家的双职双聘等；对成果实行标准化管理

3.5 创新平台的生命周期

衡量创新平台的生命周期是如何随着阶段特征发展而变化的，对于提升创新平台的高效运转至关重要。其中对于各个阶段的拐点识别，决定了我们将来如何来对不同阶段的平台进行衡量和把握。具体我们按照创新平台的发展时期，以及创新平台的阶段特性，将创新平台的生命周期分为四个阶段，具体为初创期、发展期、成熟期、衰退或并购期。在不同的生命周期阶段，创新平台的衡量指标有所差异，一般平台容易犯的错误是，随着平台的发展某些衡量指标已经不再适用，但是协同平台仍将其作为衡量运行是否有效的指标，所以识别平台所处的阶段，并将衡量的关键指标根据阶段进行区分至关重要。同时分析其在每个发展阶段的拐点，不同生命周期的特点，以及制约其未来发展的关键之所在。

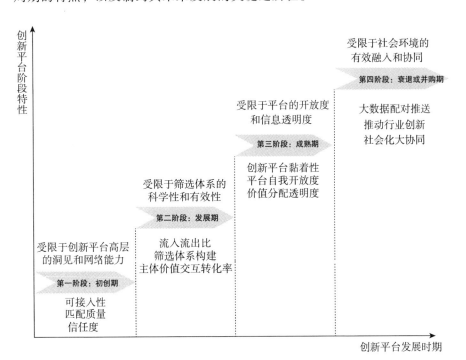

图 3-3　创新平台发展生命周期示意图

创新平台生命周期的第一阶段为初创期。其标志是平台的正式建立。该阶段通常会受限于资金、人才或是声誉等因素，平台上的人员大多身兼数职，甚至对于嫁接到平台中的多价值主体所涉及的领域不了解或不熟悉。在该阶段状况下，平台向哪些类型的创新行为分配资源，或是采取哪些信息来进行项目判断，既具有重要性，还具有挑战性。在该阶段，平台的设计者需要确定什么是价值主体的核心交互行为，以及它能为多价值主体创造什么样的利益。该阶段决定创新平台运转的主要因素是高质量价值主体的可接入性、主体匹配质量和信任度。其中，高质量的价值主体的可接入性是任何创立初期平台都会面对的首要挑战，在创立初期，高质量创新主体更多是凭借平台管理人员的私人社会网络关系被引入的，这与对社会网络和创业的一般研究相符合，即创业初期的网络关系构建更多凭借的是创立者的私人社会网络关系和网络建构能力。当然，私人关系带来的主体，其优势是具有较高的信任程度，这也为创立初期的关系维系奠定了互信基础。此外，匹配质量常常受限于平台管理者对于创新所涉及的领域的个人直觉判断，因此在平台创立初期，更多的制约因素来自于协同平台管理者的洞见、视野，以及网络关系维系和构建能力。

创新平台所处的第二个生命周期阶段为发展期。其标志是随着协同平台的发展建立起相应的价值主体筛选指标体系。在该阶段，为了保证平台不断发展壮大，价值主体的流入流出比是重要衡量指标。具体表现为协同创新平台上的价值主体的数量在不断增加，即流出的价值主体要低于流入的价值主体，也就是协同平台的参与者在不断扩张。数量的增加对管理者个人的判断提出了挑战，无论是在数量上还是对创新理解的深度上，个人甚至平台自有的团队都不能满足其发展需求，进而亟需构建筛选指标体系。这标志着创新平台正式进入了不再受限于平台个体或是小部分群体的新时期——发展期。发展期要靠整个平台以及外部因素共同支撑价值主体筛选程序的运转。正是因为不受限于平台内部个体或群体的判断，同时还引入了外部行业、企业、专家等的智慧，才能在创新主体选择上不受限于平台的发展，进而创新平台才能进入蓬勃发展的历史新时期。在该阶段，价值主体在不断增加，且生命周期初创期的平台承载成效初步呈现。因此新的评价有效性的指标应运而生，即主体价值交互的转化率。在该阶段，指标体系构建后，对于体系是否具有科学性和有效性的判断是一个难题。当体系被初步评价和验证有效后，即开启下一个生命周期阶段——成熟期。

创新平台所处的第三个生命周期阶段为成熟期。判断其是否已经成长为成熟创新平台的标志之一是，是否具有足够的对外开放度保证自我更新，以及对内是否信息透明以保障平台机制有序。一旦高质量的价值主体选择加入该平台后，平台通过提供工具或服务，促进生产者、消费者进行价值创造，甚至提供服务帮助其改善价值创造过程，这些都能够促进主体黏着于此。平台需要保证一定的开放程度，在面对价值交互环节存在的问题时，可以通过外部创新的建议来进行改进、更新，进而保障其与市场信息和多主体的价值创造的贡献相匹配。

另外，透明度也是创新平台走向成熟的重要特征，当平台设置了透明的分配机制，多价值主体就会在参与创新活动，甚至选择加入该平台时，获得关于价值分配的预期，进而保障了其在价值创造、价值评价、价值分配的各个环节的行为都有所保障，有利于维系和平台的长远关系。此外值得注意的是，创新平台可以设置分级制度（信用分析、盈利分级等），即在某些设置的制度或是规则范围内，对多价值主体进行分级分层管理。这种管理方式一方面可以帮助平台的监督和配对更加有效，另一方面可以激励多价值主体晋级，进而提升平台的价值主体的质量和效率。

创新平台生命周期的最后阶段为衰退期或并购期。随着创新平台的不断发展，可能进入衰退期或是"赢者通吃"的并购期。创新平台的本质就是"创新的作业场所"或"信息工厂"，它与传统管道模式的区别是，创新平台其实并不直接控制创新的过程,但是会提供信息或服务来辅助创新过程的有效开展。因此最终考量创新平台的就是其在社会化大协同的层面,是否能够助力创新效率的提升。数字化时代,技术是一把"双刃剑",创新平台如果可以有效运用大数据的技术手段,就可以将社会关于企业的信用评级数据(如银行)、高校或是科研机构的创新能力数据(如专利数据或其被引用率等)、企业的遵纪守法评价信息(如法院相关记录)、企业的盈利能力(如上市公司披露信息)与市场份额等结合起来进行综合考量。理想的模式是当一个创新主体加入平台后,随即可以通过数据库推送与之相匹配的创新配对主体,构建出其从知识产生到产业化的整个阶段的配对主体最优选择的备选对象。

这不仅在一定程度上可以提升创新平台配对精准度,还能保证后续转化率。管理一直围绕提升效率的问题,因而更重要的是在社会整体层面,创新平台匹配是否是有效率的。该阶段制约平台发展更多的是,平台是否能与外部环境主体进行良性互动,以及是否能对外部资源进行高效整合和运用,其根本考量的是创新平台是否可以在促进社会化大协同方面实现其有效性。当一个创新平台具有吸收类似平台和平台上承载的价值主体的功能时,创新平台之间的并购或是融合就会产生。如某一创新平台的价值主体会被更有价值的创新平台吸纳,甚至在没有政府政策强力监管的自由市场上,出现类似于阿里巴巴"赢者通吃"的并购局面。吸引力差的创新平台上的价值主体会被社会效率更高的平台所吸引,导致该创新平台在竞争中不断衰退。

3.6　创新平台的挑战与困境

3.6.1　中介重构挑战

互联网对于传统行业的颠覆,以及新兴事物的挑战是不言而喻的。信息带来的新型交互技术倒逼万物互联，因此评论员们曾预测，类似旅游代理或经纪人的中介公司将会消失。然而，事实其实稍有不符，有的平台并没有消失，甚至成为重构的市场中介。它的特点是引入了新兴的中间人，而不是简单消灭了市场参与者的某一个环节。市场保留的平台有的用线上自动化算法替换掉低效率、不可延展的代理人，有的将中介个体替换为可以为平台参与双方带来崭新的优质的产品或服务的系统。

由于平台带来了中介重构，改变了各主体间的价值贡献，进而涉及了价值分配的改变。以传统书籍和亚马逊为例，前面一种销售方式的背景下，作者只能拿到10%～15%的版税，而后者却可以让作者获得70%的利润。平台在以一种"吞噬世界"的形象，呈现在协同创新过程之中，推动了各个行业的变革甚至是颠覆该行业。而伟大的创新平台的建立，就在于是否可以找出限制多主体进行价值交互的活动，从而进行相应调整和提升。所以，分析创新平台上的多主体之间的价值交互，以及有效融合其差异化的价值诉求是任何一个平台所面临的挑战之一。

此外，把握住创新平台的基本功能，就能有效防止中介重构的困境发生。创新平台根据功能的不断升级分为三层：第一层由参与者、价值单元、过滤器组成，这是平台存在的基础。第二层主要衡量其是否是一个优秀平台，即是否提供有效的"工具和服务"。具体来说，向平台的生产者提供进行产品（或服务）创造的工具和服务，向平台的消费者提供对价值单元进行消费的工具和服务，向平台运营者提供进行管理的工具和服务，向用户提供呈现个性化的工具和服务，具备以上四种"工具和服务"才能成为优秀的平台。第二层是由平台所进行的价值交换（可以呈现为货币交换）。在这一层面上，平台需要考虑以下四个方面：①拉动供需双方；②促成供需双方交互；③精准匹配交易双方；④促进自身收入实现。

现阶段，对创新平台盈利性方面的关注度有待提升。同时值得注意的是，一个没有盈利的平台不可能持续存在很久。盈利化是任何创新平台都需要进行深入探索的事宜。一个平台如果不能设计一个较好的盈利模式，必然会导致优质价值主体流失，吸引力下降。这是因为平台如果不能获得充足的资源提升服务和质量，就不能迅速迭代落后的服务。平台支撑能力薄弱，会降低多价值主体的效率，进而造成多价值主体间价值交互的体验、产出质量和效率同时降低。

3.6.2 多价值主体的关系困境及突破

诺贝尔经济学奖获得者让·梯若尔（Jean Tirole）提出了双边市场（又叫"多边市场""双边网络"）这一概念，为平台的一般性理论奠定了基础。平台为何如此重要？为何关于它的研究能够获得如此殊荣？这都源于平台的功能和结构。平台能够促进生产者和消费者进行价值互动，是将传统的隐性市场显性化的手段，包含了生产者和消费者（所以称之为"双边市场"）。一般意义上，平台不进行生产，而是促进生产者和消费者进行价值互动。具体的价值互动包含信息互动交换、商品与服务交换及金钱（或类似）的交换。所以，评价创新平台的关键就是看其是否进行了有效的创新主体的价值互动，而这些价值主体（参与者）只有两种，要么是生产者，要么是消费者，这是认识多价值主体最为便捷的方式。

创新平台融合多主体的价值诉求并围绕价值链展开。创新平台的多价值主体网络，由主体节点、主体关系链、主体价值交互效应构成。首先，不同的创新主体节点表现出差异化的平台诉求，为了满足其需求，创新平台根据一定的标准，进行价值主体是否要吸纳到平台上的遴选活动，根据创新平台监管的方式，把优质主体吸引到平台上来，为进行高质量的创新成果创造奠定了基础。其次，创新主体通过其在价值链中所处的相对位置，决定了彼此之间的关系，如生产者和消费者等。通过多主体关系链耦合而成创新主体关系网。最后，平台通过契约、合作或是联盟的方式，对多主体的价值交互关系进行了限定，从而保障互信的创新氛围并持续创造价值。

创新平台上的多价值主体间交换的是信息、商品（或高技术服务），以及某些特定形式的货币。价值链包含价值预期、价值创造、价值评价、价值分配。多价值主体的价值预期是指主体对于加入该平台后自身能力释放的价值预期。多价值主体的价值创造是指主体在该平台和其他主体进行互动的过程中，共同创造价值的结果。多价值主体的价值评价和分配是指主体在平台上被考评的结果和利益回报。平台对于多价值主体的考评和汇报是否与其预期相符，很大程度上决定了各个价值主体对此次价值交互的满意程度，并影响其是否继续进行交互的决策判断。

创新平台的本质是通过承载多价值主体的交互，协助其进行价值创造。协同创新平台的优势在于超越了原来创新链条上的发生模式，即通过平台的承接价值的创造和传导从知识产生的一端进行高效转化。协同创新平台产生后，可以将简单的线性创新链转变为网络关系。不同的创新主体，共同呈现在了协同创新平台上。在协同创新平台的作用下，多价值主体在不同时间扮演不同角色，某一时间段的创新环节可能是生产者，而在另一个时间段的创新环节可能就是消费者。突破了原有的知识提供者在一端，产业化的企业在另一端，彼此之间很难进行有效连接，甚至创新过程会因为创新链条的环节过多而不断延迟甚至夭折，导致创新成效并不显著或无法产业化的尴尬境地。创新平台通过承载多价值主体进行连接和互动，并发生多次交换、消费等交互行为，带来了基于创新主体交互的价值创造。

创新平台的基因决定其要高效促成多价值主体的精准匹配。创新平台的目的就是将多价值主体聚集在一起，进行高效率的价值交换和创造，而有效交换的前提是要找到与之相匹配的价值主体。平台之所以有效的关键在于，将"价值预期——价值创造——价值评价——价值分配"进行了一体化推进。《平台革命：改变世界的商业模式》（*Platform Revolution*：*How*

Networked Markets are Transforming the Economy and How to Make Them Work for You）中指出，平台本身使得价值交互成为可能。平台最基本的结构就是"参与者+价值单元+过滤器"。其中，参与者包含生产者和消费者，价值单元是指生产者提供的产品或是服务，这是与整个平台相关的价值创造的核心。过滤器是指将有需求的生产者和消费者进行匹配。因此平台需要为多主体间的创新交互行为进行精准匹配，并促进创新成果的高效产生。

创新平台的可持续发展有赖于多价值主体同时受益。协同创新平台具有主体多样性、高效性、资源易得性、成果共享性、创新持续性的特点。主体多样性具体体现在产学研、政府、中介等多主体的共同参与。由于协同创新平台聚合了多价值主体，在多主体范围内可实现资源的重新配置和优化。最终是要以整体的效率最优作为出发点和落脚点，保障平台和价值主体的整体高效性。此外，资源易得性是由于多价值主体呈现在一个平台上，彼此之间由于契约或非契约的形式达成创新信任，进而通过多主体的有效交流获得较好的人力、资金、信息、技术等资源。成果共享性是协同平台上的创新主体间进行资源共享和交叉学习，在一定程度上促进了各自技能的提升和核心创造力的跨越，即多主体均受益。创新的持续性是指信息的透明化和双向传递，使得交互主体之间具有了较好的互动和密切的合作，最终创新平台会因为和外部环境的有效协同，推动平台层面结构体系，甚至是城市、区域以及国家创新系统的可持续发展。

第四章[*]
产学研协同创新模式

解决问题的出路在于我们必须把自己的想法付诸实践。

我们一直在探讨"创新是什么",接下来,我们要探讨"创新要求我们做些什么"。

---

[*] 本章作者为北京大学国家发展研究院副教授谢绚丽,北京大学国家发展研究院博士研究生王诗卉。

4.1 重新理解创新

4.1.1 创新的定义及过程

熊彼特在其1912年出版的《经济发展理论》(*The Theory of Economic Development*)中提出：创新是把一种新的生产要素和生产条件的"新组合"引入生产体系。[①] 创新（innovation）与发明（invention）的区别在于，发明指的是新工具或方法的发现，更加强调首次产生。而创新则是新工具或方法的应用，核心在于创造出新的价值，对经济社会产生影响。也就是说，如果一项发明、技术或专利没有得到实际应用，在经济上不起作用，也就不能将其视为"创新"。

创新的产生与扩散，是一个可以划分为若干阶段的过程。[②③④] 有学者将其归纳为三个阶段：构思产生（idea generation）、问题解决（problem solving）和创新实施（implementation）。[⑤] 还有学者针对产业研究实验室的研究[⑥]，以及针对社会服务业的研究也展示了类似的创新过程[⑦]。之后发展和细化的线性模型、耦合模型、一体化模型等各种关于创新过程和模

[①] Schumpeter J A. 1912. The theory of economic development: An inquiry into profits, capital, credit, interest, and the business cycle [M]. Oxford: Oxford University Press.

[②] Allen T J. 1984. Managing the flow of technology: Technology transfer and the dissemination of technological information within the R&D organization [J]. MIT Press Books, 1.

[③] Myers S, Marquis D G. 1969. Successful industrial innovations [R]. National Science Foundation, Report NSF 69—17.

[④] Hage J, Zaltman G, Duncan R, et al. Innovations and organizations [J]. Contemporary Sociology, 1976, 5 (4): 479.

[⑤] Myers S, Marquis D G. 1969. Successful industrial innovations [R]. National Science Foundation, Report NSF 69—17.

[⑥] Tushman M L. 1977. Special boundary roles in the innovation process [J]. Administrative Science Quarterly, 22 (4): 587—605.

[⑦] Ven A H, Delbecq A L, Koenig J R. 1976. Determinants of coordination modes within organizations [J]. American Sociological Review, 41 (2): 322—338.

式的讨论，实际上也都以这个三阶段模型为基础。

正如图 4-1 所示，创新过程包含高校 & 科研院所、产业 & 企业、社会 & 市场这三方的参与。在构思产生、问题解决和创新实施三个阶段中，三方需要密切互动和信息交流，贡献出各方的独特能力与经验。三方的有机互动，有助于创新过程的实现。

第一阶段为构思产生阶段。创新的构思可以来自高校、企业、市场中的某一方，也可能源自三方之间的信息交流。高校、企业的研发行为可能由市场的新需求所触发，也可能来自于组织内部，也可能产生于高校、企业之间的互动。

创新所伴随的基础性技术原理，往往源自高校和科研院所的基础科学研究。其特点在于，它往往由一个人或一个小团队完成，具有高度的学术性和创造性，需要长期的投入和知识、经验的累积，企业往往很难完成。从我国高校和科研机构的现有体制来看，实验室中的技术需要通过科研院所的转化机构才能够完成技术的外溢。而实际生产中的经验和对市场需求的洞察及预测，则往往是企业的优势所在。企业通过自身的研发部门，或在内部进行，或寻求与外部企业、高校合作进行研发。因此，具体而言，我们认为原始发明的路径可分为以下三类：（1）高校或科研机构主导，包括科研机构内部的转化机构孵化的校办企业，也包括科学家或团队进行独立创业；（2）企业主导，包括企业自身进行内部研发，也包括企业之间合作进行研发；（3）高校与企业联合，包括高校专利对企业的授权，也包括高校企业之间联合进行研发。虽然这三种路径具有不同的原始发明来源，但在进入后续阶段，对能力具有相似的要求。

第二阶段为问题解决阶段。通过工程开发和设计，将实验室中的技术进行产业化转化，并针对原始发明及创新目标开发出一个技术解决方案。在这一阶段，创新想法从抽象逐步清晰化、具体化。在这个技术细化的过程中，也可能会存在溢出效应，产生新的技术和生产能力。这一过程可能

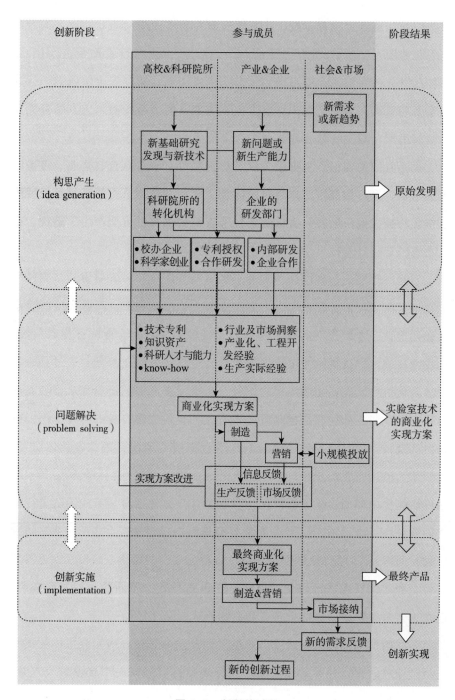

图 4-1 创新的过程

又涉及许多其他技术问题的解决，通过完成各种补充性的技术，解决创新实现过程中存在的各种问题，最终给出完整的创新实现方案。由于科学技术，特别是前沿的科学技术，对科研团队的知识和经验的依赖程度较强，难以进行完全编码化的技术转移。因此，如果仅仅将科研成果的专利从实验室转移到企业，缺少科研团队的经验，前沿技术也难以直接在企业中发挥作用。而科研团队长期关注学科前沿，缺乏对产业化生产的理解以及市场需求的洞察，因此也难以独立完成技术的产业化工程开发。因此，我们认为，在问题解决阶段，有效的创新实现需要两方的充分融合，即拥有技术的科学家团队和拥有生产和市场化经验的业界团队。

初始的商业化实现方案往往还具有一些缺陷，需要在"生产—投放市场—反馈—改进"的反馈循环中改进创新实现方案。在创新实现方案产生的基础上，企业通过试生产和小规模的市场投放，收集生产过程中以及目标群体使用过程中的反馈，再循环至"问题解决阶段"，与科研团队互动，对创新实现方案进行更新和改进。这一循环过程仍伴随着基础研发与工程化开发的融合。经过多次迭代，确定最终的创新实现方案并投入生产或使用，接着进入下一阶段的创新实施。

第三阶段为创新实施阶段。第二阶段确定了最终商业化实现方案后，企业根据方案进行大规模制造或使用，运用营销手段，将创新产品投入市场。进入市场后，创新对市场及社会产生影响，最终实现技术创新的接纳。

在技术创新正式投向市场之后，市场及社会会对创新产生反馈或触发新的需求。这种新的需求会推动技术和生产能力的进步，触发新一轮的技术创新过程。

4.1.2 创新过程中的关键因素

从对创新过程的分析中可以看出，新的科研成果在实验室中首次产生后（如图 4-1 的"新基础研究发现与新技术"），其距离产业应用往往还比较遥远，其间需要进行一系列的调整与辅助技术的开发。研究认为，一个新的技术或产品，从实验室到市场，需要经历以下中间过程：第一，完成辅助技术的研发和提升，实现单一技术到完整技术解决方案；第二，重新设计以适应商业化要求，包括提升生产的便捷性、降低成本；第三，根据消费者的需求做出相应的性能、功能上的调整；第四，为了实现新产品的生产制造，还需要开发相应的生产设备、调整生产流程。[①] 也就是说，技术本身如果没有应用到产品或者生产流程上，或者成本极高难以批量生产，或者性能与市场需求不匹配，都不能实现真正的商业化。因此，从基础技术产生，到最终创新实现（制成产品并推向市场）进而创造经济价值是一个复杂、漫长且伴随着高不确定性的过程。如何在这个过程中实现各方参与者互补能力的协同、各方激励的协同以及信息沟通的协同是创新过程成功实现的关键因素。

（1）互补能力的协同

长期以来，高等院校及科研院所担任着探索学科前沿技术、培养创新人才的任务，聚集了各个学科的顶尖人才和研究设备，在基础研究方面形成了较强的能力。科研人员探索科学前沿，更加关注其技术成果的领先性、突破性，对技术或专利如何产业化应用以及具有怎样的市场前景缺乏关注。

另外，产业以及其中的企业，虽然与市场距离更近，对产业的技术需求和市场的产品需求有着更深入的洞察，对如何实现产业化生产也有更丰富的经验，但在技术研发方面则较为薄弱。一方面，企业的基础研发能力相对较弱，虽然近年来企业研发支出不断攀升，但多数资金用来解决生产中的工艺性问题，或者投入产品层面的研发，即更多地是针对本企业进行

[①] Mowery D C, Rosenberg N. 1998. Paths of innovation: Technological change in 20th-century America [M]. Cambridge: Cambridge University Press.

技术改进,并非关键技术的创新。另一方面,企业的生存压力导致企业难以承担基础研发及成果产业化所伴随的高投入和高不确定性,更多企业选择解决短期生存问题的应用开发,而非周期长、难度高的产业共性问题研究。

因此,从基础技术突破到创新推向市场,需要基础研究能力、应用研究能力、产业化转化能力、生产能力和市场推广能力等多种能力的共同作用。长期以来的积累,使得企业、高校及科研院所各方在不同的能力上具有优势。具有不同能力优势的参与者在创新过程中需要协同互补,才能保证创新过程的顺利推进。

(2) 各方激励的协同

如前所述,实验室技术的产业化转化具有高不确定性,并不是所有科研成果的产业化转化均可以成功实现。一些研究成果虽然在理论上以及实验室中是可行的,但并不代表在产业化转化中可以获得成功,也不代表它真的能够满足产业的需求。因此,虽然企业、高校以及科研院所之间具有互补的能力,但在这种高不确定性的环境下,必须统一对各方的激励、绑定各方的利益,才能够保证各方在创新过程中愿意将各自的能力有效地贡献出来,进而实现有效的技术创新。

在高校及科研院所中,学者和科学家的主要目标在于探求科学前沿。长期以来,我国高校的科研人员以发表学术文章、取得专利为考核指标。专利的转移转化、商用或民用的程度未列入高校科研人员的考核体系。一方面,在目前繁重的考核压力下,科研人员缺乏将精力放在耗时长、不确定性高的成果转化项目上的激励;另一方面,高校科研成果的所有权、处置权、收益权和分配权归属不明确,科技体制改革正处在过渡期。科研人员难以享受专利成果产业化所产生的经济收益,也就更加缺乏参与成果转化过程中的动力。

从企业角度来说,虽然许多企业意识到了技术创新对企业的价值并主动到科研机构寻找技术成果，但企业既缺乏对成果的应用前景进行评估的能力，也缺乏独立对其进行继续开发以实现产业化的能力。如果缺乏科研人员的后续跟进与持续合作，购买专利技术也无法实现企业的创新。在高不确定性和高信息不对称的情况下，企业看不到购买技术成果并继续投入研发所能够得到的预期收益，也就没有动力参与。

创新过程需要多方的持续投入和参与。因此，为了实现技术创新，必须通过构建一种绑定各方利益的机制，使其愿意在创新过程中持续参与并贡献自己的能力优势。

(3) 信息沟通的协同

为了保证互补性能力的有效协同，除了统一激励使各方愿意贡献自己的优势能力以外，还必须保证各方之间信息沟通的流畅性。研究表明，创新过程的关键在于创新单元从外部收集和向外部传播信息的能力。[1][2] 因此，保证跨组织的以及组织内部的信息沟通，是技术创新实现的关键之一。

组织间以及组织内部的信息共享与互动贯穿于创新过程的各个环节。例如，在构思产生过程中，需要技术能力与市场需求的有效结合，这就需要掌握核心技术的高校及科研院所与贴近市场、理解需求的企业之间进行沟通和互动，产生更有效的创新构思。再如，在技术解决方案的研发过程中，对基础技术理解更为深入的学术团队，需要与更理解实际生产、商业化需求的企业工程技术团队之间进行互动协作。而在创新实施过程中，研发、制造和营销部门之间的协调合作也十分重要。以研发部门为例，其不仅需要指导生产部门如何更好地完成生产任务，指导营销部门如何更好地

---

[1] Myers S, Marquis D G. 1969. Successful industrial innovations [R]. National Science Foundation, Report NSF 69—17.

[2] Miller R E. 1971. Innovation, organization and environment: A study of sixteen American and West European steel firms [R]. Institut De Recherche Et De Perfectionnement En Administration, No. 86.

展现产品的创新所在,也需要根据实际生产中反馈的问题、客户的最新需求进行进一步修正和优化。

尽管外部的信息对于创新的开发和扩散具有重要的作用,已有研究却显示,跨越组织边界的沟通往往是低效而且易失真的。[1][2][3] 系统理论(systems theory)认为,组织面对不同的环境和任务,在成长的过程中,组织之间将趋于差异化。[4][5] 这种演进使得它们为了保证自身内部信息传递的有效性,从而形成各异的规范、价值观、沟通方式[6],这种差异性往往使得跨组织边界的沟通十分低效且失真。

这种沟通问题在科研院所与企业之间的互动中也存在。高校等科研院所以探索科学前沿、培养科学人才为目标,而企业则追求利润、创造商业价值,不同的目标以及所处环境的巨大差异,使得科研院所与企业形成了截然不同的沟通体系和价值观,这对科研院所与企业之间的沟通互动产生了较大的障碍。这种障碍的存在,限制了技术和市场的有效结合,也将影响后续技术创新的过程。类似地,这种信息传递的障碍也同样存在于企业与企业之间,甚至企业内部的部门之间。因此,打破各方的沟通障碍也是创新的关键因素。为了保证技术创新的实现,必须通过引入信息中介为各方搭建沟通桥梁或在组织内部设置对外沟通角色等方式,解决组织之间的信息沟通障碍的问题。

---

[1] March J G, Simon H A. 1958. Organizations [M]. New York: Wiley.

[2] Tushman M L. 1977. Special boundary roles in the innovation process [J]. Administrative Science Quarterly, 22 (4): 587—605.

[3] Wilensky H L. 1967. Organizational intelligence organizational intelligence: Knowledge and policy in government and industry [M]. New York: Basic Books.

[4] Katz D, Kahn R L. 1978. The social psychology of organizations [M]. New York: Wiley.

[5] Thompson J D. 1967. Organizations in action: Social science bases of administration theory [M]. New York: McGraw-Hill.

[6] Tushman M L. 1977. Special boundary roles in the innovation process [J]. Administrative Science Quarterly, 22 (4): 587—605.

4.1.3 创新过程中的产学研协同

通过对创新过程及其关键因素的分析可以看出，有效的、前沿的创新依赖于产业、企业以及高校等科研院所之间的信息沟通和研发协作。高校等科研院所是学科前沿技术的主要掌握者和探究者，在社会技术和生产能力的创造方面具有重要贡献。产业和其中的企业，则对社会和市场的需求有着更深入的洞察，在技术的商业化、产业化方面也具有更多经验。产业和高校之间存在能力的互补，如果各自单独运行，形成"信息孤岛"和"能力孤岛"，就难以实现有效的技术创新。产业及高校所具有的互补性的能力，通过产学研协同的创新体系，使各方在创新过程中有效协同，不仅对产业和科研院所来说是一种"双赢"，对社会也具有巨大的价值。

科研院所的目标在于探索科学前沿、培养专业人才，为社会创造价值。如果能够实现与产业的互动，有助于高校等科研院所更好地完成其使命。一方面，来自产业的关于市场技术需求的反馈，能够帮助高校等科研院所更加了解真实社会中的需求，更有针对性地开展研发活动，进而对社会及经济产生更直接、更快速的贡献。另一方面，产学协同为高校学生参与产业化研发，理解产业现实情况提供机会，有助于高校培养适合产业需求的人才，解决高校课程与产业人才需求脱节的问题。

从产业及企业的角度，基础研发投入周期长、成本高、风险大，而创新过程伴随着大量高不确定性的辅助性研发，多数企业难以独立推进创新过程。[1] 而另一方面，缺乏创新的企业和产品又容易被淘汰，因此企业实际上面临一个有创新需求但缺乏创新资金或能力的问题。企业如果能够和这些拥有雄厚科研实力、前沿研究人才和先进实验条件的高校及其他科研院所进行有效的互动，将有利于企业产品创新的实现。

---

[1] Chesbrough H W. 2003. Open innovation: The new imperative for creating and profiting from technology [M]. Boston: Harvard Business School Press.

从创新过程的角度来看，在第一阶段即构思产生阶段，创新构思源于前沿技术与社会和市场需求的结合。因此，科研院所作为前沿技术的主要掌握者，与对市场需求有深入洞察的产业及企业之间的互动，将有利于产生有价值的创新构思。在第二阶段，单一技术到创新的整体商业化解决方案的转化过程中，也需要掌握基础技术的科研院所与明晰产业化改造方法的企业研发人员进行互动，共同实现技术的商业化转化。在第三阶段，研发、制造与营销三部门的互动，一方面需要科研院所从技术角度为企业的制造与研发活动提供支持，另一方面制造和营销过程也会有信息反馈给研发机构，从而进行创新的优化。

因此，可以看到，为了实现有价值的创新，在技术创新各个阶段都需要科研院所与企业之间进行信息沟通与协同研发。通过为各方设置统一的激励，提供信息沟通中介，使各方的互补能力得到充分应用，从而实现有效的产学研协同创新。

4.2 产学研协同模式

根据高校与产业之间实现产学研协同的方式，我们将现有的产学研创新模式划分为无中介的"直接联结模式"（以下简称"直联模式"）与由中介对接双方来开展合作的"中介引导模式"两类。

4.2.1 直联模式

直联模式，指的是高校与产业或产业中的企业直接建立合作关系。这种关系的主导者可能是高校、企业、行业协会甚至政府。但不管在建立之初由哪一方主导，其特点在于，在其运营中，高校与产业或企业的协同与合作是去中介化的，由双方进行直接的互动。根据企业与大学或研究机构关系建立的主导者的不同，具体可划分为市场主导型、大学主导型和政府主导型三类直联模式。这种去中介化的高校与企业直接进行互动的产学研协同模式，意味着更加高效的创新合作。但由于双方制度逻辑的差异，以及沟通壁垒的存在，这种产学研协同模式对双方的协作能力具有更高的要求。

(1) 市场主导型

市场主导型直联模式往往出现在硅谷等典型的成熟的科技工业园区中，或由实力雄厚的大企业主动向大学寻求前沿技术。科技工业园区模式往往以具有较强研发能力的高校为核心，其周边形成了大型企业、创业企业以及投资机构等支持性组织的聚集。园区中大型企业、创业企业以及高校有着密切的合作关系，形成了活跃的产学研协作氛围，各参与者具有直接进行创新合作的能力。例如在硅谷，斯坦福大学和加州大学伯克利分校等一流高校、大型企业、创业公司及风险投资机构之间形成了成熟的合作关系，构成了产学研一体化的高新技术产业区，对美国乃至世界的产业技术创新产生了重要的影响。

还有一些实力雄厚的大企业通过与具有学科优势的大学建立合作研究中心，来实现产学研的协同。从企业或产业的实际需求出发，企业与大学双方共同研究课题、实施课题成果，并以共同的利润为基础继续展开研究。这种方式有利于实现跨学科的研究，以及对产业人才的培养。例如，早在1913年，通用电气、AT&T等企业就与麻省理工学院合作成立了电气工程研究中心，以此为平台开展了大量创新研究，也为产业输出了大量的专业人才。

(2) 大学主导型

大学主导的直联模式，往往通过高校内部所建立的专利转化中心实现。通过高校自有的技术转移和商业化团队，与业界联系或对高科技初创公司进行孵化。

例如，剑桥创新过程是由剑桥大学和中介组织主导，依托剑桥大学，将大学实验室中的新技术落地实现商业化。具体来看，剑桥大学官方共成立或参与成立了五个主要的技术转移转化机构：①剑桥企业，以大学实验室诞生的新技术商业化为目的的技术转移机构；②剑桥网络，以连接中小企业和本地大型跨国企业为目的的平台中介；③剑桥创新基金，以投资剑桥高科技初创企业为目的的投资机构；④圣约翰创新中心，欧洲最早的孵化器之一；⑤剑桥科技园，剑桥第一家进驻中小企业的科技园。[①] 可以看到，剑桥大学已经构建了成熟的新技术转移转化服务体系，包括了技术商业化开发、业界信息对接、创业投资、创业孵化、科技园区等各个方面。这些具有剑桥大学背景的机构对于剑桥实验室成果转化、技术转移和商业化发挥着重要的作用，也对当地产业的技术创新做出了巨大的贡献。

（3）政府主导型

在政府主导的直联模式下，政府通过提供政策或资金的支持，来促进产学研协同关系的形成。虽然政府参与了双方合作关系的形成，但在实际合作创新过程中，仍为企业与高校之间的直接合作。我国现有产学研协同模式以这种政府主导的高校—企业合作研发的模式为主，即政府通过给予高校、企业资金补贴，促进双方合作关系的建立，但并不参与技术的商业化转化开发。

4.2.2 中介引导模式

上述几种产学研协同的模式，是由高校与产业或企业直接互动而实现的。但这种模式对双方的合作经验和能力具有较高的要求。一方面，企业与科研机构对技术具有不同的关注重点（科学家关注技术的先进性，而企业则更注重商业价值、投资回报率），相互理解以及跨界人才的缺乏，导

---

① 参考本书第二章。

致缺乏合作经验的双方在直接合作中往往存在困难。另一方面，技术从实验室到完成产业化并投入市场，中间要经历大量的转化研发过程，跨越新技术商业化的"死亡谷"需要双方在这个过程中密切合作。如果高校、企业之间没有形成一致的激励，长期合作关系难以达成。

目前来看，我国企业与高校双方都未能形成成熟的技术转化能力，高校内部也缺乏全方位的转移团队。中介引导的产学研模式更加符合我国目前产学研体系的发展阶段。这类创新中介担任着对接高校、产业，并为双方提供产业化技术支持的任务。它们主要通过为高校和产业搭建沟通、合作的桥梁，来推动产学研的协同创新。典型的案例包括德国 Fraunhofer 协会以及中国台湾工业技术研究院。

(1) 德国 Fraunhofer 协会

德国 Fraunhofer 应用研究促进协会成立于 1949 年，由德国 103 名科技工作者发起成立。这家由政府资助、协会管理的自发组织，专注于从事面向工业的应用研究开发。该机构和德国马普学会、德意志研究联合会并称为德国三大著名研究机构，也是国际著名的研发机构。Fraunhofer 协会目前在全球范围内下设 80 余家研究所，其中 66 家设立在德国，分布在德国 40 多个地区的高校之中。Fraunhofer 协会作为连接高校前沿研究和产业实际需求的中介，在组织性质、组织结构及人员构成、资金来源等方面具有显著的特点：

第一，在组织属性上，Fraunhofer 协会属于非营利社团法人。与完全由政府资助的科研院所，以及完全市场化的技术转移中介相比，这种体制既考虑了研发和服务的公共性和一定程度的公益性，又考虑了向企业和社会提供专利、技术、成果和服务的商品性和营利性。这在一定程度上解决了政府旗下研发机构激励不足的问题。

第二，在组织模式上，Fraunhofer 协会由会员大会、理事会、执行委员会、学术委员会、高层管理会议统筹学部及旗下研究所的运营。这种组织结构与现代公司的治理结构非常相似,分别对应着股东大会、董事会、高管团队等。各个管理层充分融合政府、科技界、工商界的专业人士,以保证协会决策考虑到各方的实际需求和能力。

协会所属的66家研究所分布在德国40多个地区的大学之中,所长从大学的著名教授中聘任,对研究所的管理享有充分的自主权。研究所还设有管理咨询委员会,也由科技、工商和政府公共服务等各方面的专家组成,对研究所的发展提出建议。将研究所设立在大学,可以很好地利用大学的科研条件和人才资源,从而大大降低研发成本,也有利于产学研协同的实现。

第三,Fraunhofer协会的经费划分为竞争性资金和非竞争性资金两部分。其中,竞争性资金包括协会通过市场竞争取得的政府或国际组织的项目经费,以及与企业签订的技术开发合同,约占总经费的2/3。非竞争性资金为政府的直接拨款,约占1/3。非竞争性资金的额度与上一年度竞争性资金的获取量相挂钩,即上年度在市场中获得的"竞争性资金"越多,政府也对协会给予更多的拨款。

这种经费模式把一部分政府的直接拨款与其在市场上的经费争取能力间接挂钩,既保证研究所具有用于日常的基本开支的基本经费保障,也能激励研究所从市场上争取更多的经费,促进研究所与产业之间的互动。

总体来讲,德国的Fraunhofer协会在促进德国高校与产业的互动方面做出了巨大贡献。作为科技创新中介,Fraunhofer协会在充分融合高校前沿科技资源与产业实际需求的基础上,通过政府资助、协会自治的组织模式,以及既鼓励参与市场竞争又保证日常运营的资金来源结构设计,保证了激励的统一。其运营模式值得参考。

(2) 中国台湾工业技术研究院

成立于 1973 年的中国台湾工业技术研究院（以下简称"台湾工研院"），和德国 Fraunhofer 协会的模式相似。台湾工研院是由政府投资设立、非营利的公共研究机构，具有独立的法人地位。在成立时承担着促进中国台湾地区传统产业升级、开创新兴产业的任务。这种体制避免了政府机构的低效，也通过专注应用研究补充了高校和产业之间的空白。

台湾工研院下设产品创新中心（如影像显示科技中心、智慧机械科技中心等）、技术研发研究所（如电子与光电研究所、资讯与通信研究所等）以及服务和价值衍生中心（如技术转移与法律中心、创业育成中心等）三个大板块，通过将高校、产业以及工研院自身产业化能力的整合，实现高效的协同创新。工研院作为中介，为学界、产业界提供了密切交流、互信互惠的联盟关系，形成了有效的良性循环。四十多年来，台湾工研院累积近三万件专利，新创或孵化 273 家企业，包括台积电、联电、台湾光罩、晶元光电等上市公司。

4.3 产学研协同的相关数据

4.3.1 研发支出构成

从研发支出总量来看，我国研发经费支出增长迅速，与发达国家的差距正在逐渐缩小，如图 4-2 所示。

2017 年，我国共投入研发经费 1.76 万亿元[①]，约为美国研发经费投入总量的 60%。从研发经费投入强度（研发投入与国内生产总值之比）来看，2017 年我国研发经费投入强度为 2.13%，日本、德国和美国这一数值

---

① 国家统计局，科学技术部，财政部. 2017 年全国科技经费投入统计公报 [EB/OL]. (2018-10-09) [2021-07-21]. http://www.stats.gov.cn/tjsj/tjgb/rdpcgb/qgkjjftrtjgb/201810/t20181012_1627451.html.

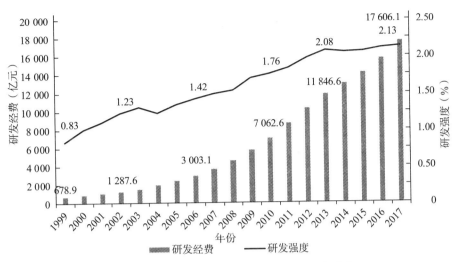

图 4-2　1999—2017 年我国研发经费及研发强度

分别为 3.1%、2.9% 和 2.7%，可见我国在研发投入方面与发达国家仍存在一定差距。虽然研发总量上，我国与主要发达国家的差距正在缩小，但研发投入的结构存在较大差别。在我国，代表原创性技术研发的基础研究和应用研究经费支出的占比呈下降趋势。2004—2017 年，我国基础研究和应用研究两项之和占比从 26.32% 下降到了 16.04%，而美国的这一比例则一直保持在 30% 以上（见图 4-3）。

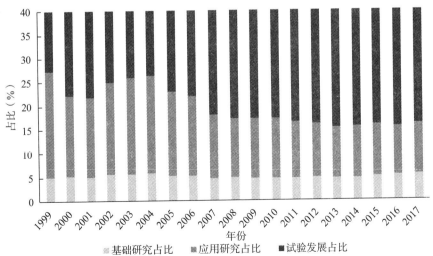

图 4-3　1999—2017 年我国研发经费构成（按研究类型分）

具体来看，我国基础研究经费占研发经费支出的比例一直维持在5%左右，2017年占比为5.5%，2016年为5.25%。与之相比，主要发达国家基础研究占比不低于10%，美国常年维持在17%左右，俄罗斯则至少为15%，部分年度超过20%。基础研究是解决产业升级共性问题的基础，需要长期、稳定的资金支持，目前，我国对基础研究的投入和重视程度与发达国家还存在一定差距，我国研发经费结构同其他科技强国相比仍有优化空间。

从研发执行机构的构成来看，2017年，企业、政府下属研究机构、高等学校经费支出所占比重分别为77.6%、13.8%和7.2%（见图4-4）。从三类主体的占比来看，企业已成为我国主要的创新主体，企业执行的研发支出占比逐年提升，从2006年至今一直维持在70%以上。这一比例高于英国、美国、法国，与日本（78%）、韩国（75.2%）相近。

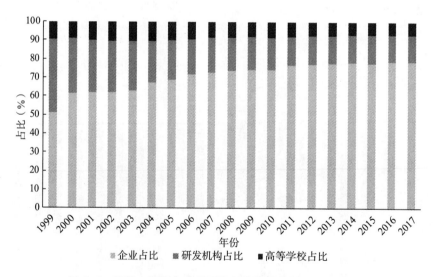

图4-4　1999—2017年我国研发经费构成（按研究主体分）

在有效的产学研协同创新体系中，大学、产业研究所、企业三方各司其职。大学应主要进行基础研究，研究所侧重于产业共性技术研究，企业则应致力于应用性研究和最后的产品化，以实现各方能力与资源的有效互补。虽然我国研发支出总量增长迅速，逐渐追平甚至超过主要发达国家的支出水平，但从目前我国研发经费支出的结构及其变化趋势上来看，还存在较大调整空间。

从大学来讲，基础研究经费占比较低且呈逐年下降趋势，降低了大学对基础研究投入的热情。从研究所来讲，一方面，1999年科技体制改革，我国上千家技术开发类科研院所转制为自负盈亏的科技企业后，多数研究所放弃了周期长、高风险的共性技术研究，转而从事能够解决短期生存问题的应用开发；另一方面，基础研究与应用研究支出占比逐年下滑，研究所缺乏长期、稳定的研发资源，从事产业共性技术开发的动力不足。从企业来讲，虽然企业已成为我国主要的创新主体，但根据国务院发展研究中心报告可知，大量企业的研发资金用于解决企业生产中的工艺性问题和产品层面的优化研发，多数仅为技术改进，并非关键的技术创新，无法解决产业共性技术问题。因此，与其他国家的创新体系相比，我国目前的总体研发经费支出结构与产学研协同所需的投入结构并不匹配。基础研究投入不足，产业共性问题无人攻坚，容易导致产业升级与技术创新陷入瓶颈。

4.3.2 产业与高校的关系

在美国，产业与高校之间的互动由来已久。20世纪初，美国高校与产业之间逐渐形成了多种正式与非正式的联系。这种高校与产业的紧密互动植根于美国高校去中心化的资金来源结构，大量高校资金来源于当地政府而非联邦政府，使得高校致力于通过与当地产业形成联系来为当地社会提供经济价值。[1] 例如，1920年，杜邦公司前后共赞助了25所高校的研究生项目，随后又在1930年开始支持博士后研究者，为这些高校及实验室提供研发资金支持。相应地，高校也在进行课题研究时询问杜邦公司的意见和需求，有效地帮助了杜邦在产业中获得技术领先。再例如，1906年，麻省

---

[1] Rosenberg N, Richard R N. 1994. American universities and technical advance in industry [J]. Research Policy, 23 (3): 323—348.

理工学院的电气工程学院成立了一个由通用、克莱斯勒等企业的工程师组成的顾问委员会，用来指导学部的研究项目。1913年又在通用、AT&T等企业的资助下成立电气工程研究中心。这种与产业中领先企业的互动，使得麻省理工学院在随后美国的电气工程、化学工程的产业发展中做出了重要的贡献，也为产业输出了大量的专业人才。至今，美国产业与高校之间的互动仍然非常活跃，大量以高校为核心，以大公司、创新机构和辅助创业支持机构为支撑的创新区，形成了高校与企业共生的创新生态，为美国贡献了大量的产业核心科技创新。

但从我国高校与产业之间目前的互动情况来看，科研机构与企业尚未形成互信互利、分享发明成果的长期合作关系，与实现真正的产学研协同存在一定差距。

第一，我国具有创新能力、一流的高校及科研院所以中央财政拨款为主要资金来源，对当地政府、产业及当地大规模企业的依赖度低，没有形成如美国20世纪初所自然形成的高校、企业的联结。

第二，目前的高校、企业合作仍以政府为主导，政府通过给予企业相应的补贴来推动产学研合作。企业、高校主动寻求合作的动机较弱，其合作的意愿较弱，效果较差。在政府支持的推动下形成的合作关系往往只能持续一段时间，短期的合作关系不仅难以产生有价值的创新成果，也削弱了企业、高校继续合作的意愿。

第三，企业、高校之间缺乏统一的激励，难以形成长期合作。长期以来，我国高校的科研人员以发表学术文章、取得专利为考核指标，专利的转移转化、商用或民用的程度未列入高校科研人员的考核体系。在目前繁重的考核压力下，科研人员缺乏将精力放在耗时长、不确定性高的成果转化项目上的激励。而从企业角度来说，如果缺乏科研人员的后续跟进与持续合作，购买专利技术也仍然无法实现企业的创新。因此，从目前情况来看，我国科研机构与企业之间的互动还需进一步提升。

4.3.3　高校专利转化制度

虽然 2016 年 3 月国务院印发的《实施〈中华人民共和国促进科技成果转化法〉若干规定》，从法律和制度层面为科技与经济结合打开了通道，消除了"国有资产流失的法律责任"等影响科技成果转化的核心制度障碍，但科技成果的交易与一般商品不同，存在着严重的双重信息不对称。企业更多关注技术的商业化价值、投资回报率。科学家着重强调技术的先进性、效果的优越性，对技术成果的市场价值、如何让研究成果的市场价值最大化并不了解。这导致购买双方都难以估计成果的真实应用价值。如何做好解读和系统性地支持，使买卖双方能有效对话，以科学评估技术的商业价值及风险，找到商业化潜质较大的专利技术，是专利转移转化过程中不可或缺的环节。

在国外，成果转化往往依靠的不是科研人员自身，而是高校的技术转移办公室。这种团队的规模往往在 20 人以上，包括技术专家、法律专家和投资专家，具有技术转移、知识产权管理、投资基金三大功能。其作为中介实现科研人员和企业之间的有效沟通。然而，当前我国对科技成果转化的服务支撑普遍还是浅层次的。尽管不少科研机构都建立了技术转移中心，但由于缺少精通科研、管理、法律和商业的高端复合型、专业化的人才队伍，所以转移转化的效果非常不理想。因此，培养一支了解知识产权运营和成果转化内在规律的专业队伍，加强服务体系建设是不可或缺的。

4.3.4　我国产学研协同现有模式不足

我国产业、高校的互动起步较晚，双方不仅缺乏直接实现互动的经验和能力，也缺乏互信互惠的长期合作环境与激励。总体来说，我国现有的产学研协同模式存在以下几个方面的问题。

第一，目前研发支出结构不平衡，研发角色存在错位。从研发支出的结构看，企业是研发投入主体，但投入的多为技术改进而非关键技术创新。而基础研究、应用研究投入的不足，也导致高校、研究所和企业产生了角色的错位，研究所放弃长期的产业技术问题研究，转而研究能够解决生存问题的短期技术改进。我国目前研发支出结构的不均衡，导致产学研各方未能各司其职，进而导致产业共性问题无人攻坚，产业技术升级陷入瓶颈。

第二，政策层面鼓励科技成果转化，但考核机制并未相应调整，产学研各方激励难以统一。近年来，鼓励科技成果转化的政策不断出台，高校专利的归属和发明人的奖励问题也正在逐渐清晰。但从高校的角度来看，一方面，长久以来我国高校形成了对科研人员以论文发表、申请专利为基础的评价体系，对成果的产业化、商业化程度关注度低；另一方面，国家财政拨款是目前我国高校的主要资金来源，缺乏从产业处获取资金的需求。从企业角度看，实验室成果与产业化距离大，需要大量高风险的投入，且企业往往缺乏相应的能够与高校对接并实现产业化的技术人才，缺乏技术转化的能力。因此，结合我国实际情况来看，鼓励企业与高校建立直接的产学研合作关系难以取得预期的成果。

而台湾工研院所采用的中介引导的产学研创新模式，虽然为高校、产业提供了沟通的渠道和产业化的技术支撑，但在双方激励的统一和成果归属的分配方面还存在许多问题，尚未真正撬动双方的协作意愿。以台湾工研院为例，其目前在成果分配方面规定，研究经费全额由政府承担的归公有；企业如希望参与科技研究，需提供10%以上的经费，承诺执行研发成果并缴纳技术授权金，但成果未经经济部允许不能向他人授权。可以看到，中介模式虽然为双方搭建了桥梁、降低了风险，但未能实现对双方激励的统一。因此，应当基于我国实际科研体制和研发环境，探索符合我国特色的产学研合作模式。在政策鼓励的基础上，如何实现产学研各方激励的统一，是推动产学研有效协同的关键因素。

第三，产学研配套中介体系尚不完善，双方缺乏互动平台和沟通中介。如前所述，跨组织边界的沟通往往存在困难，高校和企业之间对技术有着不同的关注点，其在价值评估和后续开发中往往存在信息沟通的障碍。政府在推进产学研合作的过程中，更多地是对接双方，但并未真正帮助双方开展有效沟通和互动。如何使双方有效对话，科学评估技术的商业价值及风险，找到商业化潜质较大的专利技术，是专利转移转化过程中不可或缺的环节。

4.4 产研学协同案例

4.4.1 案例背景[①]

为更好地落实习近平总书记将北京建成全国科技创新中心的指示，北京市结合当前创新竞争本质上已演化为创新体系竞争的新形势，以北京大学、清华大学、中国科技大学、北京航空航天大学、北京理工大学、中国农业大学、北京科技大学、北京交通大学、北京工业大学、北京邮电大学、北京化工大学、中国传媒大学、南方科技大学、中国科学院等14家学术单位和中国商飞公司、新奥等100多家行业龙头及高科技领军企业为基础于2014年8月28日创建了"A研究院"（以下简称"研究院"）。

---

① 我们采用扎根案例研究的方法，基于A研究院的创新实践，结合实际调研，梳理实践情境，整理实践案例，挖掘主体要素的内涵和特征，分析研究主体要素之间的衔接及耦合机制，总结创新组织的模型和理论。采访调研对象包括：A研究院的院长、副院长，各中心的主任，基金负责人，A研究院平台上企业和高校的相关人士。案例数据和内容来源于研究院公开出版的宣传册、研究院提供的材料以及案例小组对研究院部分人员进行的采访调研，具体内容如下：

公开材料：A研究院电子版宣传册（第三版）。

现场访谈：① 2018年，时长42分，访谈：研究院行政副院长；② 2018年，时长1小时15分，访谈：研究院院长；③ 2018年5月28日，时长1小时40分，访谈：研究院项目发展部2位副部长；④ 2018年6月4日，时长2小时40分，访谈：研究院电子与控制所所长，研究院下属G公司总经理、H公司首席财务官、研究院科研管理部副部长；⑤ 2018年6月6日，时长3小时10分，访谈：研究院投资副院长、下属投资管理公司总经理；⑥ 2018年6月13日，时长1小时20分，访谈：研究院包头分院院长；⑦ 2018年6月20日，时长1小时10分，访谈：研究院副院长、美国分院院长。

研究院以创新体系建设为根本，致力于新知识的发现与应用，培养创新创业领军人才，促进经济社会可持续发展。研究院以"在最前沿的科学研究中发挥引导作用；在最核心的技术开发中发挥主导作用；在最重要的产业发展中发挥支撑作用；在创新创业领军人才培养中发挥引领作用"为发展愿景，致力于打造"原创科技的策源中心、行业技术进步的促进中心、大企业的技术创新中心和中小企业的产品创新中心，并最终建设国际一流的创新中心"，为将北京建成全国科技创新中心发挥示范作用，为国家创新发展贡献力量。

研究院的主要工作是基于大学和科研机构的原创技术，在原创技术的基础上进行技术放大，实现技术工程化和产品化。因此，研究院作为一个开放的平台，左翼连接全球高端学术资源，右翼连接各行业的龙头企业、优质的中小企业，是一个全方位、多领域、高层次的机构。按照"三年打基础，五年初见效，十年上台阶，廿年有影响"的总体发展思路，研究院自成立以来启动了数百个具有世界一流水平的项目，其中多项为世界首创或领先，并每年与北京大学、斯坦福大学、美国西北大学等世界著名大学联合培养创新创业研究生，其独树一帜的协同创新模式效果十分显著，在诸多方面均取得优秀的成绩。

研究院的性质为民办非企业法人，实行理事会领导下的院长负责制，理事会成员由两部分组成：一部分是各大学和科研机构的领导和科学家，另一部分是各行业龙头企业的管理人员。在几年的发展过程中，研究院形成了独特的"基金—协同创新中心—研究所"三元耦合运行架构（见图 4-5），设立了"龙头企业整合创新工程""中小企业协同创新工程""我创新你创业计划"和"无障碍技术转移工程"等特色工程，并致力于实现"大学与大学协同、大学与产业协同、企业与行业协同、创新与人才培养协同、首都知识经济与地方产业经济协同"的"五个协同"战略。

建立"三元耦合"架构是为了形成一套有效的项目组织体系，为研院的业务开展提供更好的制度保障。三元耦合机制中的三元分别指协同创新中心、研究所和基金。

图 4-5　"三元耦合"运行架构图

研究院协同创新中心按照行业进行划分，由行业中的龙头企业、代表性企业和优质中小企业管理人员以及与这个行业相对应的大学或科研机构的科学家组成。研究院目前已设立 18 个协同创新中心，覆盖仿真与设计、智能机器人、生物医学工程等多个领域。

研究所则主要由两部分组成：一部分是专业化的技术人员，这些人员都是来自产业界而非大学的老师和学生；另一部分是公共研发技术平台，即进行相关领域研发的仪器仪表和设备。研究院目前已设立 6 大专业研究所，能够根据攻关任务需要，快速、灵活地组成高水平工程技术团队，高效、高质地完成攻关任务。

基金作为协同创新三元耦合中的协同方之一，提供所有的项目资金。政府部门与研究院共同发起设立 12 亿元的第一期创新母基金，其中 6 亿元为知识产权基金，支持技术研发，另外 6 亿元围绕各协同创新中心，联合各中心成员及社会资本设立若干支协同创新子基金，重点支持成果转化，目前协同创新子基金规模为 30 亿元，第二期母基金也在筹备当中。

"五个协同"发展战略是研究院为构建协同创新共同体所实施的重要指导战略，"五个协同"发展战略包括大学与大学协同、大学与产业协同、企业与行业协同、创新与人才培养协同、首都知识经济与地方产业经济协同。

"大学与大学协同"要求分析支撑某个产业的主要学科,选择这些学科实力最强的大学,牵头组建先进技术研究中心,建立技术研究团队和实验室,形成与世界先进水平同步的科研力量。通过这个协同,打破大学与大学之间的围墙,团结最优秀的研发力量,保证项目从源头上就占据领先地位。

"大学与产业协同"要求遴选覆盖该产业全产业链的一批企业和代表性用户,共同规划、评估、投资项目和实施成果转化,将学校学术资源和产业应用资源匹配结合,保证项目在立项之初就适应市场需求,实现产学研用紧密结合。

"企业与行业协同"要求围绕行业整体技术进步进行技术发展规划,将影响行业发展的重点前瞻性共性技术识别出来,着力进行研究,以推动行业整体进步。

"创新与人才培养协同"要求实现人才与技术创新的协同发展,研究院将与大学合作,采取理论学习与一线创新实训相结合的模式,对创新创业高端人才进行联合培养。

"首都知识经济与地方产业经济协同"要求发挥首都的科教优势,将科教优势转换为知识产权,以知识产权与各地区合作发展产业,实现首都与地方经济的协同发展。

4.4.2 特色工程

"龙头企业整合创新工程"是指研究院围绕着龙头企业所在的行业部署一系列研发项目。目前,该工程参与的龙头企业包括京东方、多氟多等。以京东方为例,在京东方所处的面板显示行业,研究院围绕面板显示的材料器械、装备系统等方面部署一系列研发项目。研发项目完成之后,项目成果转移转化需要进行大规模工业生产,对于京东方这样的大体量企业,它具有相关的设备和资金来迅速地完成大规模工业生产,那么京东方可以直接转移转化大型的技术项目。而剩下的小技术需要做进一步的精细化经营,京东方就可以将技术转移转让给中小企业进行生产。因此,围绕京东方这个龙头企业,形成了大量的中小企业在产业链上集聚。"龙头企业整合创新工程"不仅支持了一系列中小企业的生存和发展,同时也带动了整个产业链的发展。

"中小企业协同创新工程"是指研究院鼓励中小企业来转移转化相关科技成果,鼓励中小企业委托研究院进行定制开发。

"我创新你创业计划"是把科学家和企业家精神有效结合起来的一种方式,连接的两端分别是技术成果和商业团队。通过向全社会公示招募创业团队的方式,研究院将研发出的科技成果实现转移转化。当双方意向达成,商业团队只需要出资10%,剩下的资金由协同创新子基金或社会资本补投。

"无障碍技术转移工程"是针对与研究院合作的企业,当企业通过投资对应协同创新中心的基金参与到协同创新中心中时,企业也就成为了中心所有成果的所有人之一,企业将拥有优先转移转化技术的权利。那么,企业可以采取先将技术用于转移转化,后与研究院协商技术转移转化方式和定价的方式开发相关技术。对于许多行业而言,技术迭代的频率非常高,因此,特定技术对于市场非常敏感,需要及时进行技术的转移转化。

通过"中小企业协同创新工程""无障碍技术转移工程""我创新你创业工程",研究院大量的技术项目可以得到更加迅捷的转移转化,加快产学研用的速度,缩短周期,更好地促进研究院的发展和创新。

4.4.3 协同创新流程

项目的源头是国外大学和科研机构的原创技术。首先,研究院需要确定所需要的技术,采取的方法是"前向一体化""横向一体化"和"后向一体化"。"前向一体化"指引进高校优势学科中的先进成果进行应用发展，转移转化；"横向一体化"指利用全球创新资源与企业进行对接，通过企业技术需求来发展技术项目；"后向一体化"指根据未来产业需求，提前布局发展有关的先进技术，通过学科基础研究找寻技术发展点。研究院共选择了18个重点领域，构建了18个协同创新中心，分别是仿真与设计协同创新中心、智能机器人协同创新中心、先进加速器协同创新中心、激光技术协同创新中心、智能电网协同创新中心、空间信息技术协同创新中心、现代传媒技术协同创新中心、金融科技协同创新中心、光电材料协同创新中心、能源材料协同创新中心、纳米材料及碳材料协同创新中心、节能减排协同创新中心、水处理协同创新中心、大气治理协同创新中心、生物医学工程协同创新中心、组学工程与健康管理协同创新中心、种质资源创制协同创新中心和食品科学与工程协同创新中心。

如图4-6所示，项目流程主要分为项目投前准备阶段、投后管理阶段。投前准备阶段将在协同创新中心完成，包括发现项目、调研项目、论证项目、内部评审、投资决策委员会评审等多个环节。项目设立之后将会由基金进行投资，由此进入基金投后管理阶段。该阶段分为两个子阶段：第一子阶段为项目研发阶段，投后管理第一子阶段项目的开发将会被转移到研究所进行。待投后管理第一子阶段完成，项目成果成型之后，进入投后管理第二子阶段，此时项目重新被转移回协同创新中心，中心将负责项目后期的转移转化。基金相对独立，在项目整体过程中，主要是通过节点、资金、财务的一些管控来配合项目的实施。同时，基金负责承担风险。"研发项目的资金是由基金进行投资，因此每一个活动都是投资行为，"研究院行政副院长介绍，"那么研究院在研究项目过程中要保证研究质量，招好的项目团队，做好项目管理，尽可能降低失败的概率。"

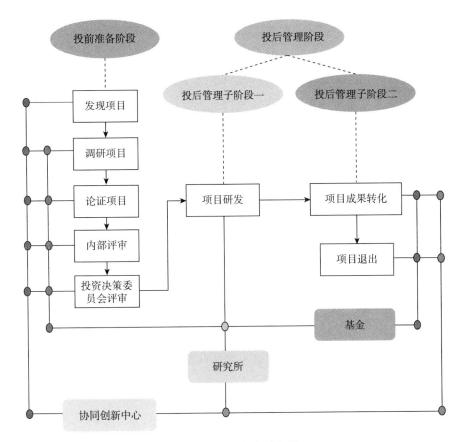

图 4-6 协同创新流程图

在发现项目阶段,工作人员会根据研究院已规划好的重点方向和领域进行项目发掘。项目来源一般有三种渠道:国内外高校及科研院所,企业的委托或需求以及研究院内部"三元耦合"结构下的研究所。国内外高校和科研院所具有较多的原创技术,是研究院项目的第一个重要来源;企业则对于技术开发有许多需求,因此能够向研究院提出许多的项目需求,同时,企业内部的研发部门也可以与研究院合作,共同设立项目,因此企业是研究院项目的第二个重要来源;研究院内部"三元耦合"结构下的研究所则是未来研究院进行项目发掘的一大重要增长点,由于研究所聘请了高水平的科学家作为骨干,成员在完成研究院项目之后能够增进对市场的了解,在充分了解市场的情况下,这些骨干科学家会尝试研发一些能够引导行业发展，甚至改变行业整体结构的技术，这种带有革新意义的技术就意味着许多潜在的新项目，因此这是研究院项目的第三个重要来源。据研究院项目发展部副部长介绍，在目前项目的三个来源中，国内外高校技术占比较高，主要是由于高校中教授团队拥有多年的技术积累，这也意味着高校内部蕴藏着较多的可进一步研发和转移转化的技术，因此在目前研究院的项目来源中高校占据了显著地位。另一方面，由于我国的技术创新起步较晚，国内企业相比于许多发达国家企业而言，在研发领域的人才资金投入和研发产出积累方面还有较大差距，因此项目来源于企业的研发技术成果较少，不过目前研究院也希望通过创新的协同模式来改善这种情况。

项目的论证和评估由协同创新中心的人员和基金的投资经理联合进行，大概需要三个月以上，同时难度也比一般的股权投资评估高。原因在于股权投资评估可以通过销售绩效、财务报表和团队情况等来判断。对于研究院的应用型技术而言，财务报表和团队情况都不具备。要知道技术未来的发展方向，就需要进行调研，同时征求专家的建议，讨论和预测未来的产品特征、产品市场、目标用户、成本和毛利等，因此研究院的基金管理人员不仅扮演了投资经理的角色，还扮演了产品经理的角色。在遴选和调研项目的过程中，需要确定与技术相关的所有细节，其中重要一环就是知识产权。研究院如果要获得这项技术，需要与大学和科研机构进行知识产权权益商定。对于每一个项目，研究院需要和相应机构签署一份具有法律效力的技术合作协议，让机构认可技术进入研究院进行产业化的研究，同时认可技术的发明者参与项目的研发。对于国内高校，如果涉及带有国有资产性质的大学知识产权，研究院将采取两种方式进行处理。一种方式是通过与大学进行协商，确定价格，实现对知识产权的购买；另一种方式是通过与大学进行协商，确定价格，获得知识产权在研发和产业化阶段使用的授权。

项目评估则完全按照市场化的方式进行评审，通过一系列严格的标准从多方面对项目进行审核，专家意见只作为参考而不会作为项目评判的根本依据。根据项目发展部副部长的介绍，研究院在项目评判过程中，首先要以协同创新中心的发展为主，判定项目技术是否符合重点发展方向，是否会有国家科技政策支持，是否对环保产生负面影响，技术是否具有先进性，知识产权是否明晰，等等。在初步判断之后，如果符合条件，则技术拥有者及其科研团队提供详细的技术申请书。此后，研究院会寻求一些外部专家意见，这些外部专家分为三类，分别是技术类专家、产业界专家和投资专家。在获取专业意见以后，研究院将成立小组，综合调研，并参考专家的意见，给出是否推荐的意见，并接受投资审查委员会和投资决策委员会的审查，最终经由研究院投资决策委员会通过之后项目才能正式设立。

据协同创新母基金管理方——研究院投资管理公司总经理介绍，投资决策委员会第一期由三部分人员组成：第一部分来自研究院体系，包括基金和研究院的项目开发人员；第二部分来自研究院的有限合伙人；第三部分是独立的委员，主要是具有高技术知识和专业影响力的人士。第一期的投资决策委员会共有9名委员，掌握着研究院项目的定夺大权。项目核心的参考标准包含市场可观度、技术先进度、生产可行度、收益满意度、方案合理度，组织匹配度和风险可控度共7个维度。

据研究院负责投资的副院长介绍，不同于社会上许多其他机构评价项目的机制，研究院并非从每一维度上对项目进行赋分然后加总求和，而是对每一维度都采取严格的通过制，这意味着如果项目在任何一个维度无法达到研究院立项的标准，就有可能被腰斩。他说："之前我参与过部委项目评审，都采取的是按多个指标打分加总取平均的方式，但是研究院现在却没有采取这样的方式，是因为我们更加关注项目的结构，如果得分都是75分，但是有些维度90分，有些维度不及格，那么项目很有可能无法顺利转化，因此任何一关都非常重要，我们希望项目能够像闯关一样一关一关地过。"

从总体上看，项目审核的流程复杂并且完整，有效地保证了项目的可行性，据研究院项目发展部副部长统计，该中心在最初阶段申报的 200 个项目，通过最后投资决策委员会审查并成功立项的项目只有 10 个左右，可见项目审查十分严格。

在项目通过并设立之后，便由基金跟进投资，由此进入投后管理阶段。在子阶段一中，项目研发将会在研究所进行，研究所的项目团队由两部分构成：一部分为核心技术团队，即技术来源方的团队，比如大学教授带领的技术团队，包括教授、学生和实验室专职人员等。另一部分为专业化工程团队，从研究院各个研究所抽调相关技术人员组成。比如，要完成一个新的智能机器人协同创新中心的项目，需要从机械研究所、电子与控制研究所、工业设计研究所等多个研究所中抽调相关的技术人员。组合完之后就形成了专业化项目执行团队，该团队负责对项目进行开发。

如果项目还需要人员，技术来源方可以招募人员以实习生的身份进入项目组，以维持项目的良好运转。在这样的配置下，能够保证项目研发出来的成果是一个产品或准产品，或者是可以满足大规模工业生产的工艺包，能够较为顺利地实现项目转移转化。在环境传感器转移转化案例中，指导技术研发的教授所带领的技术团队由 3~4 人组成，这些成员在项目中扮演了骨干人员的身份，同时，研发过程中教授招募了部分其他人员以实习生的身份加入团队，再配合研究院研究所的专业化工程团队，共同完成了项目技术的开发。在完成转移转化后，除了研究所的工程团队之外的其他团队成员将会跟随项目转变为企业的科研人员和管理人员，实现技术的市场收益和进一步的更新升级。

据项目发展部部长介绍，研究院项目的投后管理分为两种：第一种是研究所内部管理，项目组每月要进行月度汇报，由研究所内部人员来管理和把握项目进度；第二种是分项目进行节点检查，一般分季度完成，比如两年期的项目有 6～7 个节点，每一个节点都由项目中心、基金、科研管理部、研究所以及聘请的外部专家一起来对项目进行检查，主要观察节点的的任务目标是否达到、是否超额完成并分析原因，同时，对项目中出现的问题进行解决，处理方式或是终结项目，或是协调项目资金等。科研管理部部长在访谈中说道："在节点检查中，外部专家不是必须的，当我们的项目有需要的时候会请外部专家来帮忙，因为这是我们研究院自己关于投资的决定，这涉及研究院内部是否看好项目，外部专家的意见只作参考。项目的定夺最终还是由研究院决定，而非外部专家。"

项目进入子阶段二后主要有三种转移转化方式：第一种是项目成果技术通过作价的方式进行知识产权的转让，直接获得现金退出；第二种是研究院通过独家或者非独家的授权将知识产权给予产业界的企业使用；第三种是研究院和行业中的大企业成立合资公司，由于研究院优质技术可以与大企业良好的市场资源和资金结合，这种方式目前被研究院优先采用，具体的出资比例视情况进行谈判商定。另外，研究院在收益比例分配方式上进行了创新，将转移转化后返还给大学和科研机构的部分扣除后，剩下收益的 50% 返还到基金收益中，其余 50% 分配给技术团队。在分配给技术团队的 50% 中，80% 由技术发明者所带领的核心技术团队获得，20% 由研究院持股平台获得。总结起来，收益按照 5∶4∶1 的方式分别进入基金、项目核心技术团队和研究院持股平台上，该比例在项目通过之前就已经确定。研究院电子与控制研究所所长介绍，他所供职的研究所于 2018 年 6 月通过一项技术并成功实现转移转化，该项技术是一种测量环境压力的新型传感器，目前与研究院合作洽谈已经完成，即将成立企业开展业务。该案例就是按照现金的退出方式实现转移转化，直接将知识产权作价投入企业，按照其他股东出资额和知识产权作价价格进行股权比例的分配，知识产权内部则按照 5∶4∶1 进行股权的分配。除此之外，通过在研究院进行技术开发，最终成功转移转化的一家发动机企业——G 公司总经理也介绍了该企业的情况。该企业与研究院在物理电池技术上进行合作，由于物理电池相对于化学电池有诸多好处，比如可以大功率频繁充放电，充放电次数可以达到 2 000 万次以上，寿命可以达到 20 年，因此可以用于工厂储电储能、调节电压等方面。该技术转移转化时同样采取现金退出的方式，将知识产权作价进入企业，企业注册资金为 1 000 万元，技术转移转化作价 300 万元，占股 30%。由此可见，研究院转移转化的模式非常灵活，是完全按照市场化进行操作的模式。

4.4.4 地方协同

研究院除了在北京设立机构之外，还在全国其他地区设立了地方机构。研究院的地方机构分为两种：一是职能全面的地方分院，业务涉及孵化器、产业园、基金等多方面，如果地方的研发资源较为丰富，还承担一些研发任务；二是地方中心，它是北京总院与地方企业进行合作的联结纽带，主要负责将总院开发的技术在当地进行应用和转移转化。

设立地方分院主要有两方面考虑：一方面是顺应"五大协同"战略中的"首都知识经济和地方产业经济协同"，由于许多产业在全国各地都有布局，同时每个地方优势也不同，所以需要在各地建立分支机构，真正把北京研发的新技术、创新中心建设之后的成果和地方产业经济结合应用。另一方面，研究院还提出做"大企业的产品创新中心""小企业的技术创新中心"的目标，这需要和各大小企业合作，和全国各地协同。因此，研究院在布局上通过总院统筹，全国转化，将地方分院纳入研究院统筹发展战略中的一部分。据介绍，目前有南京、包头两个分院正在运行中，此外，成都、杭州等地的分院也正在建设当中。

以包头分院为例，由于包头当地的技术力量比较弱，优质大学较少，最初采用的是地方中心方式的发展，但是逐渐也开始承担一部分研发工作。据研究院包头分院院长介绍，包头分院目前一共有 80 多个人，主要负责研究院职能部门和几个研究所、项目组的日常运转，同时还负责已经成功转化的几个项目公司的运营，此外，目前已在包头成功转移的项目都运转顺利，借助当地的市场、资源等优势得到了良好的发展，其中较为成功的案例有粉煤灰变废为宝。北方用煤量大，会产生较多的固体废物，粉煤灰便是其中之一。研究院通过固体废物项目研究，成功地将粉煤灰变成了板材、透水砖、保温材料、木质托盘等，一方面解决了当地的环境问题，另一方面也创造了良好的经济效益。

4.4.5 国际协同

研究院除了在国内各地设立机构，还在国外设立分院，如美国分院。研究院在国外设立分院主要希望通过与国外高校进行合作，引进高端学术资源和技术，在研究院实现技术的产业化，并进行技术的转移转化。

在与其他国家高校合作的过程中，知识产权的界定是其中非常重要的一部分。据美国分院院长介绍，在与大学合作开发的过程中，研究院都会签订详细的项目文件，文件中含有对知识产权做出细致规定的条款。技术转移的过程是一个"三位一体"的过程：第一是专利本身，这意味着技术的专有排他性授权；第二是技术包，技术包中含有专利所有的技术部分，包括文件、图纸等；第三是在经验层面，许多技术对经验要求非常高，这部分不以实物形态呈现。因此，根据研究院管理人员的经验，在与海外高校合作开发技术的过程中，研究院一般会邀请国内机构一起形成三方联合协作。主要有以下两方面考虑：一方面，技术开发的目的在于将技术转移到国内进行转移转化，因此，通过与国内机构的合作，可以更好地掌握技术并促进技术在国内的转移转化；另一方面，由于专利的经验部分不以实物形态呈现，因此选派国内机构人员到海外进行技术学习和磨合是必需的步骤，这有助于将技术转移回国内进行转化。

在开展国际合作的同时，研究院探索出了一种新的国际合作模式——

国际协同实验室。研究院针对某个领域，将该领域研究做得最好的几所大学挑选出来，以这些大学作为实验室核心单位，由核心单位推选委员成立技术委员会，再由技术委员会来决定实验室未来的发展方向和项目选题。项目确定之后，如果核心单位可以自行承担，那么核心单位自行开展研究，否则由其他单位承担，这些单位都可以加入实验室中。据美国分院院长介绍，其研究院一般使用的实验室模式是"1+3+n"，即1个实验室、3个核心单位、n个合作伙伴，合作伙伴如果承担的课题较多，可以升级成为研究院的核心单位。

研究院在全球各地根据当地的情况设立分院机构，比如考虑到硅谷优良的创新创业气氛和人才集聚的现状，因此将美国分院设立在硅谷。在目前的发展过程中，美国分院已经和美国密歇根大学等高校建立了联合研究中心或协同实验室，共同进行技术开发和转移转化，目前已有许多项目即将进入转化阶段，如内窥显微镜、一氧化氮祛痘软膏等项目。

4.5 案例实践的启示

4.5.1 跨越实验室到市场的"死亡谷"

在创新过程中，大学和科研机构往往侧重于原始创新的部分，而企业则侧重于创新的应用。从实验室到企业大规模生产之间，有一个关键的环节，即技术与市场需求的对接以及工程开发。正如项目发展部负责人表示：

> 申请科技部或者工信部项目，一个课题，即使给你下面的研发，也不会给你两期。但是对于工程技术或者市场研发而言，你做两期可能刚刚开始，到下边虽然说没有高大上的方面了，但是很多工程问题需要继续细化，有可能做一期能做完，有可能两期才能够做完。
>
> 其实从老师实验室出来，对老师来说是一个成熟的技术，你拿到

公司，公司可能也认为是一个成熟的技术，但当你真正拿到市场上去真刀真枪地竞争的时候，可能会发现需要完善的地方是方方面面的。很多方面的问题，比如成本方面的、工艺方面的，小批量的时候可能暴露不出来，一旦大批量了就出现了。尤其是汽车行业，汽车行业要求百万分之三的故障率，100万辆车里面最多有3辆出现产品和技术故障，这个都是极限了。我们现在量还远远都没达到，很多问题要到一定量才能显现出来，那个量在哪还不知道，这是一个过程。

类似的问题在生物医药领域也存在：做药的话，从化合物到候检药还有一段时间。候检药进入临床试验，临床前试验也是一段时间，临床前试验做完以后进入临床一期，到了临床一期以后，很多大的药企和跨国医药集团就会把它收购，但是学校老师能够做的只有化学合成或者做出候检药。至于候检药在动物体内的代谢是怎样的、毒性如何，他需要资金支持研究。但是很少有基金去投这块，一方面风险比较高，另一方面回报时间也比较长。

缺乏市场化、工程化的支持这一瓶颈，严重制约了产学研的协同效率，解决这一问题，正是研究院的重要贡献。在研究院中，各中心的作用，就是把科技成果与市场进行对接，帮助技术找到有需求的市场应用，设计相应的商业模式和转化方式。项目在中心发起，前期资料组织，以及商务、协议、知识产权等方面的事宜都是在中心洽谈确定的。同时，研究所则通过来自产业界的专业化的技术人员，以及公共研发技术平台，将原始技术放大，使之工程化和产品化，从而满足大规模工业生产，对接企业量产。这部分的风险和不确定性极高，企业不愿意投入，风险投资和国家的科研基金也缺乏支持。研究所有愿意和能力承担这部分风险，这是对产学研协同的一个巨大贡献。

电子与控制所副所长是一名大学教授，他对此深有感触："我们这种做产业的经费，尤其是量产的经费，很难让国家去给你。比如说你要研究个新技术什么的，这个国家会支持，但是说你要做一个产业、要供货，国家是不支持的。然后对于刚从高校出来的，社会的风险投资也不太相信你，他们觉得说您能够做一个新玩意儿出来，但是如果说您能做批量生产、满足用户需求，他们是不太相信的。确实如此，公司的产业界做得比较多。所以我觉得我们和创新院结合比较好，可能我们的产品结构和产品形态正好符合研究院的这个定位，相当于从这方面算是一个互相的机缘。因为我们国家现在就缺这块开发，企业了解市场，但是不知道找谁做，找高校做吧，不能说高校做的东西就没能达到指标，但是你要真正用，没法用。举个例子就是空调里面很多传感器，那么你说你给我做一个传感器出来，这里面很多指标测试时行，但是一装上去使用就不行了，因为环境不一样，包括里面的振动、电磁环境都会有影响。因为我学校做研发，何必要管这些呢？但是对投入市场来说，其实差很多呢。所以从这个角度来看的话，创新院的这个角度就很好。"

研究院在弥补这个创新过程的空白中，扮演了政府，而不是企业的角色。与企业逐利不同，研究院看重的是如何支持更多的项目。因此研究院不会长期持有技术的股份，而会在较早时期就退出。正如访谈中负责投资的副院长说："其实研究院的初衷不是说你这个公司，你去上市吧，上市了以后我多赚一些收益。赚收益的话，我们这么多人员的运营，不可能天天靠着政府，要通过一些股权的补偿来实现自负盈亏，自己有造血的功能。这样的话把科技成果变成市场中立足的技术，推出去，这个是初衷。至于赚多少钱，它并没有说我跟这个。它的目的已经达到了，有一定的收益就基本要退出了。因为我们这个基金，快速实现循环，能够支持更多的项目，是整体的思路。"

4.5.2 发挥市场的作用

研究院通过市场化的机制来评选和管理项目，这与企业的连接有着密不可分的关系。例如，企业参与的基金作为三元耦合结构中相对独立的一环，通过资金形式对整个项目流程进行管理和运行监督，与市场中其他基金一样，体现了市场的特性。除此之外，企业的参与能够在项目论证评审到投后管理的每个阶段都帮助市场发挥选择识别项目的活力。

首先，企业能够给研究院带来市场信息，因此企业在遴选项目时可以按照市场的需求来选择项目。据项目发展部部长介绍，研究院与企业联系紧密，会经常询问企业的技术需求，以此作为项目的开发点。例如，食品粉碎技术的革新便来源于企业需求，企业以往进行食品粉碎加工最大的难度体现在两方面：粉碎量和粉碎精细度。对于谷物粉碎而言，还存在其他问题。比如玉米，以往的粉碎由于采用筛网作为工具，网越细，磨出来的玉米面也就越细，但玉米含有蔗糖，容易在粉碎加工过程中因高温产生糊网的情况，这对于企业而言是一个难以解决的问题。而在豆制品制作中，目前的粉碎技术会产生30%的豆渣，这对于企业而言，一方面意味着资源浪费和高成本，另一方面则意味着环保压力较大。企业对食品粉碎技术提出了更高的要求，因此，研究院在充分调研企业需求的基础上，根据矿物粉碎机原理改造形成了新一代食品粉碎加工机，新一代的机器可以将食品打成粉末状，因此，根本性的原理变化使得蔗糖可以直接打成粉末，并且不产生糊网的情况，也使得豆制品粉碎不产生任何废渣。该项技术是研究院开发的面向企业和市场需求的技术典范，由于技术来自企业需求，技术研发完成后能够在市场上立足，对于解决企业目前的痛点问题有重要意义。

在项目论证阶段，基金管理人员和相关行业中的企业从业人员都会参与到项目论证中，讨论和预测的重点在于未来的产品特征、产品市场、目标用户、成本和毛利等。在完成调研之后形成投资意向建议书，提交到投资决策委员会等待评审。由于企业对相关产业，相关技术的先进性、未来的应用前景等充分了解，因此能够给研究院提供大量的参考信息。据负责投资的副院长介绍，当企业选择加入协同创新中心的子基金时，企业便成了协同创新中心项目和知识产权的所有人之一,因此他们将会参与到项目的评审和节点检查当中。他们把市场化的决策理念带入项目评审中,在斟酌项目技术的同时融入产品市场环境等因素进行考量,从源头上保证项目技术的未来市场潜力。

在项目评审阶段,研究院采取了市场化的项目评审制度。在高校中,项目主要通过专家评审程序决定;不同于这种方式,研究院采取了设立投资决策委员会的方式进行项目评审。例如,项目发展部副部长表示:

> 项目检查的结果和最后的导向是完全不一样的。因为我们做课题的话,都是以研发为目的,研发只要做出来了,在实验室达到指标,能够发论文了,那么我们基本上可以交差了。但是,我们现在是以产品为导向的,你这个东西是研发出来了,结果也很好,但是能不能做成产品,做成产品效果怎么样,未来别人使用的时候人机协不协调,这都是我们具体要考察的细节,所以说导向是完全不一样的。
>
> 有可能说专家都认为好,但是市场上接受度并不一定会很好,投资人也不一定认为这个商业思路设计很合理。那么我们可能就涉及技术是一块,商业模式又是一块,未来的市场行为,可能在我们这里占了更大部分。技术是主要的部分,因为是原创的动力,但是也不能够全看这个,所以说专家意见在我们这儿只是辅助作用,我可以完全不理你专家意见来做决定。

研究院在实践中还发现,凡是加入协同创新中心的企业,在遴选项目表决的时候都非常慎重,因为一旦表决成功就意味着将会使用他们参与投资的基金来投资项目。而且由于项目转移转化后收益的 50% 会回到基金中,企业也更有动力挑选优质项目。

4.5.3 解决早期创新激励不足

基金作为"三元耦合"中的一环,在研究院日常经营和发展中发挥了重要的作用。如本书第二章介绍,研究院联合政府部门发起了第一期为12亿元人民币的协同创新母基金,其中6亿元作为知识产权基金,另外6亿元联合社会资本形成了协同创新子基金。

协同创新子基金按照行业进行划分,目前共有6个子基金。每个子基金的规模是5亿元,其中母基金出资不超过20%,其他均为社会资本出资,其中大部分为企业。因此,从结构上来看,协同基金带动了社会资本参与到创新技术研发中。

因此,子基金成立之后可以充分发挥市场遴选项目的优势,使得项目技术更加贴近市场需求,加速项目技术的转移转化;但另一方面,企业由于逐利的天性,在遴选项目中总是希望能够在短期之内就获得收益,因此他们更青睐于投资一年至两年就能完成的项目,而不会投资三年至五年甚至周期更长的项目;此外,由于社会中创新技术迅速迭代,研究院也鼓励企业做一些前瞻性的研究,这样才能保证创新的领先。在这样的背景下,研究院通过自己出资成立知识产权运营基金,同企业一起投资项目,项目设立之后企业出资10%,剩下90%由知识产权基金跟投,这样,基金的抗风险能力得到了很大的提高,企业也愿意对长期项目进行投资。这种方式对于处于早期阶段的项目同样适用。研究院项目发展部副部长说:"研究院从政府手中获得了很多资源和支持,也愿意承担早期的风险,帮助企业跨过这一关。研究院和社会上的投资机构不一样的地方就在于研究院愿意承担早期的风险,这是它的一个责任。"

相比之下,知识产权基金和协同子基金形成了较好的分工,处于较早阶段的项目更多的由知识产权基金投资,而子基金则更多关注项目转移转化阶段的投资。两者的分工与结合适应了市场中企业的特点和创新技术开发的阶段特征,能够更好促进研究院体系的运转。

在科研人员方面,研究院内部的人员构成非常复杂,背景也较为多元。因此,研究院制定了一套严格的体系来进行管理。鉴于研究院民办非企业法人的性质，研究院的利润只能用于研究院的发展，利润无法进行分配。但是，研究院在内部管理中，建立了一套合理的市场化薪酬待遇体系，将收益的一部分放入到全院的持股平台来实现对人员的长期激励。技术项目转移转化后10%的收益进入全院的持股平台，全院的所有员工都能够参与分红。

研究院也鼓励员工来跟投本院的项目，从而分享项目转化后的收益。而对于投资经理和协同创新中心的人员，研究院还会要求强制跟投自己负责或参与的项目，通过利润绑定的方式，保证项目的高质量。

4.6 案例尚未解决的问题

在研究院的运营过程中，管理人员也发现了许多挑战和问题，本节将这些挑战和问题进行总结，为进一步发展产学研协同创新提供思考与启示。

4.6.1 知识产权归属定价

在知识产权的谈判中，研究院发现知识产权的归属及定价存在较大的不明确性。首先，在国内，知识产权的归属问题是制约项目开展的重要因素。在国内大学和科研机构中，科技发明成果更多地还是被当作刚性的国有资产而非老师的发明。对于国有资产而言，作价过低会导致国有资产流失，作价过高研究院又难以负担，因此研究院在和大学进行价格谈判的时候往往颇费周章。

外国大学知识产权转让更注重技术价值的未来发展，在前期只要求很小的授权费，等到技术成功转让到公司以后，再慢慢增加授权费提成。而国内的高校往往只关注前期的定价，并且开价很高。然而在技术还没有转化成商品之前，这样做无异于杀鸡取卵。因为技术转移转化初期不确定性最高，刚开始的时候肯定最艰难，价格要得越高，负担越大，项目越容易失败。

此外，知识产权定价目前没有一个明确的标准。研究院在进行谈判的时候往往都是根据知识产权的市场价值与知识产权拥有方进行多次协商之后确定价格。据研究院管理人员介绍，虽然国家审批通过了许多第三方知识产权评估机构，但是由于不存在一个固定的标准，在价格评估过程中仍然存在较大的方差。因此，研究院目前均是通过谈判确定双方认可的价格之后，再通过第三方机构，按照双方的要求来出具第三方的国家认可的评估报告，然后研究院才能把知识产权注入新的公司。

4.6.2 在实验室与市场之间寻找定位

在研究中我们发现，作为连接实验室与企业的桥梁，研究院的内部管理也被技术和市场这两个方面互相牵扯，需要在两者之间取得一个平衡。例如，比较偏重市场的项目，其实是一种投后管理，因此要按照公司的发展战略、公司规划来管理项目；处于早期阶段的项目更需要一种类似于实验室管理、科研管理的方式，这对管理人员的能力提出了更高的要求。

研究院作为一个政府支持的机构，需要扮演政府的角色，推进创新的社会效益。但是作为一个独立的机构，研究院也需要有足够的造血功能。研究院引入了大量的市场机制，这些机制给研究院带来了非同凡响的活力。但也对研究院的定位带来了挑战。例如，社会资本的耐心不足，早期的项目需要在研究院做一年多的研发，社会资本不愿花这么长时间等待。北京协同创新投资管理有些公司总经理介绍说：

> 实际上社会资本挣钱也不容易，他花每一笔钱，都需要得到利润。社会资本的诉求就两个：一个是战略上的诉求，你能给我未来的发展注入新的技术或者围绕产业链进行布局的话，我能够享受战略上的收益。另一个就是财务上的收益。产业资本的话就是战略收益优先于财务收益，如果是普通的金融资本，他就只看财务收益。所以他有一个需求。我们的项目，早期实际上可以做战略布局，但是如果早期

来看，没有收益的话，他可能就会有些担心。

在第一期的情况里面，早期的项目占到整个基金的50%。这个比重说高不高、说低不低。但是，对社会资本来讲的话，他们还是觉得有点早。因为他们对于这个利益的诉求和产业布局的诉求还是和政府有很大差距。

除了项目选择之外，对员工的激励目标，到底是考察项目的回报率还是社会价值，也是一个难以平衡的矛盾。项目发展部副部长表示："我们的合伙人除了政府以外，还有外部企业，它们肯定会有资金回报上的需求，它们跟政府的钱肯定是不一样的。所以说那边对于市场会更青睐一点。一些项目更偏重市场一些，那么就可以满足一些企业对我们的投资回报率上面的要求，另外的话，确实像现在，做一些早期项目，可能对行业有一些促进的作用。"

如果考察回报率，必然要牺牲早期的项目。但如果不考察回报率，项目的筛选就会缺乏足够的指标。因此，对于研究院来说，在实验室与市场之间寻求一个平衡，是一个问题。

4.6.3 与企业与市场对接

在调研过程中，我们也发现，研究院作为一个脱胎于大学的机构，其学术资源的丰富度要大于企业资源的丰富度。在学术层面，研究院有比较顺畅和良好的项目来源机制。但在企业端，相应的机制还不够成熟和系统。正如创新理论所认为的，合作研发有比较大的信息不对称及机会主义风险，因此双方建立信任是一个需要努力的过程。研究院的负责人表示："跟企业合作的话，尤其是大企业，直接来谈还是有难度的。企业第一个要看技术团队怎么样，实施程度如何，对于企业来说，可接受度如何，会有一个相对比较长的接触的过程。只有他完全信任你的情况下，才能够保证把这个事顺理成章推下去。"因此，在与企业的合作中，一方面需要找到合适的合作角度。例如互补性技术的研发，这可能更加受到企业的欢迎。另一方面，也需要探索出一个能够复制和扩散的企业合作模式，使得企业端的连接更加主动和有效。

4.6.4　创新人力资源管理

研究院的运营是由人来完成的，项目流程和技术转移转化也是通过人的努力实现的，因此，在创新过程中，人发挥了重要的作用。从研究院的技术转移转化的流程中来看，在其中扮演重要角色的主体可以大致分为三类：发明创新的科学家、转化创新的工程师及应用创新的企业家。

在创新过程中，科学家作为技术的来源和创造者，掌握着技术原理，是创新流程的基础。科学家将技术知识产权通过项目的形式纳入研究院体系中，并在接下来的项目研发过程中承担重要作用，主要体现在传授技术原理，完善技术内容，推动技术转化成产品等方面。工程师的作用非常大，但往往被忽视。这里主要指研究院聘用的全职工程人员，他们主要从事应用技术研究，拥有对技术原理深刻的理解能力，能够将原创技术转化为可以在市场上进行销售的产品。企业家是技术产品的推广者，他们负责在项目研发结束后，将技术转化为市场收益。不同于前两类角色，企业家相对独立，主要从事的是以技术为基础的转移转化企业的运营管理。从三者的关系来看，三类主体是紧密联系在一起的，在整个创新过程中，这三类主体缺一不可。研究院的体系将三类主体高效地协调起来，完善了整个创新过程，使得技术转化成市场收益有了机制上的保障。

但是如何高效地协调，研究院也面临着一些挑战。首先，从科学家的角度看，在研究院运营过程中，管理人员发现，一方面，很多教授的想法非常单纯，只希望能够从学术的角度将技术原理弄清，并把技术完善，完成项目，至于项目转移转化如何推广，许多教授都没有思考过。另一方面，既拥有学术能力和技术转化能力，又有企业运营经验的教授屈指可数,因此,在项目运行过程中,研究院就需要提前寻找项目团队,并与技术团队对接,这样才能保证技术能够迅速地实现转移转化,这一点往往也是非常困难的。

其次,从工程师角度看,研究院希望能够招募大量的工程师驻扎在研究所,当有需要的时候就迅速组建项目团队跟进项目研发,但是由于操作上的困难,目前研究院还是主要以先定项目后招收工程师的形式开展研发工作,这就导致项目招收的工程师被打上了"定向"的标签,工程师是为了该项目进行工作,此外,工程师在完成项目研发之后,更倾向于直接随着项目进入到企业中,成为企业的运营团队成员。因此,研究院难以留存优秀的工程师人才,难以实现工程师团队人才的良性循环,不利于研究院的长期发展。

最后,从企业家角度看,项目技术完成研发之后将会进行转移转化。而由于许多技术的收益时效性,需要在短时间内实现转移转化,此时,急需运营团队来将技术推广到市场中。但事实上,研究院虽然在这方面投入了大量的资源,但仍然很难找到适合的项目团队。因此,研究院需要一个更加有效的机制来吸引项目团队参与到技术转移转化的环节中。

从研究院的案例中可以看到,高校科研资源转移到产业和市场是一个相当复杂和艰难的的过程。这进一步证明了在中国产学研的转化过程中,亟需更多的像研究院这样起到关键纽带作用的组织机构。

第五章*
国家创新系统

新的机遇、风险与责任,同时涵盖了技术创新与社会创新两类活动。

---

* 本章作者为清华大学经济与管理学院副教授王毅。

5.1 国家创新系统理论

学者们认识到创新在经济发展中的重要作用之后，开始探寻创新与经济发展之间的作用机制。与影响经济发展的"国家专有因素"相结合，国家创新系统理论应运而生。20世纪80年代中期，英国学者克里斯托弗·弗里曼（Christopher Freeman）将国家创新系统定义为一种由公共机构和私营部门所组成的网络系统，这些公共和私营部门的行为及其相互作用对新技术具有创造、引入、改进和扩散作用。[1] 之后他又将其完善，并将国家创新系统定义为广义和狭义两种。

弗里曼特别强调政府政策、教育和培训、企业及其研发工作、国家的产业结构这四个因素在国家创新系统中的重要作用。随着对国家创新系统理论研究的进一步深入，学者们分别从机构、制度、功能、要素等视角进行了探索。

机构视角以美国学者理查德·R. 纳尔逊（Richard R. Nelson）为代表，他认为国家创新系统是一组机构，这组机构中各主体间的相互作用对企业的创新行为具有决定性作用，他分析了在新技术生产过程中大学、政府以及企业的作用，并认为创新是政府、大学、企业等有关机构的复合体制，而制度设计的功能则是在技术的公有和私有两者之间建立一种平衡状态。[2] 纳尔逊对比了14个国家和地区的创新体系，发现政策制定者要根据具体国情制定相关政策来提升本国的创新能力。[3] 与纳尔逊的观点相呼应，英国学者帕里马尔·帕特尔（Parimal Patel）和基思·帕维特（Keith Pavitt）认为国家创新系统是由创新主体和其各成分之间交互作用组成的一个体系，

---

[1] Freeman C. 1987. Technology policy, and economic performance: Lessons from Japan [M]. New York: Pinter Publishers.

[2] Nelson R R. 1993. National innovation systems: A comparative analysis [M]. Oxford: Oxford University Press.

[3] Ibid.

这个体系中的主体有四个：①企业；②大学和科研机构；③提供技术进步的政府和金融等部门；④一般教育和其他职业培训的公共和私有成分。[①]

制度视角以丹麦学者本特－艾克·伦德瓦尔（Bengt-Ake Lundvall）为代表，他认为国家创新系统是由能产生经济效益的那部分知识在创造、应用和扩散的过程中相互作用的各种构成要素所组成的创新体系，而且这种创新体系植根于一国边界之内的各类机构间的相互影响及其相互关系上。[②] 伦德瓦尔认为"生产的结构"和"建立制度"是界定创新体系的两个重要维度。[③] 查尔斯·爱迪奎斯特（Charles Edquist）扩展了伦德瓦尔的机制定义，认为国家创新系统是影响创新的发展、扩散和使用的全部重要的经济、社会、政治、组织、制度和其他因素的总和。[④]

要素视角以经济合作与发展组织的国家创新系统研究项目为代表，该研究重点关注知识这一关键要素，将国家创新系统分析与知识的概念相结合，发现知识的创造、扩散和利用是经济增长和变化中的关键因素，创新驱动的经济正是建立在知识创造、扩散和利用的过程上的。该研究将国家创新系统定义为由国家的各类机构所组成的集合，其中企业是集合的核心，这些机构相互作用共同或单独致力于国家新技术的开发、创造和扩散，并向政府提供一个影响创新过程的政策制定和执行的框架，并进一步提出国家创新系统是一国境内不同企业、大学、科研机构和政府机构等（简称创新主体）之间围绕知识创造、科学技术发展及其商业应用所形成的一种相互作用的网络机制。

功能视角以波特和约翰逊等为代表，波特从促进创新的功能出发，分

[①] Patel P, Pavitt K. 1999. Global corporations and national systems of innovation: Who dominates whom [J]. Innovation Policy in a Global Economy, 94—119.

[②] Lundvall B. 1992. National systems of innovation: Towards a theory of innovation and interactive learning [M]. New York, Pinter Publishers.

[③] Edquist C. 1997. Systems of innovation: Technologies, institutions, and organizations [M]. London: Printer Publishers.

[④] Ibid.

析了在企业创新活动和竞争优势形成过程中国家特征所起的重要作用。例如，国家需求可以影响企业对资源和技能的应用方式，政府则可以提供基础设施、刺激市场、教育以及激励企业等，政府的这些行为都会影响一国企业的创新能力以及在全球市场中的竞争优势。①② 安娜·约翰逊（Anna Johnson）和斯塔凡·雅各布森（Staffan Jacobssen）明确提出创新体系功能是创新体系中一个组件或组件集对目标体系的贡献。③ 简·法格伯格（Jan Fagerberg）认为国家创新体系是创新体系、技术动态性和国家政策的集成产物④，这是国家创新体系功能视角的发展。从促进发展中国家创新的功能出发，认为采用国家学习体系在发展中国家创新系统中的作用更加突出，甚至可以替代国家创新系统。⑤

我国学者在国家创新系统的理论框架下也做了大量的研究，在国家创新系统下政府、大学、企业等各组成要素的作用、与创新生态系统的关系、创新系统的国际化等方面都有一些探讨。这些研究主要以发展国外已有理论框架，并结合我国具体情况进行具体分析为主。从政策应用的角度来看，我国把国家创新系统工具化，甚至直接把国家创新系统作为科技政策依托的趋势比较明显，这就有了我们从国家、区域、产业等各个层面对创新系统的认识，虽然其中有交叉、重叠的部分，但是这种分类推进的方式适应我国创新资源配置分层分块的实际情况，能够在国家创新系统体系

---

① Porter M E. 1990. The competitive advantage of nations [M]. New York: Free Press.

② Porter M E, Stern S. 2002. National innovation capacity. World economic forum, the global competitiveness report 2001-2002 [R]. Switzerland: SRO-Kwding.

③ Johnson A, Jacobsson S. 1999. Inducement and blocking mechanisms in the development of a new industry: The case of renewable energy technology in Sweden [M]. Cheltenham and Northhampton, Massachusetts.

④ Fagerberg J. 2015. Innovation policy, national innovation systems and economic performance: In search of a useful theoretical framework [R]. Aalborg University, University of Olso and University of Lund: Working papers.

⑤ Viotti E B. 2002. National learning systems: A new approach on technological change in late industrializing economies and evidences from the cases of Brazil and South Korea [J]. Technological Forecasting and Social Change, 69 (7): 653—680.

的大框架之下，实现各个资源配置主体之间的协同。国家创新系统理论为我国国家、区域层面的创新政策提供了理论依据。

5.2 国家创新系统

国家创新系统能促进国家层面的创新发展，不仅有助于已有产业的创新，更重要的是能促进一国范围内的新产业发展，甚至在一个国家范围内的经济体中发展出世界范围内的新产业。大卫·C.莫韦里（David C. Mowery）和理查德·R.纳尔逊（Richard R. Nelson）分析了机床、化工、制药、医疗仪器、计算机、半导体和软件七个主要高新技术行业在美国、日本和欧洲的演进过程，认为产业领先背后的核心要素是资源、制度、市场和技术，集成这些要素的创新系统自成体系，能够自行发展，对产业发展非常关键。[1]

大卫·C.莫韦里（David C. Mowery）和理查德·R.纳尔逊（Richard R. Nelson）认识到国家创新系统在产业发展中的重要作用。[2] 以Malerba为代表的学者提出了产业创新系统理论。产业创新系统是由在新产品创造、开发和扩散过程中结成市场和非市场联系的一组主体构成。这些主体是具有不同学习过程、能力、组织结构、信仰、目标和行为的个人或不同层次的组织。它们通过沟通、交换、合作、竞争和支配等形式相互作用，这会受到制度的影响。产业创新系统的三个主要组成模块是知识与技术、主体与网络、制度。[3]

Malerba（2004）从产业创新系统视角分析了欧洲制药、化工、互联网和移动通信、软件、机床和服务业，认为产业国际竞争力的差异取决于产

---

[1] Mowery D C, Nelson R R. 1999. Sources of industrial leadership: Studies of seven industries [M]. Cambridge: Cambridge University Press.

[2] Ibid.

[3] Franco M. 2004. Sectoral systems of innovation: Concepts, issues and analyses of six major sectors in Europe [M]. Cambridge: Cambridge University Press.

业创新系统中的知识来源、主体的类型与能力、网络和制度等方面的不同。产业创新系统是国家创新系统在产业层面发生作用的因素的集合,如此看来,国家创新系统至为重要的作用是推动产业发展和培育新产业。我们认为,从推动产业发展和培育新产业的高度来认识国家创新系统,可以改进国家创新系统的框架,更好地发挥国家创新系统的功能。

国家创新系统的核心主体是企业、政府、大学、研究院所和金融机构,企业作为技术创新的主体,处于中心地位,交流和互动都围绕企业展开。这些核心主体相互作用,在企业层面实现产业链、知识链、资金链的融合,从而实现产业发展或者培育新产业。如图5-1所示,这些互动的开展,以及产业链、知识链、资金链的融合,需要创新服务机构、人才、产业以及需求条件的支持。这些基础条件是国家创新系统的重要组成部分。

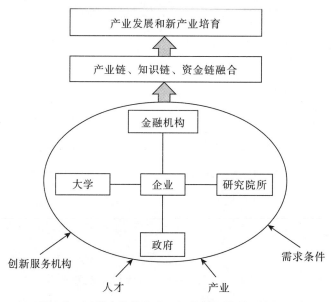

图 5-1 以新产业培育为目标的国家创新系统框架

5.3 中国特色的创新体系

中国特色的创新体系是以企业学习为主的创新系统。改革开放伊始,我国很多产业与发达国家之间存在较大的差距，因此在我国的创新系统中，企业学习特点较为明显。首先是落实企业自主权，然后让企业成为学习和创新的主体。

改革开放的前20年里，我国国家创新系统的特色主要有以下两点：一是建立了融入全球产业链、知识链和资金链的双学习体系，二是落实了企业作为学习主体的理念，所以大学有校办企业，研究所改制成了企业，这都体现了企业在学习和创新中的主要地位。

双学习体系的内容主要如下：一方面，以独资、合资和合作为主要形式的外资企业被动融入境外跨国公司主导的全球产业链、知识链和资金链，跨国公司接受来自母公司的技术转移是创新的主要形式；另一方面，依托相对独立的国内市场，内资企业主动融入全球产业链和知识链，拥有相对独立的资金链，引进、消化吸收和再创新是这一类企业创新的主要形式，彩电及其相关技术的引进、消化吸收和再创新是这类创新的典型代表。①

从20世纪80年代初开始，我国一大批厂家从国外进口了彩电装配生产线，多达五十多条。当时，国内尚不能生产零件，所需零件全部依靠进口，所有厂家都是采用CKD（全套散件组装）方式进行生产。在此阶段，企业学会了彩电整机部署方面的装配生产和调试技术。从1986年开始，彩电元器件和材料开始国产化。国产化初期，我国企业只是生产一些非关键的零部件，显像管和机芯仍依靠进口。后来，我国企业引进技术或采用合资的方式生产了第一批显像管，使彩电管基本实现了国产化。

经过10年的发展，国内彩电的供求基本平衡，甚至出现供大于求的局面，因此企业要实现产品差别化，以体现竞争优势。另外，当时的外部条件也发生了一些变化。例如，许多家庭购买了录像机，需加装AV端子；国内电视台数目增加，对多频道接收提出了需求。鉴于上述情况，从1990

---

① 吴贵生，王毅，谢伟. 2002. 我国企业的技术成长与管理［J］. 研究与发展管理，5: 34—40.

年开始，彩电厂家对产品进行了局部改进。1996 年，随着城市市场的饱和、彩电厂家生产能力的扩张，供大于求的矛盾越来越尖锐，各厂家竞相降价，终于爆发了价格大战。企业一方面继续加强产品的局部改进，试图通过产品差别化来缓解价格竞争的压力，另一方面积极推出新产品。20 世纪 90 年代末期，我国企业自主开发的显像管电视机已经占据国内市场的主导地位，以 TCL、长虹为代表的企业，开始探索向国际市场发展的道路。

经过以学习为主的创新发展，我国在钢铁、汽车、船舶、石化、纺织、轻工、有色金属等产业领域取得了相对长足的进步。这些产业取得突破之后，我国开始探索战略性新兴产业的发展。

5.4 政府引导和市场调节相结合

战略性新兴产业是以重大技术突破和重大发展需求为基础，对经济社会全局和长远发展具有重大引领带动作用，知识技术密集、物质资源消耗少、成长潜力大、综合效益好的产业。我国特别重视战略性新兴产业的发展，这是我国在传统产业取得发展之后的新目标，具体产业包括节能环保、新一代信息技术、生物、高端装备制造、新能源、新材料、新能源汽车等产业。本部分内容以我国快速发展的移动通信设备产业、新能源汽车产业、高速铁路设备制造产业和光伏发电设备产业为例，抓住产业内龙头企业的发展脉络，从国家创新系统的视角，分析政府引导和市场调节相结合是如何融合产业链、知识链和资金链，推动新兴产业发展的。

5.4.1 移动通信设备产业

本部分以大唐电信科技股份有限公司（以下简称"大唐电信"）、中兴通信股份有限公司（以下简称"中兴通信"）和华为技术有限公司（以下简称"华为"）等三家国内规模较大的第三代移动通信设备制造商为例，研究我国第三代移动通信技术（3G）的产业发展。经过分析发现，一方面，三家企业面临着相似的产品市场需求环境，并享受到许多普惠性产业政策，比如财税优惠补贴、TD-SCDMA产业联盟政策和市场推广政策；另一方面，它们在技术创新的政策导向上有着各自鲜明的特点。

移动通信设备产业关系到我国经济、民生，甚至国家安全领域。它对实现国家战略利益，提升中国在国际技术市场上的地位具有重要意义。我国政府站在国家信息产业战略发展的高度，对时分同步码分多址的（TD-SCDMA）研发做了积极的引导。1998年1月，香山会议召开。全国高校和研究院所的专家在会议上分别介绍了各自在3G技术研究方面的进展和对3G技术发展的观点。时任邮电部科学技术委员会主任宋直元表态，中国发展移动通信事业不能永远靠国外的技术，总得有个第一次。第一次可能不会成功，但会留下宝贵的经验，要支持他们把TD-SCDMA提到国际上去。如果真失败了，也看作一次胜利，一次中国人敢于创新的尝试，也是为国家作出了贡献。这为TD-SCDMA的下一步发展方向一锤定音。

2005年9月上旬，中国科技界三位德高望重的院士就TD-SCDMA的发展向中央领导建言，并很快得到时任总书记胡锦涛的认可。就TD-SCDMA发展历程和环境而言，这是一次具有里程碑意义的重大转折点。2006年1月20日，当时的信息产业部正式将TD-SCDMA定为我国通信产业标准，这意味着中国政府对TD-SCDMA的大规模商用能力正式表示首肯，也是对之前"TD-SCDMA产业化专项技术试验专家组"做出的"TD-SCDMA可以独立组网"结论的官方认可，同时也表明国家开始全力进行TD-SCDMA发放牌照前最后阶段的准备工作。

业界公认，中国政府对3G所采取的策略是理性、务实和积极的。当时的信息产业部早就提出了"积极跟进，先行试验，培育市场，支持发展"的16字方针，并于2001年6月正式启动了对3种主流国际标准相关产品的功能测试。2009年1月7日下午，工业和信息化部（以下简称"工信部"）在内部举办了小型牌照发放仪式，向重组后的中国移动、中国电信和中国联通发放三张3G牌照，其中中国移动获得TD-SCDMA牌照，中国电信获得 CDMA2000 牌照，而中国联通则获得 WCDMA 牌照。由此，我国正式进入第三代移动通信时代。我国具有核心知识产权的 TD-SCDMA 的发展也进入一个新的阶段，由全球最具实力的运营商——中国移动——来运营中国自有知识产权 3G 标准 TD-SCDMA，其含义不言而喻，而工业和信息化部在发放牌照的同时也明确表示，TD-SCDMA 发展在 3G 发展中具有重要的地位。

从支持供给的政策来看，一方面，我国中央和地方政府为企业提供了多项税收优惠政策。根据大唐电信 2006 年年度财务报告，该年度大唐电信旗下 5 家子公司获得了税率优惠批文，税率优惠幅度均在 15% 以上。另一方面，政府和各大国有银行也为企业提供了研发补贴和贷款支持。比如，2005 年 6 月，国家开发银行为大唐电信提供了一笔 2 亿元的贷款。2005 年 9 月 27 日，大唐电信又与工商银行总行签署了战略合作暨财务顾问协议。2005 年 12 月 22 日，国家开发银行向大唐电信提供了一笔 3 亿元的技术援助贷款。除上述税收优惠和补贴、贷款支持外，政府还通过供给型政策为移动通信设备制造商提供了大量合作平台。这些项目整合了企业、大学、研究机构等组织，为各个主体的合作奠定了基础。2002 年，TD-SCDMA 产业联盟在政府牵头下成立，包括大唐电信、华立、中兴通讯、华为、普天、CEC、联想、南方高科等 8 家企业积极参与其中，共同推进 TD-SCDMA 的技术研发工作。

从支持需求的政策来看，2006 年 2 月，TD-SCDMA 规模网络应用试验在我国政府的大力支持和运营企业的积极推动下全面启动。试验由国家三部委（国家发展和改革委员会、信息产业部、科技部）统一领导组织，中国电信、中国网通、中国移动三大运营商参与主导。2009 年 1 月 7 日，工信部将 TD-SCDMA 技术的 3G 牌照给了中国移动，这是政府推动 TD 产业商用的重要一步。中国移动凭借庞大的市场占有率，为 TD 标准的商用提供了与其他标准竞争的巨大先发优势，保证了需求强度。同时，由于 TD-SCDMA 起步较晚，产业很不成熟，产业化进度远远落后另外两个标准，国家推迟3G牌照发放时间,给了TD-SCDMA技术标准充足的成长机会,为以后与其他3G标准的竞争做好了准备。

国内和国际市场的竞争对这三家龙头企业的发展有着重要影响。特别是中兴通信和华为这样的股份制企业和民营企业,与其在海内外市场上的竞争直接关系到公司的生存和未来发展。以中兴通信为例,其在境外地区有非常广泛的业务合作,中兴通信境外主营业务收入在公司全年主营业务收入的比例也在逐年增加。在市场竞争中,中兴通信选择了适合CDMA发展的方向,使得它在国内CDMA市场中占得先机。市场竞争不仅存在于国内企业之间,国内企业与国外通信设备制造商之间的竞争也异常激烈。与高通、爱立信等国外知名制造商相比,国内设备制造商技术基础相对薄弱,缺乏自主创新能力,劣势明显。因此,国内企业必须选择合适的研发方向,充分利用已有资源,发挥自身技术优势,才能在国际竞争中取得胜利。以华为为例,2000年前后,华为斥巨资开展的GSM项目由于跨国巨头的垄断和压迫而损失惨重,一直没能够取得国内市场上的突破。但华为并未因此而退缩,他们迎难而上,以更大的研发力量投入GSM系统的升级换代产品(GPRS、EDGE、WCDMA等2.5G、2.75G、3G产品)的研发中。并且,他们为此制定了相应的国际化战略,加大了全球海外市场开拓力度。

2003年,华为形成了由8大地区总裁负责、代表处遍及全球四十多个国家的国际市场组织体系。华为海外市场合同额也逐年增加,在俄罗斯、非洲等地获得了不少GSM、GPRS设备订单。2008年前后,中国进入3G时代基本没有悬念,但信息产业部关于3G运营牌照发放的不确定性也使得移动通信设备制造商面临艰难的选择。面对这种不确定性,包括中兴通信和华为在内的很多通信设备制造商不得不"脚踏三只船",即同时在WCDMA、CDMA2000、TD-SCDMA上开展研发和推广工作。华为认为WCDMA是欧洲标准,与GSM一脉相承,必定是3G市场最大的蛋糕,为此不惜投入数百亿美元,成立几千人的研发队伍专攻WCDMA方向,颇有些豪赌的架势。但是,世界范围内 3G 市场的启动因为 IT 网络泡沫破灭而一再延迟。中国 3G 牌照发放一拖再拖也使得华为每年十几亿元的 3G 研发投资都得不到及时的回报。面对任正非的"豪赌",中兴通信原董事长侯为贵选择中庸之道予以应对:WCDMA 不放弃,适度投入;依靠 CDMA95 标准大规模商用基础,平稳向 CDMA2000 过渡;TD-SCDMA 方面,拉拢大唐电信,共同起草 TD-SCDMA 国际标准,争取政府支持。

总体来看,如图 5-2 所示,政府主导和市场调节对移动通信设备产业的龙头企业的作用相对多样化,形成产业链、市场链和资金链的多元融合发展。

图 5-2　移动通信设备产业发展模式

大唐电信的技术研发创新以政府引导为主。作为国有控股企业,大唐电信肩负着发展我国移动通信产业,研发我国拥有自主知识产权的 TD-SCDMA 技术的战略重任。企业虽然完成改制,采取市场化的运营方式,但是技术研发创新过程中,政府参与和扶持的力度很大。在 TD-SCDMA 研发过程中,大唐电信除享受普惠性政策外,还享受了大量非普惠性政策。在供给政策上,政府给予大唐电信及其下属研发企业的补贴远高于其他企业,各大国有银行和政策性银行也为这些企业提供了贷款支持。同时,国家的需求型产业政策也向 TD-SCDMA 技术倾斜,为技术的产业化和市场化提供了巨大帮助。在大唐电信的产业链、知识链和资金链的融合过程中,政府发挥了比较大的支持作用。

相比之下,华为技术研发创新过程中的市场调节特征则比较明显。一方面,TD-SCDMA 技术成熟之前,华为在其积累的 2G 技术基础之上,主要开展 WCDMA 的研发,其产品也主要销往海外市场。国际电信巨头之间激烈的竞争要求华为的研发必须以市场为导向，必须掌握自己的核心技术。另一方面，华为的"狼性"文化也对其技术创新产生了巨大影响。华为坚持每年将销售收入的10%投入技术研发，并采取高薪、员工持股、提拔优秀人才等内部机制支持公司的自主创新。这种高度市场化的技术创新导向也铸就了华为今日的领先优势。员工持股机制不仅激励了员工，也为华为资金链的融合找到了新途径。综上可知，在华为的产业链、知识链和资金链的融合过程中，市场调节发挥了比较大的作用。

而中兴通信则介于上述两者之间，是一种"政府+市场"型的创新机制。首先，政府在企业的技术创新和产业化过程中起到了推动和促进作用。例如，中兴通信依托国家"863计划"实现了CDMA2000的技术突破；在当时的信息产业部的推动下，中兴通信完成了WCDMA系统测试并开始进行商业化；北京奥运会TD-SCDMA试验网络也是由中兴通信独家承建的。其次，市场环境也影响着中兴通信研发方向和技术路线的选择。中兴通信采取"森林原则"和"低成本尝试"原则，国内、国外两个市场同时发展，尽量减小技术研发的风险。例如，中兴通信分别在深圳和香港上市，以市场机制解决了资金链的融合问题。

5.4.2 新能源汽车产业

在新能源汽车领域，我们选取了比亚迪股份有限公司（以下简称"比亚迪"）、重庆长安汽车股份有限公司（以下简称"长安汽车"）、上海汽车集团股份有限公司（以下简称"上汽集团"）和北京汽车集团有限公司（以下简称"北汽集团"）等四家我国主要商用乘用汽车研发制造企业作为研究对象。

"十五"期间，科技部组织实施国家"863计划"电动汽车重大专项，期间投入9.5亿元研发经费，专项确立了"三纵三横"的国家新能源汽车研发布局，确定发展纯电动汽车、混合动力电动汽车和燃料电池汽车三项整车技术（"三纵"），以及多能源动力总成控制系统、电机驱动和控制单元系统以及动力电池和电池组管理系统三项关键零部件技术（"三横"）。专项采用总体组负责制，由整车企业牵头，关键零部件配合，产学研相结合，政策、法规、技术标准同步研究，基础设施协调发展的研发体制。自2004年起，在国家的长远规划和能源政策中，新能源汽车产业和技术的发展被多次强调。2004年，国家发展和改革委员会发布的《汽车产业发展政策》中就提到要突出发展节能环保、可持续发展的汽车技术。

从2005年开始，我国政府出台了优化汽车产业结构，促进发展清洁汽车、电动汽车等政策措施，明确了到2010年电动汽车保有量占汽车保有量的5%—10%，到2030年电动汽车保有量占汽车保有量50%以上的发展目标。为完成上述目标，国家"863计划"节能与新能源汽车重大项目确定了北京、武汉、天津、株洲、威海、杭州6个城市为电动汽车示范运营城市。

2006年，财政部针对实施新消费税政策时，明确规定对混合动力汽车等具有节能、环保特点的汽车将实行一定的税收优惠。我国从2007年起开始通过国家"863计划"组织力量研发新能源车，投入近20多亿元。

2006—2007年，我国新能源汽车产业取得了重大的发展，我国自主研制的纯电动、混合动力和燃料电池二类新能源汽车整车产品相继问世；混合动力和纯电动客车实现了规模示范；纯电动汽车实现批量出口；燃料电池轿车研发进入世界先进行列。

"十一五"期间，我国投资11亿元启动国家"863计划"节能与新能源汽车重大项目，推动节能与新能源汽车整车和关键零部件的研发和产业化。按照国家"863计划"节能与新能源汽车重大项目，我国节能与新能源汽车技术研发体系为"3-3-2格局"，即由整车、动力和能源构成纵向三维体系，由纯电动汽车、混合动力电动汽车和燃料电池电动汽车构成横向三维体系，由产业化支撑平台建设（标准、法规、融资等）和研发支撑平台建设（测试、信息、专利、规划、监理）构成二维支撑平台，共同形成节能与新能源汽车技术研发体系。

2009年1月14日，国务院发布汽车产业振兴规划，首次提出新能源汽车战略，安排100亿元支持新能源汽车及关键零部件实现产业化。

2009年2月，科学技术部和财政部共同启动了"十城千辆"电动汽车示范应用工程和百辆混合动力公交车投放计划，决定在3年内，每年确定10个城市，每个城市在公交、出租、公务、市政、邮政等领域推出1 000辆新能源汽车开展示范运行。"十城千辆"是继北京奥运会后我国新能源汽车走向产业化非常重要的一步。

2009年2月5日，财政部发文，确认了中央财政对购置新能源汽车给予补贴的对象和标准。2009年2月17日，财政部、科技部、国家发展和改革委员会、工业和信息化部共同在京召开节能与新能源汽车示范推广试点工作会议，为13个试点城市授牌。这是国家最新推出的实现交通领域节能减排的重要举措，是应对全球金融危机、推动汽车产业转型升级、促进汽车产业振兴的行动，标志着汽车产业走向新的发展阶段。

2009年3月13日，我国第一个新能源汽车产业联盟——北京新能源汽车产业联盟正式成立并开始运行。联盟整合了国内新能源领域的优势资源，包括整车企业、零部件企业、科研院所以及终端用户等。联盟由北汽集团、北京公交集团、北京理工大学等单位共同发起，目前联盟理事单位有美国伊顿公司、中信国安盟固利公司、ZF传动技术有限公司等50余家企业以及清华大学、复旦大学、同济大学等多家院校。

2009年3月20日，国务院办公厅出台《汽车产业调整和振兴规划》，提出实施新能源汽车战略，进一步提出了电动汽车产销规模化的重大战略目标，为新能源汽车描绘了发展蓝图。《汽车产业调整和振兴规划》作为汽车产业综合性应对措施的行动方案，规划期为2009—2011年。规划提出，启动国家节能和新能源汽车示范工程，由中央财政安排资金给予补贴，支持大中城市示范推广混合动力汽车、纯电动汽车、燃料电池汽车等节能和新能源汽车。

2009年，北京市出台了一系列刺激经济发展的政策。例如，增加5亿元用来启动"绿标"公交车队计划，未来预计购买 1 000 辆新能源车。同时，上海市也明确表示，2009—2010 年将投入 60 亿元资金用于油电混合动力汽车和纯电动汽车的开发和制造，并将于 2010 年实现混合动力汽车的规模量产。在此基础上，上海还将在新能源汽车整车和相关零部件产业各投入 20 亿元，加快推动我国新能源汽车产业的发展壮大。

2009 年 4 月，我国政府宣布向购买纯电动汽车的消费者提供 6 万元补贴，并在一些城市兴建汽车电池充电站。2009 年 5 月 6 日，国务院决定以贷款贴息方式，安排 200 亿元资金支持技术改革，发展新能源汽车，支持关键技术开发。

2009 年 7 月 11 日，为落实《汽车产业调整和振兴规划》提出的发展电动汽车的规划目标，我国汽车工业协会把发展电动汽车作为一项专项行动来开展工作，组织召开上海汽车集团、东风汽车集团、广州汽车集团、北京汽车集团、华晨汽车集团、奇瑞汽车股份有限公司、江淮汽车集团等行业前十位整车企业负责人会议，讨论新能源汽车的联合行动问题。在统一思想的基础上，共同签署了《电动汽车发展共同行动纲要》，制定了"积极引领、联合行动、突出重点、创新发展"的行业电动车发展战略。

2009 年 12 月 3—4 日，全国汽车标准化技术委员会电动车辆分技术委员会在北京召开 2009 年工作会议，对《纯电动乘用车技术条件》《电动汽车用动力蓄电池产品规格尺寸》等 7 项新能源汽车国家标准和行业标准进行了审查。

2009 年 12 月 9 日，时任国务院总理温家宝主持召开国务院常务会议，决定 2010 年将节能与新能源汽车示范推广试点城市由 13 个扩大到 20 个，选择 5 个城市对私人购买节能与新能源汽车给予补贴，补贴幅度和标准将接近公共服务领域购买新能源车的补贴办法。

2009 年 12 月 28 日，在吉林省新能源汽车推进领导小组的协调组织下，由中国一汽、吉林大学、长春锂源新能源科技有限公司等 23 家科研生产单位组成的吉林省新能源汽车产业联盟成立，其主要职责是以新能源汽车产业化为目标,加强新能源汽车关键核心部件的研发。

随着政策支持力度与市场接受度的逐渐增强,2016年新能源汽车生产51.7万辆,销售50.7万辆,比上年同期分别增长51.7%和53.0%。其中纯电动汽车产销分别完成41.7万辆和40.9万辆,比上年同期分别增长63.9%和65.1%;插电式混合动力汽车产销分别完成9.9万辆和9.8万辆,比上年同期分别增长15.7%和17.1%。而在新能源汽车销量分布中,纯电动车型占主导地位。2015年,新能源汽车产销量突破新高。其中,纯电动车型销量比例超过七成,遥遥领先。这主要是因为目前国家在补贴、交通限行、限购等方面的政策向纯电动车倾斜。我国已经成为全球最大的纯电动汽车产销国,成绩斐然。

但是,与传统汽车的产销量相比,我们认为新能源汽车行业目前仍然处在产业化和市场化的初期,普通消费者对于新能源汽车的需求不强。因此,在技术研发和创新上,目前政府引导起到了主要作用,且大部分产业政策都是普惠性的,所有符合新能源汽车市场准入条件的企业均可从中受益。这类普惠性政策在推进技术研发的同时,也保护了市场的自由竞争,既有利于企业技术进步,也为消费者购买新能源汽车提供了更多的选择。相比之下,市场调节对企业研发的影响相对较弱,但作用同样不可忽视。

政府采用的产业政策在新能源汽车行业起步阶段以供给政策为主,以促进相关技术的研发和创新,引导企业技术路线的选择,并对未来新能源产业布局进行规划,促进知识链的融合。为了实现这一目标,国家先后出台了大量财税政策,为企业技术研发提供专项资金,实行企业所得税、车船税减免,以及贷款贴息等优惠措施。在技术研发后期,相关产业政策则以需求政策为主,主要目标是拓展新能源汽车市场,推进其产业化和市场化进程。主要采取了以下两项措施:一是加大新能源汽车在政府采购中的比例,二是对汽车制造企业和新能源汽车购买者提供政府补贴。这些措施有效推动了知识链、产业链和资金链的融合。随着人们环保意识的提高和新能源汽车的推广和技术进步,市场在企业研发创新过程中将发挥越来越重要的影响。当前消费者对于新能源汽车续航能力、安全性、配套设施完善程度等方面还有一些顾虑。但也正是这些担忧，引导并激励着企业向制造更可靠、更安全、更便捷的新能源汽车产品的方向迈进。

如图5-3所示，从新能源乘用车企业的发展来看，知识链、产业链和资金链的融合由政府引导和市场调节结合完成。鉴于该产品的消费者分散选择属性，政府对需求市场的引导需要通过市场调节来发展作用，因此，市场调节的作用占主要地位，比亚迪是一个典型例子。

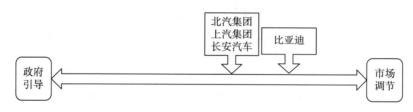

图5-3 新能源乘用车企业发展模式

比亚迪早在20世纪90年代末便开始了动力电池和新能源汽车领域的研发和创新工作。2006年，比亚迪纯电动轿车F3e研发成功，成功搭载ET-POWER技术的铁动力电池，实现零污染、零排放、零噪音的三无目标，续航里程达350公里。2008年，比亚迪双模电动车F3DM上市。2010年，深圳比亚迪E6电动出租车运行60公里经受住考验，之后全面上市。2014年，比亚迪利用全国范围内首先发展混合动力汽车的政策导向，开发并成功市场化"秦"系列产品，实现了私人领域的热销。比亚迪主动利用政府政策，发挥自己在电池领域的优势，以市场调节为主，实现了知识链、产业链和资金链的融合。

长安汽车启动了CNG、纯电动、中混、弱混（包括油电、气电混合）等一系列产业化研发，以宽谱系、大纵深、多种技术融合的方式发展，短期内以混合动力、插电（Plug-in）、纯电动汽车为重点，中长期逐步发展氢内燃机汽车、燃料电池汽车、太阳能汽车。2001年，长安汽车承担国家"863计划"混合动力开发项目，这项成果促进了长安汽车的产业化上市。2005年，长安汽车推出一款拥有自主知识产权的混合动力MPV车型

"CV11"，节能20%，而成本只增加10%左右。2007年12月13日，长安首辆搭载最新混合动力系统的油电混合动力轿车长安杰勋HEV正式下线。它是国内第一辆自主品牌混合动力汽车。2009年6月，国内第一款自主品牌的针对个人用户销售的混合动力汽车——长安杰勋正式上市。2009年12月，长安纯电动汽车奔奔MINI试生产下线。长安汽车陆续在市场上投放了志翔油电、杰勋油电中混、志翔气电弱混等多款新能源汽车。长安汽车进入了政府支持研发的国家队，并以此知识链为起点，完成了知识链、产业链和资金链的融合。

2001年年底，上汽集团与同济大学合作，共同承担了国家"863计划"电动汽车重大专项，联合开发燃料电池轿车——"超越系列"，开始了开发清洁能源汽车的历程，上汽集团、同济大学等五个单位联合共同成立了上海燃料电池汽车动力系统有限公司，专注于燃料电池汽车的发展。"十五"期间，上汽集团与上海交大、华谊集团等合作开发了具有自主知识产权的D6114二甲醚燃料发动机和我国第一台二甲醚城市客车。2007年起，上汽集团承担国家"863计划"重大项目，在荣威750平台上自主开发上海牌燃料电池轿车，达到国内领先水平。2009年5月，上汽集团召开加快推进新能源汽车建设誓师大会，明确上汽新能源汽车产业化的发展目标。2009年7月，上汽集团与上海市新能源汽车推进领导小组办公室举行新能源汽车高新技术产业化项目签约仪式，共同推进和实施上海新能源汽车高新技术产业化。2011年10月，荣威新750Hybrid混合动力轿车上市。该车型是基于荣威新750 1.8T车型平台，采用高压混动电机自主开发而成。燃油经济性方面，该车百公里综合油耗仅为7.5L，综合节油率超过20%。2012年11月，上海通用汽车启动"Green Drive绿色科技战略"，致力于新能源与高效节能技术的研发与运用，发展EREV、PHEV和EV电动车技术及混合动力技术。上汽集团比较好地利用了国家和地方两级政府的供给政策和需求政策，并且有效利用了同济大学的知识资源，又通过整体上市实现了知识链、产业链和资金链的融合。

北汽集团作为新能源汽车领域的后来者，通过实施高起点、大投入、全产业链的发展之路，已成为中国汽车企业中新能源汽车技术路线最丰富、技术开发最先进、开展示范运营最快的汽车企业。2009年3月13日，中国第一个新能源汽车产业联盟——北京新能源汽车产业联盟在北汽集团旗下的北汽福田汽车股份有限公司正式宣布成立。作为国内第一个新能源汽车产业联盟，该联盟将通过整合新能源汽车产业链上的研发、设计、制造、零部件供应和终端用户等资源，加强产、学、研、用的有效衔接，打造具有国际竞争力的新能源汽车产业链。2009年11月14日，北汽集团下属控股子公司——北京汽车新能源汽车公司（以下简称"北汽新能源"）正式挂牌成立，成为北汽集团新能源汽车技术研发、资源集约、产业整合的项目管理平台，与乘用车平台、商用车平台共同构成了北京汽车产业的三大平台和北京汽车自主创新体系。2012年4月13日，首批400量北汽首款自主研发生产的纯电动轿车E150 EV正式下线，拉开了北汽新能源纯电动汽车规模化示范运营的序幕，标志着北京在大力发展新能源汽车、建设绿色北京的进程中取得了突破性进展。2014年12月16日，北汽新能源首次发布全新品牌主张——"e起轻生活"，旗下两款全新重磅级纯电动汽车EV200与ES210正式上市。政府对于新能源汽车的相关产业政策具有一定的导向性，对新能源汽车的车型（纯电动汽车、插电式混合动力汽车、燃料电池汽车）、性能指标（最大电功率、节油率、电池最大容量）等方面均作出了比较明确的引导。这些政策都会对企业的研发方向产生巨大的影响。例如，北汽新能源研发的E150EV型电动汽车就享受到了双重补贴，每销售一辆汽车，国家级补贴4.75万元，北京市级补贴4.75万元，总计9.5万元。北汽集团有效利用了国家和地方两级政府的需求政策，生产出合适的产品，取得了很好的市场效果，实现了产业链、资金链和知识链融合的新模式。

5.4.3 高速铁路设备制造产业

在高速铁路设备制造产业，我们重点研究了中国北车、中国南车两家

（现已合并为中国中车）中国高速铁路产业主要企业。虽然 2000 年中国南车、中国北车与原铁道部脱钩，实行市场化运作，但是政府的引导和扶持在我国高速铁路技术的发展过程中依然发挥了非常重要的作用，两家企业的技术创新均以政府引导为主。但随着企业"走出去"战略的实施和我国高速铁路网络的建设和完善，市场的导向作用也日渐凸显。

在高速铁路技术创新过程中，政府积极参与。一方面，高速铁路是关系到人民生活水平和社会经济发展的重要行业。高速铁路技术的提高可以带动区域经济的快速发展。政府需要从战略层面对企业进行引导，并激发国内市场对于高速铁路的需求。另一方面，我国铁路工业基础相对薄弱，在研发初期主要依靠技术引进、消化、吸收和改进。如果没有政府在资金、人才方面的大力支持和帮助，我国企业在技术引进谈判中将处于绝对劣势，技术人才培养和生产线建设也会遇到很大的困难。

高速铁路装备制造业作为重要战略性产业，其技术发展水平直接关系到我国经济的发展和人民生活水平的提高。因此，在一些重要节点，中央政府和相关部委的"干预"和引导对于产业的发展非常重要，也有利于集中相关资源和技术研发力量，完善企业的创新体系平台建设。对于一些重点领域和关键技术的研发方向，政府可以从国家战略层面进行引导。

2007 年，中央领导人在高速铁路建设现场视察时，向科技部领导提出要重点关注高速铁路技术的创新与发展的要求。2008 年 2 月，原铁道部与国家科技部共同拟定并签署了《中国高速列车自主创新协作联合行动计划合作协议》，将研制新一代时速 350 公里以上的高速铁路动车组作为当时高速铁路设备制造产业的研发重点。在科技部的引导下，中国南车和中国北车及其下属制造企业和科研机构同全国其他科研力量一道，积极投入到时速 350 公里以上的高速铁路动车组的研发中。科技部在高速铁路方面的介入改变了原铁道部以往既负责引导政府采购和组织市场需求，又负责开展和管理技术研发工作的复杂职能要求的局面，两者各司其职，原铁道部专注于市场，而科技部则引导研发工作。两部联合行动制定计划以及在该计划支持下的 CRH380 系列动车组列车的研发，是中国高速铁路技术高速发展的一个转折点和里程碑。

同时，随着企业市场化进程的推进，国内外市场在企业技术创新过程中的导向作用也不断加强。在国内市场上，高速铁路面临着与公路交通、航空等传统出行方式的市场竞争。如何提高动车组运行的安全性和可靠性，减振降噪，提高乘客舒适性和旅行体验，降低生产和运行成本是目前高速铁路设备制造企业的主要研发方向。而在国际市场上，企业需要面对德国西门子、法国阿尔斯通、日本新干线等主要企业的竞争。这种国际竞争对企业的技术创新起到了促进作用。

如图 5-4 所示，政府引导在高速铁路产业发展过程中发挥了主要作用，是知识链、资金链、产业链融合的主要推动力量。

图 5-4 政府引导的高速铁路产业发展模式

中国南车和中国北车之间有着深刻的历史和制度渊源，两家企业高速动车组制造技术的发展历程有着高度的相似性，基本都经历了技术引进消化吸收、技术自主改进提升、全面自主创新这三个发展阶段。通过从欧洲动车组制造巨头法国阿尔斯通公司和德国西门子公司引进吸收动车组制造技术，这两家企业先后完成了动车组设计制造平台的建设。在此基础之上，依靠科学、高效的科技创新体系和管理制度，两家企业成功实现了动车组技术的改进、升级，使从国外引进的动车组技术更好地适应了我国的实际情况和社会经济发展的需要。在完成了技术引进和自主提升之后，中国高速铁路研发开始向世界一流水平进发，成功研制出最高设计时速 380 公里的 CRH380 动车组。同时，两家企业开始从"引进来"向"走出去"转型，将机车和动车组出口到阿根廷、马来西亚、马其顿等国家，实现了

"中国创造"。中国南车和中国北车有效地利用了政策支持和国内市场需求，融合了知识链、产业链和资金链，实现了高速铁路设备制造产业的创新发展。

5.4.4 光伏发电设备产业

在太阳能光伏发电设备产业领域，我们选取了中国英利集团（以下简称"英利集团"）、常州天合光能有限公司（以下简称"天合光能"），以及无锡尚德太阳能电力有限公司（以下简称"无锡尚德"）等三家企业作为研究对象。

太阳能光伏发电设备产业在我国的发展得益于以无锡尚德为代表的企业对国际、国内已有技术的商业化，对欧洲市场机会的准确把握，以及通过对国内外资源的利用融合了知识链、资金链和产业链。

国际和国内的市场调节、国家和地方政府的政策引导共同对企业的持续发展起到了重要作用。据不完全统计，2001—2014 年，国务院、国家发展和改革委员会、国家能源局、财政部、科学技术部、住房和城乡建设部等部委共发布与太阳能光伏产业相关的文件和政策 108 件，江苏省地方政府和物价局等部门发布了太阳能光伏产业政策 11 条。这些政策除了为我国的太阳能光伏企业提供税收、资金、补贴、市场等方面的支持外，还对太阳能光伏产品标准、环保要求、行业规范等作出了明确规定。在这些规定和标准的指导下，企业的创新方向也会作出调整，在提高产量和产品性能的同时，减少能源和原料消耗，减少污染物排放。例如，在英利集团的发明专利中，就有多项专利与含氟污水、废弃物的处理和循环利用相关。甚至从我国太阳能光伏产业形成规模之前的多年，国家就为之提供了大量政策支持。20 世纪 80 年代后期，在国家"六五"和"七五"计划的推动下，各级政府对我国太阳能光伏产业的发展提供了资金、技术等方面的支持与帮助，并在诸多应用领域建立了示范项目。

此后数年，"863 计划""973 计划""攻关计划"等科研计划相继开展,太阳能电池技术的研发也依托这些科研计划得以顺利推进。国家《能源节约与资源综合利用"十五"规划》《可再生能源中长期发展规划》等继续加大对包括太阳能光伏发电在内的新能源和可再生能源的扶持力度,在资金支持、贷款贴息、设备进口税费优惠、人才培养和信息服务等方面给予企业更大支持,推动我国太阳能光伏产品产量和质量的双重提高。在税收方面,国家也给予了新能源和可再生能源企业大幅度的优惠政策,对产业的发展实施宏观调控,太阳能光伏企业也可从中受益。这些普惠性的政策主要涵盖了所得税、关税和增值税等方面。

例如,对于光伏企业在新工艺、新产品研发过程中产生的费用,企业可以按一定比例和要求进行税收抵免。而很多地方政府也为当地的光伏生产企业提供营业税、增值税等方面的减免或返还等税收优惠措施,以此鼓励当地太阳能光伏企业的发展壮大,推动区域经济的发展。为推进太阳能光伏产品的自主研发创新,国家还依托几家主要的国内光伏生产企业,建立了多个国家级太阳能光伏研发实验室。例如,2009年1月,科技部在天合光能率先建设企业国家重点实验室,并将实验室命名为"光伏技术国家重点实验室",这是中国首次批准将国家实验室设立在企业之中;又如位于英利集团的"太阳能光伏发电技术国家重点实验室",其主要研究领域涵盖了硅材料制备及晶体生产、高效太阳能电池和组件、光伏应用系统、大容量飞轮储能系统等产业链上的诸多领域。这些国家重点实验室的建立,对企业掌握拥有自主知识产权的核心技术和工艺,保持企业可持续发展能力与核心竞争力,起到了重要作用。

为扩大国内市场对太阳能光伏发电的需求,各级地方政府通过政府采购的方式购买太阳能光伏产品。通过在中国政府采购网内检索关键词"光伏"可知,2007—2015年,相关政府对光伏产品的采购数量呈逐年上升的趋势,从每年个位数上升到100多项。利用这种公开招标的形式,政府可以促进光伏企业之间的良性竞争,间接引导企业向降低生产成本、提高产品性能和可靠性、减少环境污染等目标推进研发工作。中央和地方各级政府公布并实施了大量需求型政策，将重点放在太阳能发电普及推广、提升太阳能电力价格竞争力等方面。例如 2001 年，我国开始启动"西部省区无电乡通电计划"，通过太阳能和风能解决西部无电乡的用电问题，刺激了我国光伏产业的发展。2003 年，政府倡议发起"西部光明工程"，天合光能积极响应号召并在西藏安装 39 座太阳能发电站，成功完成首个系统安装项目。

2005 年，我国颁布了《中华人民共和国可再生能源法》，并于 2006 年 1 月 1 日正式实施。该部法律明确了支持和鼓励可再生能源的并网发电，提出了全网分摊、合理上网电价与全额收购三项原则，并设立了可再生能源发展专项基金，体现了以立法形式确立发展可再生能源的决心。2007 年，国家颁布《关于开展大型并网光伏示范电站建设有关要求的通知》，决定开展大型并网光伏示范电站建设，拉动国内光伏市场需求。2009 年 3 月，财政部与住房和城乡建设部联合颁布了《关于加快推进太阳能光电建筑应用的实施意见》，促进太阳能屋顶补贴计划的实施。该政策明确强调在可再生能源专项资金中，中央财政可以安排部分资金用于支持太阳能光伏应用在城乡建筑领域的示范与推广。

2009 年 7 月，财政部会同国家能源局与科学技术部共同颁布了第二个国家太阳能光伏补贴政策，即《金太阳示范工程财政补助资金管理暂行办法》（以下简称"金太阳示范工程"）。该计划为符合一定条件和标准的太阳能光伏发电项目提供政府补贴，补贴额度在项目总投资的 50%～70% 不等。这是国内光伏产业发展历程中的重要里程碑。2011 年 8 月，国家发展和改革委员会发布《关于完善太阳能光伏发电上网电价政策的通知》，进一步明确了太阳能光伏发电上网电价政策的具体实施措施和细则，从而确定全国范围内的统一光伏发电标杆上网电价。除上述政策之外，各级地方政府也对光伏发电给予了区域性的补贴支持。例如，辽宁省在 2011 年发布了《关于对太阳能光伏发电实行财政补贴的实施意见》，指出在 2012 年 12 月 31 日之前，能够建成投产并且装机容量超过 300KWp 的光伏发电项目，按照每度 0.3 元的标准予以电价补贴。

综合来看，太阳能光伏发电设备产业的发展过程中，市场调节和地方政府都在资金链、知识链和产业链的融合中发挥了重要作用，如图 5-5 所示。

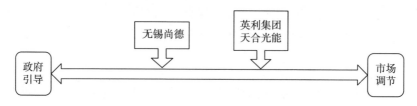

图 5-5　政府引导和市场调节的太阳能光伏发电设备产业发展模式

以英利集团和天合光能为代表的民营光伏设备企业的技术创新主要依靠市场调节。我国光伏发电设备企业主要采取的是"产业链中间嵌入"的发展战略，从产业链中游进入，技术和资金条件成熟之后再向上下游产业延伸。这种模式使企业在起步期发展比较顺利，但也导致了我国光伏产业"两头在外"的问题：原材料以进口为主，光伏产品也主要销往海外。因此，原材料市场价格和产品需求市场对于我国光伏企业的研发方向和技术路线的选择产生了巨大影响。企业既要在原料硅生产上投入技术研发，避免原料价格波动带来的经营风险；同时还要在产品上开展技术创新，改进产品性能，提高光电转化率，降低生产和建设成本。

同时，政府的扶持和引导对企业也起到了极大的帮助。特别是在 2008 年金融危机和光伏产业"寒冬"期间，政府引导下的产业改革和调整促进了光伏产业的健康发展。产业政策方面，政府实施的政策以需求政策为主，保证了光伏市场的自由竞争和市场淘汰机制。例如，"西部光明工程""金太阳示范工程"等政策扩大了光伏发电设备的市场需求，同时促进了西部地区的经济发展；太阳能光伏发电上网电价补贴政策则使得光伏发电获得了与传统发电方式同台竞争的优势。这些政策均对国内市场的光伏发电需求起到了推动作用。

相比之下，无锡尚德作为无锡市政府牵头建立的国有控股企业享受到了不少非普惠性政策，技术创新的政府引导特征相对较强。无锡尚德创立之初，政府和国有控股企业注资650万美元，时任尚德董事长兼CEO的施正荣的科学家身份、国有银行的长期贷款为尚德创造了远优于其他企业的技术研发基础和条件。因此在成立初期，企业发展和生产线建设十分迅速。但市场调节力量的薄弱也使得一些问题开始凸显。一方面，无锡尚德虽然在光伏电池及组件生产上开展了研发创新并取得了一些成果，但由于缺乏市场激励，企业没有向产业链上下游延伸，企业的发展受到了制约。另一方面，企业粗放式的管理模式使引进的优秀技术人才的才能无法得到充分的发挥，管理层矛盾不断，最终导致企业决策失误、破产重组。

5.5 市场调节的创新系统

我国的创新系统具有较强的多样性，既有以学习为主的特色创新系统，又有政府引导和市场调节相结合的特色创新系统，目前也在探索以市场调节为主的创新系统。依靠市场调节的创新系统培育世界范围内的新产业，是我国国家创新系统未来要重点发展的方向。这里以中国建材集团有限公司（以下简称"中国建材"）为例，探讨企业边界内部的融合与新产业发展以及知识链主导的市场融合与新产业发展。

中国建材在企业内部完成了知识链、产业链和资金链的融合，以市场机制培育了新材料产业群。中国建材以高性能纤维、先进复合材料、高分子膜材料、光电玻璃、高端工业陶瓷等十大新材料工业化量产为核心，大力发展新材料产业，经过10年努力，形成了新材料产业与传统的水泥、工程服务三足鼎立的发展格局。中国建材在特种水泥与高性能混凝土、硅基新材料、石膏板、高性能玻纤及碳纤维、兆瓦级风电叶片、薄膜太阳能电池等方面建立了世界一流的成套技术与装备集群。千吨T800级高强碳纤维、万吨级E8高模量玻纤、2.4亿平方米锂电池隔膜、100吨高性能氮化硅陶瓷、1.5 mm超薄光伏玻璃、0.15 mm超薄电子玻璃、0.1 mmTFT-LCD玻璃基板、300 MW铜铟镓硒光伏组件、80 MW碲化镉光伏组件等新材料都实现了工业化量产。

中国建材在知识链和产业链融合方面进行了努力，在已经拥有的相对完整的产业链的基础上，充分发挥建材总院的作用，通过融合产业链和知识链来发展新产业。科研院所是国家科技创新体系的重要组成部分，也是推动科技资源和要素进行良性循环和互动的重要力量。中国建材集团完成"两材重组"（原中国建筑材料集团与中国中材集团重组成中国建材集团）后，拥有26家国家级科研设计院所，作为行业和产业共性技术、公益性技术研究的主要承担者，集团充分发挥科研院所的技术研究优势，通过明确发展定位，强化自主研发，引领技术进步和完善标准体系，为新材料创新体系奠定了技术基础和保障。而且，中国建材为满足国家战略需求，实现行业技术引领，依托建材总院行业"中央研究院"的作用，优化配置科技资源，积极构建具有前瞻性的重大、共性技术创新平台，突出企业技术创新主体的作用，不断完善具有国际竞争力的建材企业创新体系建设。中国建材将中国建筑材料科学研究总院有限公司打造成建材行业"示范型国家国际科技合作基地"，进一步扩大了国家国际科技合作基地的示范、辐射和带动作用。中国建材坚持新材料产业体系纵向融合的发展路径，打造集研发、应用、检测和标准体系为一体的创新模式。集团注重培育新材料产业，搭建上下游环节交流合作平台，做好产业链纵向衔接，以应用为牵引，根据应用需求制定新材料研发生产方案，围绕应用深化产学研用紧密合作，缩短市场推广应用期，有效规避研发创新风险，建立深度合作，实现纵向融合发展。这些举措旨在打造企业国家级实验室、工程（技术）中心、产学研联盟等国家级新材料创新平台，在应用基础研究和行业共性、关键性的技术研发方面抢占制高点。中材集团牵头和发起成立了"中国碳纤维及复合材料产业发展联盟""中国循环经济工程技术协同创新中心""中国部品化建材产业发展联盟"等多个新材料产业发展联盟，并积极参与"中国海洋材料产业技术创新联盟"等多个联盟的建设。通过产业联盟建设，集团集中力量开展系统攻关，加强前瞻性基础研究与应用创新，形成一批标志性前沿新材料的创新成果与典型应用。例如，碳纤维联盟加速了国产碳纤维在下游产业的推广应用，突破了碳纤维在大兆瓦级风电叶片上的应用，开发出海上风电叶片，加速推进了国产碳纤维在碳芯电缆的应用，已在国家电网 7 条 500 千伏输电工程中实现规模化应用，并已成功应用于特高压工程。

中国建材充分发挥企业技术中心的产研结合纽带作用，加强生产制造企业的创新意识与科研院所对企业的服务意识和能力，进一步强化集团内科研院所与企业间的产研协同创新。集团对于科研院所的定位，不仅仅是企业的技术发源地，更是行业和国家的新技术、新产品的引领者，因此集团强化科研院所的自主创新优势，出台多种政策措施，激励科研人员的创新活力，推进院所的改革创新发展。集团明确了不同类型科研院所的发展定位，有针对性地解决面临的问题，促进了科研院所的转型发展。科研院所在多年的发展中，积淀了深厚的技术实力，一方面集团在组织承担国家科研项目中，对科研院所进行适度倾斜，在国家层面为其争取项目、人才、基地、资金等多渠道、全方位的支持；另一方面采取多种措施为科研院所的成果转化搭建平台，解决技术创新与产业发展脱节、成果转化缺乏动力的问题。集团所属科研院所主动参与制定国际标准，成为国际标准制定的主导者。集团加快中国材料与试验团体标准体系建设，依托建材总院组织召开标准化工作会议，开展中国材料与试验团体标准委员会筹建工作。科研院所不断完善技术标准体系，从技术上为集团"走出去"战略的实施、参与国际竞争和拓展海外市场减少贸易壁垒，同时也使集团新材料产品在国际竞争中逐步形成了自己的品牌，提升了产品价值。

中国建材在知识链、产业链和资金链的融合上进行了多方面的努力。中国建材利用政府产业创新基金、民间资本，建立起了从实验研究、中试到生产的全过程的科技创新基金平台，构建起了"新技术+新业务+资本市场"的新模式。中国建材所属的建材总院针对基础研究，设立了前沿探索基金和科技创新基金，其中前沿探索基金定位于资助新领域拓展、跨领域前沿探索等方面的创新性研究，强调思路创新、立意高远、遴选标准严格，已成为青年同志锻炼科研素养、培养创新思维、尝试新兴领域、创造新方向的重要舞台。中国建材旗下中材科技引入国内首个"无机非金属矿物功能新材料股权基金"，以授权膨润土相关核心技术发明专利为基础，在苏州国家高新技术产业开发区孵化成立苏州国建慧投矿物新材料有限公司，重点发展节能环保、新能源、新材料等新兴产业急需的环境友好型非金属矿物功能材料系列产品。中国建材旗下山东工业陶瓷研究设计有限限公司与淄博国基新材料产业创业投资有限公司设立了规模为1亿元的"工业陶瓷系列项目工程技术成果转化专项基金"，旨在加快山东工业陶瓷研究设计有限公司科研成果和军民融合技术的成果转化，推动功能陶瓷新材料产业基金对功能陶瓷产业多层面、多阶段、多应用领域的支持。更为重要的是，中国建材积极利用旗下的上市公司推动新产业的发展。中国建材拥有7家上市公司，集团公司参考市值来管理上市公司，允许旗下的上市公司在发展新产业时亏损10年。而且资本市场对其新产业发展的价值予以认可，这主要体现在股价上。集团公司充分利用资本市场的支持，让这些公司通过长期努力来支撑新产业的发展。

5.6　构建中国特色的创新生态系统

我国国家创新系统在不同阶段具有不同特征，总体来说具有多样性的特点，各种特性都可以被容纳在创新系统的发展之中。面对未来新产业发展的至高点，我们从培养多样性为目标的市场调节、发挥政府引导的积极作用、国际国内联动、培育领跑未来的产业等四个方面，提出构建中国特色的创新系统的举措。

（1）以培养多样性为目标的市场调节

无论是以学习为主的国家创新系统，还是市场调节和政府主导相结合的国家创新系统，或者是以市场调节为主的创新系统，我国彩电行业、移动通信设备产业、新能源汽车产业、高速铁路设备制造产业和光伏发电设备产业、建筑新材料产业等产业的发展都表明，市场调节既能培育产业间异质性，也能培养产业内多样性，这些多样性能够促进技术创新、推动产业发展。市场调节要以培养创新主体、知识主体、资金主体、产业链主体的多样性为目标，鼓励多样化的技术选择、多样性的资金主体、多样性的能力积累路径和产业发展尝试，让参与市场的各个主体根据自己的判断做出有差异的决策，从而在以变化甚至革命性变化为特征的新产业培育中，为我国企业争取更多的发展机会、生存机会以及从新产业竞争中胜出的机会。我国拥有多元化的、有层次、有厚度的市场需求，这是我国以创新培育新产业的最大优势，多样性能够让我们更好地发挥这个优势。

（2）发挥政府引导的积极作用

集中资源办大事是政府引导的优势，在一些市场需求相对集中、政府对需求有直接影响力的产业发展中，更需要发挥这个积极作用。在一些网络效益突出、具有正外部性的产业中，政府也可以发挥对早期市场的积极引导作用，培育一些新兴产业。在基础研究这些具有广泛外部正效益的领域，政府引导尤其可以发挥重要作用。在建立大科学、系统技术和重大工程来引导国家创新系统的演进方面，政府也可以发挥特别积极的作用。

（3）以国内流动为主、国际国内联动的创新系统

我国在国内需求与国际需求结合、国内知识与国际知识结合、国内资本与国际资本结合方面，都做出了相对完美的决策。但总体来说，我国的创新系统是以吸收国际资金流、国际知识流，甚至融入国际产业链为主的。未来的创新驱动经济发展，我们要更多依靠国内的知识流、资金流和产业链。新型领先产业的培育，甚至是产业群的发展，需要培育以国内流动为主、国际国内联动的特征。

(4) 培育领跑未来的产业

我国国家创新系统的发展目标是培育领跑未来的产业,这是我国从一个制造大国到制造强国、从追求创新规模到追求创新质量、从追赶到领先世界产业发展必然要实现的目标。我国国家创新系统要围绕培育领跑未来的产业来发展,从未来全球的产业发展格局中,找到我国新兴产业的领先位置。

第六章[*]
高效协同创新系统的理论与政策含义

创新已然成为一种普遍意义的存在，它涵盖了所有领域的新价值方式。

这一现实对决策者意味着其首要任务就是确保创新的活力。

---

[*] 本章作者：范保群，北京大学国家发展研究院助理院长、BiMBA商学院常务副院长，研究员。项安波，国务院发展研究中心企业研究所副所长兼国企研究室主任，研究员。

我国的国家创新系统，官产学研用仍较为割裂，不同主体、不同环节、不同区域无法实现有效协同的问题十分突出。我国要实现高质量发展，迫切需要建立高效率的国家协同创新系统。本章将在重点阐释创新什么、怎么创新、谁来创新、如何才能更好地创新几个问题的基础上，形成中国协同创新系统的理论框架，并把这些理论应用于中国的实践，提出构建"以培养多样性为目标，市场调节为主""以国内流动为主、国际国内联动的多主体""激发多元化主体的创新积极性""发挥政府积极作用"等为主要政策含义的国家协同创新系统。

党的十八届五中全会提出了创新、协调、绿色、开放、共享的五大新发展理念。"创新"位居五大发展理念之首，被提到了前所未有的高度，可见创新对于中国经济社会发展的重要作用已经得到了广泛的认同。

我国目前的创新，局部有成就、少数领域有突破、个别区域有协同。但创新是一个全过程、系统性和全区域的工程，特别是对于中国这样一个大国，仅仅有点的突破或者个别区域创新取得进展是远远不够的。我们虽然有很多主体、很多环节、很多区域具备创新突破的实力和条件，但却因无法协同而不能形成整体合力以及释放协同效应。

当前世界面临百年未有之大变局，我国内外部发展环境空前复杂——内部处于跨越中等收入陷阱的关键时刻，外部面临更加复杂的地缘政治、大国博弈和"修昔底德陷阱"的挑战。同时，我国正处于从高速增长向高质量发展的转型之路上，需要建立能够有机协调的国家创新系统，实现国家层面的协同创新。只有解决好创新多主体之间的价值协同问题，我们才能实现创新的有机整合与有效协同，才能形成有中国特色的国家创新系统。

6.1 协同创新理论体系的核心问题

在国家创新系统中，创新什么、怎么创新、谁来创新、如何才能更好创新等一系列问题在理论和实践中并未得到清晰一致的回答，也就造成了在创新的过程中方向性和目的性不明确，表层创新、盲目创新、各自为战的现象不断出现，浪费了大量经济、社会和行政资源，却并未实现创新协同与最终产出。因此，中国创新理论体系必须要有效解决或改善这些问题。

虽然我国创新体系较早地明确了产学研相结合的模式，但多方互动起步较晚，不仅缺乏直接实现互动的经验和能力，也缺乏互信互惠的长期合作环境与激励。总的来说，我国现有的产学研协同模式存在研发支出结构不平衡、研发角色多有错位、产学研配套中介体系尚不完善、缺乏互动平台和沟通中介等几个方面的问题。

基于产学研实践、政策讨论和课题研究，我们认为构建有效的国家协同创新系统迫切需要解决四个基本问题：

问题一：创新什么？即创新最关键的核心要素和产物是什么？这一创新要素表现出什么样的特点？对创新体系的建设提出哪些独特的要求？

问题二：怎么创新？即通过创新实现价值创造的模式是什么？各有何特点？我国目前的创新模式有哪些？利弊各是什么？

问题三：如何创新效果能够更好？即跨学科、跨行业、跨区域的协同创新，在"一盘棋"的思想指导下，可以突破创新主体间的壁垒，实现创新资源和要素的有效汇聚，实现"1+1>2"的协同效应和成效。但不同主体、不同路径之间的创新如何实现协同？如何管理不同的创新主体，从而更好地发挥协同效应？

问题四：国家如何为创新驱动战略、多主体协同创新提供更有效的政策供给？

6.2 理论思考与实践总结

本书各章节通过对多方面的深入探索，结合创新理论和实践经验，对上述四个基本问题尝试性地进行了回答，也为描述中国协同创新的理论和政策体系进行了探索。

(1) 技术创新是创新的最核心要素

熊彼特认为创新是把一种新的生产要素和生产条件的"新组合"引入生产体系，他将创新分成产品创新、过程创新、市场创新、资源创新和组织创新，认为资本主义就是新的技术或市场周期性地颠覆旧的技术或市场的过程，即"创造性破坏"。学者们通常假设企业通过一次性投入，获得降低现有产品生产成本的特定技术，或发明新的产品。

可见，技术创新是创新中最核心的要素。而我国过去的主要问题，却往往忽视技术创新，而过多地追求以商业模式创新等为代表的市场创新和组织创新，甚至认为"造不如买、技不如贸"，放弃了技术创新或依赖技术引进。这背后有投机心理、技术自卑、制度失向等多重因素。

在中国进入高质量发展阶段，这一倾向必须得到彻底扭转——中等收入陷阱理论警示我们，许多发展中国家正是因为长期以来依赖技术引进、缺乏自主研发型的技术进步，才陷入中等收入陷阱。要走出中等收入陷阱，发展中国家必须竭尽所能地进行自主研发。而对于最大的发展中国家——中国来说，还必须实现自主研发型的技术进步快于前沿国家的技术进步，才能进一步实现追赶，实现中华民族伟大复兴。

(2) 协同创新实现价值创造有纵横两向及衍生的多种典型模式

从基础技术产生，到最终创新实现（制成产品并推向市场）进而创造经济价值是一个复杂、漫长且伴随着高不确定性的过程。如何在这个过程中实现各方参与者互补能力的协同、各方激励的协同以及信息沟通的协同是创新过程成功实现的关键。

基于国内外协同创新模式的实践经验，我们认为，从纵向看，通过创新实现价值需要形成"产学研协同"的价值创造过程，主要包括无中介的"直接联结模式"与由中介对接双方开展合作的"中介引导模式"两类。

直接联结模式，是指高校与产业或产业中的企业直接建立合作关系。

这种关系的主导者可能是高校、企业、行业协会甚至是政府。但不管在建立之初由哪一方主导，其特点在于，在运营中，高校与产业或企业的协同与合作是去中介化的，由双方直接进行互动。根据企业与大学或研究机构关系建立的主导者的不同，具体可划分为市场主导型（如硅谷、深圳）、大学主导型（如剑桥）和政府主导型（如筑波、杭州等）三类直联模式。这种去中介化的校企直接进行互动的产学研协同模式，意味着更加高效的创新合作。但由于双方制度逻辑的差异，以及沟通壁垒的存在，这种产学研协同模式对双方的协作能力和合作经验有更高的要求。一方面，企业与科研机构对技术具有不同的关注重点，相互理解以及跨界人才的缺乏，导致缺乏合作经验的双方在直接合作中往往存在困难。另一方面，技术从实验室到完成产业化并投入市场，中间要经历大量的转化研发过程，跨越新技术商业化的"死亡谷"需要双方在这个过程中密切合作。如果高校、企业之间没有激励兼容的机制设计，长期合作关系将难以达成。

当前，我国企业与高校双方绝大多数都还未能形成成熟的技术转化能力，高校内部也缺乏全方位的转移团队。中介引导的产学研模式更加适合我国目前产学研体系的发展阶段。创新中介担任着对接高校和产业的任务，并为双方提供产业化技术支持。通过为高校和产业搭建沟通、合作的桥梁，来推动产学研协同创新。典型案例有德国 Fraunhofer 协会等。国内也已经有类似的机构专门立足于中国的国情来促进协同创新。

从横向上看，创新主体通过区域集聚实现价值创造，可以分为生产力价值创造和创新价值创造两个层面。生产力价值创造模式更偏重于通过生产制造来完成创新过程，更加偏向产业链下游；而创新价值创造模式更偏重于通过创新和技术商业化来完成创新过程，更加偏向产业链上游。

（3）技术产品和技术市场呼唤不同创新主体的参与

创新的产生与扩散，是一个可以划分为构思产生、问题解决和创新实施等若干阶段的过程，还可以进一步发展和细化为线性模型、耦合模型、一体化模型等。

在创新过程中，包含着高校科研院所、产业及其中企业、社会及市场这三方的参与。在构思产生、问题解决和创新实施三个阶段中，需要三方的密切互动和信息交流，贡献出各方的独特能力与经验。三方的有机互动有助于创新过程的实现。

"技术"也可以被视作一类产品，它具有高度复杂、多样化的特点，相应的"技术"产业也有其独特的运行规律。技术产品的生产通常需要经过原理发现、工程开发、推广应用及升级改造四个环节，每个环节有不同的特点。

不同技术的生产过程的关键环节各不相同，其中许多工业技术的工程开发环节具有规模效应，因此具有实行大规模专业化生产的内在要求。

技术产品和市场也具有其独有特点：第一，技术作为一种信息产品，具有多样化、易复制、可共享、贬值较快等特点。第二，与其他产品相比，技术经常有更显著的"外部性"。技术产品的推广使用不仅能为技术使用者创造价值，还能够拉动上下游产业发展、培养高水平科技人才、提升国家发展水平等。第三，技术的产生往往需要大范围的协作。许多核心技术的复杂程度很高，涉及较长的上下游研发链条或较多的平行子系统，资金投入大，持续时间长。第四，技术的复杂性也意味着技术产品市场往往有较高的交易成本，当知识产权保护体系不完善时，这种情况尤其明显。

技术创新在现有的创新理论框架下，产生了新的发展趋势：

- 技术不再是单纯的企业内部行为，专业的市场主体（如独立的科技人才或科研机构等）也可开展技术创新，并且通过市场实现转让。
- 技术创新不是一次性投入的结果，而是需要持续不断的资金投入，因此需重新认识技术创新必然形成规模经济这一传统论断。
- 技术创新将通过市场实现跨企业共享，技术市场的合作与竞争是推动创新实现"外部性"的重要渠道。

技术创新的独有特点以及新的发展趋势，都要求在建立国家创新体系时对不同创新主体的作用均要有所考量：

- 建立高效的国家创新体系，要根据各种技术在研发上的不同特点，建设适合发展各类技术的完整市场体系。
- 允许不同市场主体发挥他们在创新方面的比较优势，鼓励相互合作、相互竞争、相互促进。
- 认真践行中介引导的产学研模式。A 研究院、德国 Fraunhofer 协会以及中国台湾工业技术研究院的实践说明，在高校与企业之间建立中介机构为双方提供产业化技术支持，可以为高校和产业搭建沟通、合作的桥梁，推动产学研的协同创新。
- 同时，政府应在促进科技发展和培育技术市场方面承担一定的责任。

（4）协同创新生态系统：技术创新平台与多价值主体协同创新

创新平台是以高校、科研院所、企业为创新主体，以政府为主、中介机构为辅，旨在结合创新要素和社会要素，以实现科技知识创新和成果产业化。

创新平台的一大特点是知识产业化的成效较为显著，并且一般会有较高的市盈率和市场价值获取。创新平台对于多价值主体的承载至关重要，但通常而言平台本身并不进行价值创造，创造价值的实施者是其承载的多价值主体，包括大学与大学协同、大学与产业协同、企业与行业协同、创新与人才培养协同、不同区域经济之间的协同等。

大学与大学协同要求分析支撑某个产业的主要学科，选择这些学科实力最强的大学，牵头组建先进技术研究中心，建立技术研究团队和实验室，形成与世界先进水平同步的科研力量。通过此类协同，打破大学与大学之间的围墙，团结最优秀的研发力量，保证项目从上游源头就占据领先地位。

大学与产业协同要求遴选覆盖该产业全产业链的一批企业和代表性用户，共同规划、评估、投资项目以及实施成果转化，将学校学术资源和产业应用资源匹配结合，保证项目在立项之初就适应市场需求，实现产学研用紧密结合。

企业与行业协同要求围绕行业整体技术进步进行技术发展规划，将影响行业发展的重点前瞻性共性技术识别出来，着力进行研究，以推动行业整体进步。

创新与人才培养协同要求实现人才与技术创新的协同发展，研究院将与大学合作，采取理论学习与一线创新实训相结合的模式，对创新创业高端人才进行联合培养。

不同区域经济之间协同要求发挥不同区域的比较优势，把不同区域的创新要素资源整合起来，有科教优势的区域，将科教优势转换为知识产权，以知识产权与其他区域合作发展产业，共同实现不同区域之间经济的协同发展。

创新平台融合多主体的价值诉求并围绕价值链展开。创新平台的多价值主体网络，由主体节点、主体关系链、主体价值交互效应构成。首先，不同的创新主体节点表现出差异化的平台诉求，为了满足其需求，创新平台根据一定的标准，进行是否吸纳价值主体到平台上的遴选活动，根据创新平台监管的方式，把优质的主体吸引到平台上来，为进行高质量的创新成果创造奠定了基础。其次，创新主体通过其在价值链中所处的相对位置，决定了彼此之间的关系，如生产者和消费者等。通过多主体关系链耦合而形成创新主体关系网。最后，平台通过契约、合作或是联盟的方式，对多主体的价值交互关系进行了限定，从而因为保障互信的创新氛围而导致价值创造持续产生。

创新平台通过承载多价值主体的交互，协助其进行价值创造。协同创新平台可以将简单的线性创新链转变为网络关系。在协同创新平台的作用下，多价值主体在不同时间扮演不同角色，某一时间段可能创新环节是生产者，而在另一个时间段，创新环节可能就是消费者。突破了原有的知识提供者在一端，产业化的企业在另一端，彼此之间很难进行有效短程连接，甚至创新过程会因为创新链条的环节过多而不断延迟甚至中断，导致创新成效并不显著或无法产业化的尴尬境地，即成果产生了但并未创造商业或是应用价值，或是创新的效率低下导致同类创新已经捷足先登等。创新平台通过承载多价值主体进行连接和互动，并发生多次交换、消费等交互行为，带来了基于创新主体交互的价值创造。例如，有的机构采取协同创新中心、研究所和创新基金"三元耦合"运行架构来促进多元主体的网络连接。"三元耦合"运行架构中的"三元"指协同创新中心、研究所及创新基金。协同创新中心按照行业进行划分，由行业中的龙头企业、代表性企业和优质中小企业管理人员以及与这个行业相对应的大学或科研机构的科学家组成。中心通过连接大学及企业，发掘与推进前沿技术创新。研究所则主要由专业化的技术人员以及公共研发技术平台组成，能够根据项目需要，快速、灵活地组成高水平工程技术团队，在原创技术的基础上进行技术放大，实现技术工程化和产品化。基金提供所有的项目资金，有的支持早期技术研发，有的带动企业社会资本重点支持成果转化。"三元耦合"运行架构推动了协同主体之间的交互及价值创造。

创新平台的基因决定其要高效促成多价值主体的精准匹配。创新平台的目的就是将多价值主体聚集在一起，进行高效率的价值交换和创造，而有效交换的前提是要找到与之相匹配的价值主体。平台之所以有效的关键在于，将价值预期、价值创造、价值评价、价值分配进行了一体化推进。平台本身使得价值交互成为可能。平台最基本的结构就是"参与者+价值单元+过滤器"。其中，参与者包含生产者和消费者；价值单元是指生产者提供的产品或服务，这是与整个平台相关的价值创造的核心；过滤器是指将有需求的生产者和消费者进行匹配。因此，平台需要为多主体间的创新交互行为进行精准匹配，从而促进创新成果的高效产生。

创新平台的可持续发展有赖于多价值主体同时受益。协同创新平台具有主体多样性、效率高效性、资源易得性、成果共享性、创新持续性的特点。主体多样性具体体现在产学研、政府、中介等多主体共同参与。由于协同创新平台聚合了多价值主体，因此可以在多主体范围内实现资源的重新配置，最终是要以整体的效率最优为落脚点，因而可以保障平台和价值主体的整体高效性。资源易得性是由于多价值主体呈现在一个平台上，彼此之间由于契约或非契约的形式达成创新信任，进而通过多主体的有效交流获得人力、资金、信息、技术等资源。成果共享性是指协同平台上的创新主体间可以进行资源共享和交叉学习，这在一定程度上促进了各自技能的提升和核心创造力的跨越，即多主体均受益。创新的持续性是指信息的透明化和双向传递，这使得交互主体之间具有较好的互动和密切的合作，最终创新平台会因为和外部环境的有效协同，从而推动平台层面结构体系，甚至是城市、区域以及国家创新系统的可持续发展。

（5）完善国家创新体系是实现协同创新的重要前提

20 世纪 80 年代中期，英国学者弗里曼将国家创新系统定义为由公共机构和私营部门所组成的网络系统，这些公共和私营部门的行为及其相互作用对新技术具有创造、引入、改进和扩散作用。

一国需要结合国家发展战略、人才状况、资源禀赋、国际环境等因素，同时采取多种创新战略，每种战略下形成不同的组织、人力、资本及机制组合，最终形成若干创新子体系。

总的来说，国家创新体系是指由公共和私营机构（包括个人、企业、大学、金融机构和政府研究机构等）所形成的网络。在该网络体系中，人们的交流活动和相互作用使得新技术的研发得以启动、持续和传播，最后通过商业化形成实质的生产力。

国家创新系统能促进国家层面的创新发展，不仅有助于已有产业的创新，更重要的是能促进一国范围内的新产业发展，更高层面的是在一个国家范围内发展出世界范围的新产业。

构建产学研协同的国家创新体系需要采取一体化发展战略：

- 在重要领域或变化较快的领域，加大团队式项目力度，即按照行业类别挑选出一批有创新精神及能力突出的骨干科研单位及企业组成若干创新共同体，将该行业创新任务交由共同体来规划并及时根据外部条件变化进行调整，提高任务的科学性和有效性。
- 由共同体采取公开竞争方式遴选项目，为保证责任利益一体化，共同体出资设立资本平台（如创新基金），对需要实施的任务进行配套投资。
- 一体化战略下资源投入方式根据任务性质分类管理：基础研究可采取国家投入为主、共同体或承担单位配套；应用研究采取共同体或承担单位、国家共同投入；产业发展及应用示范采取共同体、承担单位投入为主、国家支持等。

目前我国的创新体系经历了以企业学习为主的创新系统、政府引导和市场调节相结合的创新系统以及单纯以市场调节为主的创新系统三个阶段：

- 改革开放后，我国创新系统的特征是以企业学习为主，首先是落实企业自主权，然后让企业成为学习和创新的主体。通过以企业学习为主的创新系统，我国在钢铁、汽车、船舶、石化、纺织、轻工、有色金属等产业领域取得了相对长足的进步。
- 之后我国开始探索战略性新兴产业的发展。具体包括节能环保、新一代信息技术、生物、高端装备制造、新能源、新材料、新能源汽车等产业。主要是在政府引导和市场调节相结合的创新系统指导下，融合产业链、知识链和资金链，推动战略性新兴产业的发展。

- 依靠市场调节的创新系统培育世界范围内的新产业，是我国国家创新系统未来要发展的重点。

尽管我国创新体系建设取得了长足进展，指导带动了一些企业的发展，但总体上看，我国创新体系尚未成熟，产学研脱节的情况较为突出：第一，在现实应用中，企业依靠内部创新实现价值创造的情况比较普遍，学校、研究机构的研究成果转化力度有待加强、政策环境有待完善。第二，从企业内部创新来看，对创新的重要性认知、资源投入等与发达国家还有一定差距。为此，我们还需要进一步完善国家创新体系，推动创新驱动发展战略向纵深发展。

(6) 政府发挥积极作用是实现协同创新的基础条件

由于技术产品的高度复杂性和多样性，技术市场失效的方式是多样的，因而需要政府提供的支持也是多样的。

迈克尔·波特从促进创新的角度出发，分析了在企业创新活动和竞争优势形成过程中国家特征所起的重要作用，例如国家需求可以影响企业对资源和技能的应用方式，政府则可以提供基础设施、刺激市场、教育以及激励企业等，这些都会影响一国企业的创新能力以及在全球市场中的竞争优势。

因此，政府要在构建协同创新生态系统中发挥积极作用，进一步推动国家创新能力和竞争优势的形成。

6.3 构建高效协同创新生态系统建议

多主体协同创新，关键是要实现政企合作、区域协调、国内外联动、产学研相结合，从而提高创新成功率、转化率。

(1) 以培养多样性为目标，构建以市场调节为主的协同创新系统

无论是以学习为主的国家创新系统，还是市场调节和政府主导相结合

的国家创新系统,或者是市场调节的创新系统,均表明市场调节能既培育产业间异质性,也能培养产业内多样性,这些多样性能够促进技术创新、推动产业发展。

有了多样性的创新主体和多元化的创新机制,才有了协同创新的空间和必要。因此,高效的中国协同创新生态系统,需要以培养创新主体、知识主体、资金主体、供应链主体的多样性为目标,鼓励多样化的技术选择、多样性的资金来源、多样性的能力积累路径和产业发展尝试,让参与其中的各个市场主体根据自己的判断做出有差异的决策,从而在以变化甚至革命性变化为特征的新产业培育中,为我国企业争取更多的整体发展机会、生存机会以及从新产业竞争中胜出的机会。我国拥有多元化的、有层次、有深度的市场需求,是我国以创新培育新产业的最大优势,多样性能够让我们更好地发挥这个优势。

要实现上述目标,必须发挥市场对创新资源配置的决定性作用,建立健全市场化的创新驱动机制;构建更加公平开放的市场环境,推动创新成果的市场化流动。

(2)构建以国内流动为主、国际国内联动的多主体协同创新系统

协同创新是为了避免各自为政的现象,要增进交互、加强沟通;创新协同的关键是跨越技术和产业发展中的"死亡谷",多主体共同发挥作用,提高成功概率。

总的来说,我国创新系统是以吸收国际资金流、国际知识流,甚至融入国际产业链为主的,在建立自主的技术创新能力方面有较大欠缺。例如,我国过去实行"市场换技术",与国外的技术水平差距很大,而且未能有效建立自己的技术创新体系和技术能力。而当中国要从"世界工厂"迈向以自主创新为基础的"中国智造"时,与技术发达国家就由过去的互补关系成为竞争关系或竞合(竞争与合作)关系,这时候再依赖外部技术就显得更加不切实际了。

未来我们要更多依靠国内的知识流、资金流和产业链，推动政企合作、区域协调、国内外联动、产学研相结合。新型领先产业的培育，甚至是产业群的发展，需要以国内流动为主、国际国内联动。

（3）激发多元化主体的创新积极性

创新的产生与扩散，是一个可以划分为构思产生、问题解决和创新实施等若干阶段的过程，还可以进一步发展和细化为线性模型、耦合模型、一体化模型等。

创新过程包含着高校科研院所、产业及企业、社会及市场这三方的参与。构思产生、问题解决和创新实施三个阶段需要三方的密切互动和信息交流，贡献出各方的独特能力与经验。三方的有机互动，有助于创新过程的实现。

第一，应加强对产学研等各类创新主体的激励力度，培育活跃的市场环境和多元化的市场主体。完善高校、研究机构评价与支持体系，提升技术创新与转化的权重，进一步明确产学研一体化的导向，推动产学研协同向纵深发展。

第二，因地制宜地给予创新协同区域政策优惠，提升区域横向协同创新的广度和深度。

第三，推动中介引导模式的进一步完善，提升中介机构与各创新主体的沟通与协同。

第四，大力发展对接技术与创新应用的中介机构，跨越实验室到市场的"死亡谷"。在创新过程中，大学和科研机构往往侧重于原始创新的部分，而企业则侧重于创新的应用。但从实验室到企业大规模生产之间，有一个关键的环节，即技术与市场需求的对接以及工程开发是缺失的，这一瓶颈严重制约了产学研的协同效率。为此，要大力推动中介机构建设，把科技成果与市场进行对接，帮助技术找到有需求的市场应用，设计相应的商业模式和转化方式。

第五，要建立容错纠错机制，要有长远的眼光和包容的态度，不以短期成败论英雄、定指标，培育宽松自由的创新环境。

（4）发挥政府引导的积极作用

在构建高效的中国协同创新生态系统中，政府的引导不能缺少。由于高技术产品的巨大外部性和对国家安全的重大意义，技术市场经常存在市场机制失效的现象，需要适当的政府干预。

政府需要面向未来，在事关国家竞争力、战略性新兴产业发展中发挥国家作用，如制定长远的规划，建立容错机制，构建宽容失败、鼓励创新的氛围等。

第一，政府引导要以服务国家创新战略为原则，在改善科技发展的社会环境（包括人才环境和投资环境），承担基础前沿科技和事关国家安全的科技研究，资助关键产业技术和行业通用技术的研究，发展基础研究和共性技术平台，完善科技金融市场的法律法规，建立完善的知识产权保护体系等方面发挥重要作用。

第二，在建立大科学、系统技术和重大工程来引导国家创新系统的演进方面，政府可以发挥积极作用。

第三，技术生产的专业化分工意味着必须建立起运行顺畅的合作研发和技术交易市场，这要求政府建立完善的知识产权保护体系，降低市场交易成本。

第四，政府要完善高校、研究机构评价与支持体系，提升技术创新与转化的权重，进一步明确产学研一体化的导向，推动产学研协同向纵深发展。

第五，集中资源办大事是我国政府引导的优势，这个积极作用仍然需要发挥，尤其在一些市场需求相对集中、政府对需求有直接影响力的产业更是如此。在一些网络效益突出、具有正外部性的产业，政府也可以发挥对早期市场的积极引导作用，培育新兴产业。

同时，要严格限制政府引导的范围，坚持市场的决定性作用和基础性地位。

- 政府引导也要明确鼓励和培养多样性的导向，避免单一体制、单一业态，不指定技术路线、不指定赢家，避免形成新垄断，避免回到过去计划体制和传统的举国体制，一定要强调市场导向和新型举国体制，即市场对资源配置起决定作用；既看技术链也看价值链，既看产品也看市场表现，兼顾利益分配；既要考虑实现目标，也要考虑投入产出效益。
- 政府扶持科技发展的前提是不能扭曲市场环境，否则扶持政策将产生极大的负面效应。政府的主要角色应该是改善科技发展环境（例如帮助建立大型专业研发机构，保护知识产权），补贴基础和前沿技术研究（如物理、化学理论），投资事关国家安全的科技领域（如超大规模集成电路芯片、尖端军事科技），协调行业通用技术的研发（如石油化工技术）工作等。
- 政府切忌过度补贴市场化的科技企业，这样虽然能够帮助被补贴企业发展，但是会使未得到补贴的企业面临更加严峻的发展环境，挫伤其积极性。而且政府机构未必有能力准确甄别有发展潜力的补贴对象，容易出现补贴资金浪费的现象。

(5) 培育领跑未来的产业和企业

我国国家创新系统的发展目标是培育领跑未来的产业，这是我国从一个制造大国转为制造强国，从追求创新规模转为追求创新质量，从追赶到领先世界产业发展必然要实现的目标。

我国国家创新系统要围绕领跑未来的产业来发展，从未来全球的产业发展格局中，找到我国新兴产业的位置。

第一，依托新型举国体制的优势，结合政策资源的引导与市场机制的激励作用，瞄准世界科技前沿，强化基础研究，围绕人工智能、先进制造、5G 通信、新能源等重点领域，突出关键技术、前沿技术、现代工程技术、颠覆性技术创新，促进制造业转型升级，培育一批具有全球竞争力和领先未来的产业和企业，推动我国产业向全球价值链中高端迈进。

第二，应充分发挥政府采购对市场启动的作用，在国家和地方政府投资的重点工程中优先购买战略性新兴产业的国产化成果。

第三，要重视要素市场的培育、基础设施的建设、社会文化环境与国际环境的改善以及政策体系的完善，在加大对领跑未来的产业和企业培育力度的同时，要更加注重与其具有战略互补关系的配套技术、现代生产管理方法、知识型人才培养任用、企业组织结构和运行机制的完善，为产业和企业的领跑提供坚实的技术和管理保障。

参考文献

[1] Adler P S, Obstfeld A D. 2007. The role of affect in creative projects and exploratory search. Industrial & Corporate Change, 16 (1): 19—50.

[2] Allen T J. 1984. Managing the flow of technology: Technology transfer and the dissemination of technological information within the R&D organization [M]. Masseachusettes: MIT Press Books.

[3] Andriopoulos C, Lewis M W. 2009. Exploitation-exploration tensions and organizational ambidexterity: Managing paradoxes of innovation [J]. Organization Science, 20 (4): 696—717.

[4] Armanios D E, Eesley C E, Li J, et al. 2017. How entrepreneurs leverage institutional intermediaries in emerging economies to acquire public resources [J]. Strategic Management Journal, 38 (7): 1371—1390.

[5] Bronzini R, Piselli P. 2009. Determinants of long-run regional productivity with geographical spillovers: The role of R&D, human capital and public infrastructure [J]. Regional Science and Urban Economics, 39 (2): 187—199.

[6] Charles A. O' Reilly III, Tushman M L. 2008. Ambidexterity as a dynamic capability: Resolving the innovator's dilemma [J]. Organizational Behavior, 28: 185—206.

[7] Chesbrough H. 2004. Managingopen innovation: In uncertain markets, new metrics can help companies to play poker as well as chess [J]. Research-technology Management,

47: 23—26.

[8] Chesbrough H W. 2003. Open innovation: The new imperative for creating and profiting from technology [M]. Boston: Harvard Business School Press.

[9] Christoph, Grimpe, Ulrich, et al. 2010. Balancing internal and external knowledge acquisition: The gains and pains from R&D outsourcing [J]. Journal of Management Studies, 47 (8): 1483—1509.

[10] Coase R H. 1960. The problem of social cost [J]. Journal of Law and Economics, 3 (1): 1—44.

[11] Cunha J V, Clegg S R. Cunha M P. 2002. Management, paradox, and permanent dialectics [M]. Amsterdam: John Benjamins.

[12] Duso T, Roller L H, Seldeslachts J. Collusion though joint R&D: An empirical assessment [EB/OL]. (2010-11-09) [2021-09-08]. https://papers.ssrn.com/sol3/papers.cfm? abstract_id=1706161.

[13] Duso T, Roller L H, Seldeslachts J. 2014. Collusion though joint R&D: An empirical assessment [J]. DICE Discussion Papers, 96 (2): 349—370.

[14] Edquist C. 1997. Systems of innovation: Technologies, institutions, and organizations [M]. Washington: Pinter Publishers.

[15] Fagerberg J. 2015. Innovation policy, national innovation systems and economic performance: In search of a useful theoretical framework [R]. Aalborg University, University of Olso and University of Lund: Working papers.

[16] Franco M. 2002. Sectoral systems of innovation and production [J]. Research Policy, 31 (2): 247—264.

[17] Franco M. 2004. Sectoral systems of innovation: Concepts, issues and analyses of six major sectors in Europe [M]. Cambridge: Cambridge University Press.

[18] Freeman C. 1987. Technology policy, and economic performance: Lessons from Japan [M]. New York: Pinter Publishers.

[19] Gaim M, Wahlin N. 2016. In search of a creative space: A conceptual framework of synthesizing paradoxical tensions [J]. Scandinavian Journal of Management, 32 (1): 33—44.

[20] Grimpe C, Kaiser U. 2010. Balancing internal and external knowledge acquisition: The

gains and pains from R&D outsourcing [J]. Journal of Management Studies, 47 (8): 1483—1509.

[21] Hage J, Zaltman G, Duncan R, et al. Innovations and organizations [J]. Contemporary Sociology, 1976, 5 (4): 479.

[22] Ham R M, Appleyard L. 1998. The evolving role of semiconductor consortia in the United States and Japan [J]. California Management Review, 41 (1): 137—163.

[23] Jauch L R, Kraft K L. 1986. Strategic management of uncertainty [J]. Academy of Management Review, 4: 777—790.

[24] Jennifer F, Reinganum. 1983. Uncertain innovation and the persistence of monopoly [J]. American Economic Review, 73 (4): 741—748.

[25] Johnson A, Jacobsson S. 1999. Inducement and blocking mechanisms in the development of a new industry: The case of renewable energy technology in Sweden [M]. Cheltenham and Northhampton, Massachusetts.

[26] Katz D, Kahn R L. 1978. The social psychology of organizations [M]. New York: Wiley.

[27] Leonard D A, Rayport J F. 1997. Spark innovation through empathic design [J]. Harvard Business Review, 75 (6): 102—113.

[28] Lundvall B. 1992. National systems of innovation: Towards a theory of innovation and interactive learning [M]. New York: Pinter Publishers.

[29] Lundvall B. 1985. Product innovation and user-producer interaction [M]. Aallborg: Aallborg Universty Press.

[30] Macho I, Martinez-Giralt X, Perez-Castrillo D. 1993. The role of information in licensing contract design [J]. UFAE and IAE Working Papers, 25 (1): 43—57.

[31] Mailath G J, Andrew P. 1990. Asymmetric information bargaining problems with many agents [J]. The Review of Economic Studies, 57 (3): 351—367.

[32] March J G, Simon H A. 1958. Organizations [M]. New York: Wiley.

[33] Martin S. 1995. R&D joint ventures and tacit product market collusion [J]. European Journal of Political Economy, 11: 733—741.

[34] Martin S, Scott J T. 2000. The nature of innovation market failure and the design of public support for private innovation [J]. Research Policy, 29 (4-5): 437—447.

[35] Miller R E. 1971. Innovation, organization and environment: A study of sixteen Ameri-

can and West European steel firms [R]. Institut De Recherche Et De Perfectionnement En Administration, No. 86.

[36] Mowery D C, Rosenberg N. 1998. Paths of innovation: Technological change in 20th-century America [M]. Cambridge: Cambridge University Press.

[37] Mowery D, Nelson R. 1999. The sources of industrial leadership [M]. Cambridge: Cambridge University Press.

[38] Myerson R, Satterthwaite M. 1983. Efficientmechanisms for bilateral trading [J]. Journal of Economic Theory, 29 (2): 265—281.

[39] Myers S, Marquis D G. 1969. Successful industrial innovations [A]. National Science Foundation, Report NSF 69—17.

[40] Nelson R R. 1993. National innovation systems: A comparative analysis [M]. Oxford: Oxford University Press.

[41] O'Reilly C A, Tushman M L. 2008. Ambidexterity as a dynamic capability: Resolving the innovator's dilemma [J]. Organizational Behavior, 28: 185—206.

[42] Patel P, Pavitt K. 1999. Global corporations and national systems of innovation: Who dominates whom [J]. Innovation Policy in a Global Economy, 94—119.

[43] Perez-Freije J, Enkel E. 2007. Creative tension in the innovation process: How to support the right capabilities. European Management Journal, 25 (1): 11—24.

[44] Porter M E, Stern S. 2002. National innovation capacity. World economic forum, the global competitiveness report 2001-2002 [R]. Switzerland: SRO-Kwding.

[45] Porter M E. 1990. The competitive advantage of nations [M]. New York: Free Press.

[46] Raisch S, Birkinshaw J, Probst G, et al. 2009. Organizational ambidexterity: Balancing exploitation and exploration for sustained performance [J]. Organization Science, 20 (4): 685—695.

[47] Reinganum J F. 1983. Uncertain innovation and the persistence of monopoly [J]. American Economic Review, 73 (4): 741—748.

[48] Robert D H. 2011. Lessons from SEMATECH [EB/OL]. (2011-07-25) [2021-05-20]. https://www.technologyreview.com/2011/07/25/192832/lessons-from-sematech/#:~:text = Lessons%20from%20Sematech%20The%20consortium%20that%20helped%20revitalize, for%20how%20industry%20and%20government%20can%20work%20together.

[49] Rose M H, Linden G, Melissa M A. 1998. The evolving role of semiconductor consortia in the United States and Japan [J]. California Management Review, 40 (1): 137—163.

[50] Rosenberg N, Richard R N. 1994. American universities and technical advance in industry [J]. Research Policy, 23 (3): 323—348.

[51] Sakakibara M. 2003. Knowledge sharing in cooperative research and development [J]. Managerial and Decision Economics, 24 (2-3): 117—132.

[52] Schumpeter J A. 1912. The theory of economic development: An inquiry into profits, capital, credit, interest, and the business cycle [M]. Oxford: Oxford University Press.

[53] Sebastian R, Julian B, Gilbert P, et al. 2009. Organizational ambidexterity: Balancing exploitation and exploration for sustained performance [J]. Organization Science, 20 (4): 685—695.

[54] Smith W K, Lewis M W. 2011. Toward a theory of paradox: A dynamic equilibrium model of organizing [J]. Academy of management Review, 36 (2): 381—403.

[55] Souder W E. 1988. Managing relations between R&D and marketing in new product development projects [J]. Journal of Product Innovation Management, 5 (1): 6—19.

[56] Spence M. 1984. Cost reduction, competition, and industry performance [J]. Econometrica, 52 (1): 101—122.

[57] Stephen M, Scott J T. 2000. The nature of innovation market failure and the design of public support for private innovation [J]. Resaearch Policy, 29 (4—5): 437—447.

[58] Tan J. 2006. Growth of industry clusters and innovation: Lessons from Beijing Zhongguancun Science Park [J]. Journal of Business Venturing, 21 (6): 827—850.

[59] Thompson J D. 1967. Organizations in action: Social science bases of administration Theory [M]. New York: McGraw-Hill.

[60] Turner K L, Makhija M A. 2006. The role of organizational controls in managing knowledge [J]. Academy of Management Review, 31 (1): 197—217.

[61] Tushman M L. 1977. Special boundary roles in the innovation process [J]. Administrative science quarterly, 22 (4): 587—605.

[62] Ven A H, Delbecq A L, Koenig J R. 1976. Determinants of coordination modes within organizations [J]. American Sociological Review, 41 (2): 322—338.

[63] Viotti E B. 2002. National Learning Systems: A new approach on technological change in late industrializing economies and evidences from the cases of Brazil and South Korea [J]. Technological Forecasting and Social Change. 69 (7): 653—680.

[64] Wilensky H L. 1967. Organizational intelligence organizational intelligence: Knowledge and policy in government and industry [M]. New York: Basic Books.

[65] Zaltman G, Duncan R, Holbek J. 1973. Innovations and organizations [M]. New York: Wiley.

[66] Zoltan J A, David B A. 1987. Innovation, market structure, and firm size [J]. The Review of Economics and Statistics, 69 (4): 567—574.

[67] 蔡义茹, 蔡莉, 杨亚倩, 等. 2018. 创业生态系统的特性及评价指标体系——以2006—2015年中关村发展为例 [J]. 中国科技论坛, 6: 133—142.

[68] 陈春花, 宋一晓, 朱丽. 2018. 不确定性环境下组织转型的4个关键环节——基于新希望六和股份有限公司的案例分析 [J]. 管理学报, 1: 1—10.

[69] 陈劲, 吴航, 刘文澜. 2014. 中关村: 未来全球第一的创新集群 [J]. 科学学研究, 32 (1): 5—13.

[70] 陈树文, 高琼. 2011. 网络结构视角下中关村产业集群创新驱动困境与建议 [C]. 创新驱动与首都"十二五"发展——2011首都论坛文集, 北京社会科学界联合会.

[71] 成群鹏. 2017. 我国高层次人才政策实施成效分析——以中关村"高聚工程"为例 [J]. 文化创新比较研究, 1 (28): 111—113.

[72] 董微微. 2014. 中关村创新集群的演化过程剖析及启示——基于复杂网络视角 [J]. 工业技术经济, 33 (11): 16—20.

[73] 杜磊. 2017. 改革之初科技领域变革中的上下互动——以中关村第一家民营科技企业为例 [J]. 中共党史研究, 2: 22—31.

[74] 杜磊. 2017. 中关村科技园区创立的历史考察 [J]. 中共党史研究, 9: 53—61.

[75] 范丹. 2018. 中关村科技园区企业创新力分析——基于国内外专利分析的视角 [J]. 中国发明与专利, 15 (7): 29—33.

[76] 傅首清. 2010. 区域创新网络与科技产业生态环境互动机制研究——以中关村海淀科技园区为例 [J]. 管理世界, 6: 8—13, 27.

[77] 盖文启, 王缉慈. 1999. 论区域的技术创新型模式及其创新网络——以北京中关

村地区为例［J］．北京大学学报（哲学社会科学版），36（5）：29—36．

［78］国家统计局，科学技术部，财政部．2017年全国科技经费投入统计公报［EB/OL］．（2018-10-09）［2021-07-21］．http://www.stats.gov.cn/tjsj/tjgb/rdpcgb/qgkjjftrtjgb/201810/t20181012_1627451.html．

［79］胡大立．2006．基于价值网模型的企业竞争战略研究［J］．中国工业经济，9：87—93．

［80］杰奥夫雷·G．帕克，马歇尔·W．范·埃尔斯泰恩，桑基特·保罗·邱达利．2017．平台革命：改变世界的商业模式［M］．志鹏译．北京：机械工业出版社．

［81］科技部火炬中心，长城战略咨询．科技部：2016中国独角兽企业发展报告（附下载）［EB/OL］．（2017-03-07）［2021-07-20］．http://www.199it.com/archives/569976.html?luicode=20000061

［82］拉姆·查兰．2015．求胜于未知：不确定性变革时代如何主动出击［M］．杨懿梅译．北京：机械工业出版社．

［83］李红升．2003．关于中关村科技园区的经济分析［J］．中国工业经济，7：26—33．

［84］李振国．2010．区域创新系统演化路径研究：硅谷、新竹、中关村之比较［J］．科学学与科学技术管理，31（6）：126—130．

［85］商界传媒．华为中兴混战15年：任正非与侯为贵的恩恩怨怨［EB/OL］．(2016-01-08)［2021-05-27］．http://www.eepw.com.cn/article/201601/285424.htm．

［86］王缉慈，陈平，马铭波．2010．从创新集群的视角略论中国科技园的发展［J］．北京大学学报（自然科学版），46（1）：147—154．

［87］王缉慈，宋向辉，李光宇．1996．北京中关村高新技术企业的集聚与扩散［J］．地理学报，6：481—488．

［88］王缉慈，宋向辉，李光宇．1995．企业衍生：北京新技术集聚体形成的重要特征［J］．中国高新技术企业评价，6：8—13．

［89］王缉慈．2005．怎么找中关村的产业集群［J］．中关村，6：69—70．

［90］吴贵生，王毅，谢伟．2002．我国企业的技术成长与管理［J］．研究与发展管理，5：34—40．

［91］杨媛珺．2010．我国中关村科技园区地方化经济分析［J］．现代商业，15：179—180．

［92］易蔚．2006．中关村"硅谷模式"的探索历程考察［D］．北京：中国科学院研究

生院（自然科学史研究所）.

[93] 袁琳. 2018. 基于中介服务视角的我国知识产权运营典型模式研究——以中关村国家自主创新示范区核心区为例 [J]. 科技管理研究，38（1）：170—177.

[94] 赵薇. 2016. 我国高铁动车组技术创新机制研究 [D]. 北京：北京交通大学.

[95] 赵晓阳. 2014. 中国 3G 移动通信标准 TD-SCDMA 产业网络演进分析 [D]. 天津：天津大学.

[96] 赵彦云，申晓玲，杨宏亮，等. 2001. 中关村科技园区国际竞争力研究 [J]. 管理世界，4：180—187.

[97] 周旺生. 2001. 论中关村园区的制度建置 [J]. 政法论坛，4：111—118.

[98] 周亚庆，许为民. 2000. 我国科技成果转化的障碍与对策：基于环境的研究 [J]. 中国软科学，10：61—64.